"一带一路"研究系列丛书

感 谢 闽 都 陈 嘉 庚 公 益 基 金 会 赞 助

构建人类命运共同体的中国方案："一带一路"十大案例

China's Solution for Building a Community of Shared Future for Mankind:
Ten Key Cases for Belt and Road Initiative

李丹 等 著

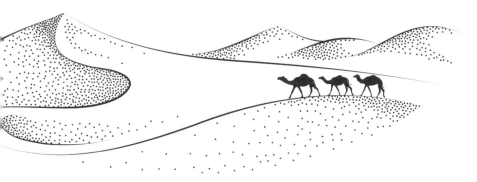

厦门大学出版社
XIAMEN UNIVERSITY PRESS
国家一级出版社
全国百佳图书出版单位

图书在版编目（CIP）数据

构建人类命运共同体的中国方案 ："一带一路"十
大案例 / 李丹等著. -- 厦门 ：厦门大学出版社，2024.
12. --（"一带一路"研究系列丛书）. -- ISBN 978-7
-5615-9592-3

Ⅰ. F125

中国国家版本馆 CIP 数据核字第 2024FT5521 号

责任编辑　曾妍妍
美术编辑　李夏凌
技术编辑　朱　楷

出版发行　厦门大学出版社
社　　址　厦门市软件园二期望海路 39 号
邮政编码　361008
总　　机　0592-2181111　0592-2181406(传真)
营销中心　0592-2184458　0592-2181365
网　　址　http://www.xmupress.com
邮　　箱　xmup@xmupress.com
印　　刷　厦门集大印刷有限公司

开本　720 mm×1 000 mm　1/16
印张　16.25
插页　2
字数　288 千字
版次　2024 年 12 月第 1 版
印次　2024 年 12 月第 1 次印刷
定价　64.00 元

厦门大学出版社
微信二维码

厦门大学出版社
微博二维码

序

跨学科科研平台建设还在"路上"

李丹教授研究团队经过 5 年的艰苦努力刚刚完成了《构建人类命运共同体的中国方案:"一带一路"十大案例》这部专著,她邀我为这部专著写序,作为厦门大学一带一路研究院常务副院长,我十分乐意为这本书作序,因为它是本研究院在初创阶段产出的一项重要成果,也是我们开展有组织科研探索的标志性成果之一。

厦门大学一带一路研究院是为适应国家"一带一路"建设的重大战略需求,充分发挥地处"21 世纪海上丝绸之路"核心区的区位优势,于 2017 年 7 月专门成立的校级跨学科科研平台。在学校党委的坚强领导下和社会各界的大力支持下,研究院踔厉奋发、勇毅前行,走过了蓬勃发展的辉煌七年,取得了一系列沉甸甸、实打实的建设成果。

首先,在朱崇实老校长的指导下,研究院明确了"搭建跨学科科研合作平台和打造中国特色新型高校智库"的发展定位。研究院依托厦门大学经济学、管理学、政治学、法学、历史学、教育学、信息科学、海洋科学等优势学科力量,运用多学科交叉融合的研究新范式,以"国家急需、世界一流、制度先进、贡献突出"为总体要求,以服务国家和区域重大需求为导向,为国家在"一带一路"建设过程中出现的重大理论与实践问题贡献厦大智慧。

其次,经过七年筚路蓝缕的建设探索,研究院通过体制机制创新,有效化解了与驻院研究人员隶属原单位的利益矛盾,充分利用研究人员的专长产出与"一带一路"建设相关的研究成果,从整体上提升了厦大服务国家"一带一路"建设的实际贡献,并获得"双赢或多赢"的效果。同时,在规章制度方面,研究院制定了一套完整的研究院管理运行规章制度体系,为研究院日常运营和建设发展提供了较为完善的制度保障。

再次，研究院围绕学术研究、决策咨询、人才培养、智库合作交流四大领域参与共建"一带一路"工作。在学术研究领域，研究院不求大而全，而是紧密围绕本校办学定位和办学特色，选定了一批"特而精"的研究方向。在此基础上，研究院组建了一带一路东南亚研究中心、一带一路能源经济研究中心、一带一路创新与知识产权研究中心、一带一路全球经济与金融研究中心、人类命运共同体研究中心、一带一路非洲研究中心、一带一路教育合作研究中心等九大研究中心和一个数据中心。七年来，研究院紧抓学术研究这一主业，开展扎实的跨学科研究。先后成功举办三届厦门大学"一带一路"发展论坛。成功举办"庆祝人类命运共同体理念提出十周年"和"琉球今昔与未来"两场学术研讨会。在进驻嘉庚四号楼以后，研究院充分利用优质办公空间，常态化举办每周一次的系列学术讲座，至今已成功举办 100 多场学术讲座。在学术成果方面，研究院师生以一带一路研究院为第一或第二署名单位在 *Energy*，*Energy Economics*，*International Journal of Modern Anthropology*，*African Archaeological Review*，*Journal of Anthropological and Archaeological Sciences* 以及《经济研究》、《管理世界》、《经济学(季刊)》、《教育发展研究》、《中国人民大学学报》、《法学研究》等国内外高水平期刊上发表文章近 100 篇；出版覆盖教育、历史和法律中英文学术著作共 20 部。此外，研究院学者也积极走出去参会，与学术界进行学术对话切磋。

在决策咨询领域，研究院围绕"一带一路"研究热点课题，邀请各领域专家供稿，打造"一带一路研究智库专报"，形成特色智库成果，目前已形成以"一带一路研究智库专报""'碳中和'前沿观点摘要""世界主要媒体对'一带一路'建设性意见的观点摘要"为主线的 3 种专报形式，聚焦热点问题，凝练研究成果，为国家发展改革委提供参考，为"一带一路"建设和发展建言献策，充分服务共建"一带一路"向更高水平迈进。研究院已完成并提交智库专报近百期，"碳中和"前沿观点摘要 11 期，世界主要媒体对"一带一路"建设性意见的观点摘要 1 期。同时，研究院还积极向国家其他部委、省、市等"一带一路"决策实践部门建言献策，推动"一带一路"决策有效落地。七年来，研究院学者向中央办公厅、国务院办公厅、教育部等中央部委，福建省委、福建省委统战部、福建省归国华侨联合会等省级部门,厦门市政协、致公党厦门市委、厦门市国安局等市级部门提交政策报告数十份。此外,研究院研究中心带头人林伯强教授、高畅教授、王勤教授、蔡庆丰教授、李丹教授、林秀芹教授等人在国内外主流媒体China Daily、俄罗斯卫星通讯社、中国新闻网、《人民日报》海外网、《21世纪经济报道》、《第一财经日报》、《环球时报》、《中国青年报》、《中国知识产权报》发表相关评论和文章近百篇,积极为构建"一带一路"高质量发展新路建言献策。

在人才培养方面,研究院为"一带一路"领域人才搭建了科研历练平台,并提供了丰富的科研学习资源,发挥着培养"一带一路"高端人才的重要作用。研究院按照"资源＋任务导向"的原则,采用"双聘"制度汇集校内外群贤英才。目前,研究院已组建了一支以知名学术带头人领衔、创新团队为核心、中青年教师为骨干的高素质人才队伍。跟随这些专家学者入驻研究院的还有数十名博士、硕士生。研究院为这些入驻师生营造了良好的研究氛围,给予优越的硬件设备和软件支持,提供优质的科研配套服务,为高水平研究提供强有力的保障机制支撑。在研究院学习锻炼过的学生都有理想的毕业去处。目前,已毕业的历届学生多前往清华大学、南京大学、浙江大学、西安交通大学、西北工业大学、山东大学、华东师范大学、南京理工大学、郑州大学、苏州大学等"双一流"重点高校从事教学科研工作或深造,继续为"一带一路"高质量发展贡献着青春力量。

在智库合作交流方面,研究院积极寻求与各界的合作交流,共商共建,协作联动,着力打造智库联盟,推动政产学研用一体化协同。在国内层面,研究院与国家发展和改革委员会一带一路建设促进中心、联合国教科文组织国际自然与文化遗产空间技术中心、丝路规划研究中心、丝路国家战略(厦门)研究中心、厦门国家会计学院、"丝路"海运联盟、厦门市金砖国家新工业革命伙伴关系创新基地建设领导小组办公室、厦门市公安局思明分局签订了合作协议,构建形成智库联盟网络。同时,研究院还与国家发展和改革委员会外资司、中央广播电视总台、国务院发展研究中心民族发展研究所、晋江市政府、香港理工大学、香港珠海学院、云南普洱学院、中国出口信用保险公司、海外华人华侨社团等政产学研机构进行交流。在国际层面,研究院积极走出去,与国际组织、海外高校智库进行联系,努力推动国际合作,学习智库建设先进经验,构建

"一带一路"国际学术共同体。研究院已与匈牙利约翰·冯·诺伊曼大学建立战略合作伙伴关系。双方目前已合作撰写并出版了 *Reality and Potentiality：Hungary-China Cooperation within the Belt and Road Initiative Context*。同时，研究院也与"一带一路"智库学者联合考察团、拉美国家智库考察团、巴基斯坦全球丝绸之路研究联盟、塞尔维亚一带一路研究所、摩洛哥阿缇嘉瑞瓦银行、巴西劳工党、土耳其高校学生访华团等组织单位进行友好对话交流。

今年《构建人类命运共同体的中国方案："一带一路"十大案例》和《跨学科视阈下的"一带一路"研究》这两本书的顺利出版，既体现了本研究院学术积累的过程，也见证了我们探索成长的进步。尽管我们已经打破了文科单人单著的传统惯习，实现了多人合作的科研成果，但是与跨学科科研的内涵要求相比仍然存在着不小差距。不过，我们坚信，随着研究院的跨学科氛围日益浓厚，跨学科的创新意识不断增强，跨学科的研究范式得到普及，未来我们产出的科研成果不仅是多人合作的，而且也一定是以问题为导向、体现跨学科合作研究的高水平创新成果。只有这种成果的不断产出，才能充分彰显我们建设跨学科科研平台的真正意义和价值所在。也只有这种成果的不断产出，才能充分彰显我们服务国家"一带一路"高质量发展的能力和水平迈上一个新台阶。

"芳林新叶催陈叶，流水前波让后波。"建院七年来，研究院师生们团结一心、锐意创新、勇毅前行，摸索出了一条跨学科研究新路、好路。如今，"一带一路"倡议已从"蓬勃十年"向下一个"金色十年"迈进。研究院的各项工作也已经步入正轨，进入"提速换挡""展翅高飞"的新阶段。在这新的历史节点和建设起点上，我衷心地期盼，一带一路研究院能再接再厉，扎扎实实地推进各项工作，打通合作之路，争取更丰富的校内外资源，开辟更行之有效的发展路径，在不断夯实跨学科科研平台底色的同时，把研究院打造成新的"厦大名片"，向位居国内一流、国际知名的中国特色新型高校智库的宏伟目标更进一步。

是为序。

陈武元

2024 年 7 月 13 日于嘉庚四号楼

CONTENTS

总论 "一带一路"——构建人类命运共同体的实践探索[*]

构建人类命运共同体是全球化的时代命题和中国担当。近年来,全球化在危机和逆流中盘桓,中国正在成为经济全球化的重要推动力量。"一带一路"顺应区域合作需求和国际发展规律,引领全球化新趋势,集中体现了中国构建人类命运共同体的具体实践。"一带一路"旨在以互联互通夯实全球化根基,以独特模式赋予全球化活力,以新型平台完善全球化机制,以文明共融擘画全球化前景——从基础、模式、机制、目标各个方面推动人类命运共同体从思想发展为行动,从理论落地到实践。

2013 年,习近平主席先后在重要国际场合提出构建人类命运共同体思想和"一带一路"倡议。十年来,中国以"一带一路"的实际行动在全球化激流中乘风破浪,坚定地朝着构建人类命运共同体的伟大目标迈进。构建人类命运共同体是新时代中国特色大国外交的重要旗帜与目标方向,"一带一路"则是将构建人类命运共同体从理念转化为行动的实践路径与现实平台,二者相辅相成、相互辉映。"人类命运共同体建设与'一带一路'倡议一脉相承,是后者的哲学升华,而'一带一路'是实现人类命运共同体的重要途径,可以说两者是'道'与'路'的关系。"①"一带一路"为建设人类命运共同体奠定互联互通的坚实基础,贡献富有启发的发展模式,搭建平等协作的机制平台,擘画美美与共的未来愿景,彰显中国对人类社会共同理想的美好追求,成为构建人类命运共同体的重要工程。

---

* 本章主要内容发表于李丹的《"一带一路":构建人类命运共同体的实践探索》,载《南开学报》(哲学社会科学版)2019 年第 1 期。

① 何亚非.("一带一路"创新全球治理和国际合作模式[EB/OL].(2017-06-27)[2017-12-21].http://www.rmzxb.com.cn/c/2017-06-27/1619553.shtml.

一、互联互通夯实全球化，铺设人类命运共同体根基

　　金融危机和逆全球化风潮暴露了经济全球化的致命缺陷，经济过度金融化、实体经济空心化、金融资本虚拟化、虚拟经济泡沫化的系列症候蛀空了全球化的根基，使全球化如空中楼阁、沙上城堡经不起风浪和振荡。美国是金融危机的始作俑者。自20世纪90年代中期以来，随着美国从以有形经济为主向以金融经济为主过渡，货币、证券、外汇、金融衍生品等非实物的虚拟资产急剧膨胀，金融业在GDP中的比重超过了制造业。2004年，金融服务业占GDP的比例达到20％～21％，制造业所占的比例下降到12％～13％，而美国所有公司创造利润的44％来自金融业，而来自制造业的这一数字只有10％。[①]雷曼兄弟是全球最大的衍生品交易金融机构，2008年9月破产时，其名义衍生品投资组合达到35万亿美元，而当年美国的GDP总量才14.7万亿美元，全世界GDP才63万亿美元。[②]膨胀的财富和畸高的收益吸引全国上下各行各业投入金融业，美国经济、公司利润、资产价格甚至居民收入都严重依赖于高杠杆投机活动，而实体经济却越来越无人问津。美国在物质生产领域逐渐丧失投资机会和比较优势，除了部分高端产品，美国产业资本全面向发展中国家转移，因此出现全国基础设施老旧、工人阶级地位下降、金融衍生品野蛮生长、劳资双方分化对立、华盛顿听命于华尔街等现象，乃至最终酿成祸及全球的金融危机。

　　全球化不能建立在金融业无限扩张的虚拟泡沫基础上，全球经济戒掉对虚拟金融产品的"依赖症"，重回实体经济轨道，才能巩固全球化根基。发展实体经济，重点是壮大制造业，前提是实现基础设施互联互通。没有基础设施，很难实现工业化；没有互联互通，融入全球化也无从谈起。"共建'一带一路'致力于亚欧非大陆及附近海洋的互联互通，建立和加强沿线各国互联互通伙伴关系，构建全方位、多层次、复合型的互联互通网络，实现沿线各国多元、自

　　① 凯文·菲利普斯.金融大崩盘[M].冯斌，周彪，译.北京：中信出版社，2009:2-34.

　　② The World Bank. GDP（current US＄）-United States，world[R/OL].（2017-05-13）[2023-07-09]. http://data. worldbank. org/indicator/NY. GDP. MKTP. CD? end＝2015＆locations＝US-1W＆start＝1960＆view＝chart.

主、平衡、可持续的发展。"①"一带一路"主要依托基础设施建设,以互联互通为突破口,旨在消除制约共建国家深化合作的障碍和壁垒,打造经济合作走廊,建立现代化交通通信网,将更多资金投入道路、桥梁、水利、电力、卫生、学校、医疗保健系统,以此为优先合作领域,在惠及沿线民生的同时,促进制造业繁荣。金融危机后,许多经济体暴露出结构性弱点,其中一个方面就是缺乏坚实的基础设施支撑。世界银行基础设施贷款占总贷款的比例21世纪比20世纪60年代下跌了60%②,以至于全球基础设施投资缺口仅在电力、交通、电信方面每年就高达4万亿美元。"无论是以每平方公里的道路密度、获取能源、电话连接率、自来水还是以基本卫生设施来衡量,基础设施都是阻碍许多发展中国家持续发展的瓶颈,特别是南亚和撒哈拉以南非洲地区。"③因此,"中国的'一带一路'倡议正是时代的答案","基础设施是'一带一路'连接全球经济发展的根基所在。更重要的是,基建能够振兴疲弱的实体经济,有效调控全球化1.0带来的经济结构问题,逐渐引导世界慢慢从过度依赖虚拟金融产品的当下,重新回到全球经济的根本——实体经济"④。共建国希望"一带一路"能成为其经济增长的催化剂,"几乎所有沿线国家都希望从基础设施投资中受益;'一带一路'将资助和建设急需的交通、水、通信和电力系统。据亚洲开发银行估计,到2030年,亚洲的基础设施投资总需求将达到每年1.7万亿美元;电力和运输部门将需要最大的投资。这种支出将产生倍增效应,会加速许多沿线国家的发展"⑤。

构建人类命运共同体是全球化时代的命题,只有在全球化条件下构建人类命运共同体才有可能。全球化的本质特征是打破障碍、相互联通,"一带一路"的两条弧线一个连接大陆,一个沟通大洋。"一带一路"倡议提出的互联互

① 国家发展改革委,外交部,商务部.推动共建丝绸之路经济带和21世纪海上丝绸之路的愿景与行动[M].北京:人民出版社,2015:25.

② United Nations Conference on Trade and Development(UNCTAD). Trade and development report 2018[DB/OL].(2018-09-26)[2018-11-09].https://unctad.org/system/files/official-document/tdr 2018-ch.pdf.

③ United Nations Conference on Trade and Development(UNCTAD). Trade and development report 2018[DB/OL].(2018-09-26)[2018-11-09].https://unctad.org/en/Pages/Publications/Trade and Development Report.aspx.

④ 何志平."一带一路"破解"全球化1.0"弊端[N].参考消息,2017-05-12(11).

⑤ WIJERATNE D, RATHBONE M, WONG G. A strategist's guide to China's Belt and Road Initiative[EB/OL].(2018-01-22)[2018-10-26].https://www.strategy-business.com/feature/A-Strategists-Guide-to-Chinas-Belt-and-Road-Initiative.

通举措自实施以来已经初见成效(见表0-1)。世界银行《"一带一路"经济学：交通走廊的机遇与风险》研究报告显示,"一带一路"沿线国家现有基础设施服务不足,并存在各种政策缺口,致使其贸易低于潜力30%,外国直接投资低于潜力70%。"一带一路"经济走廊将在两个重要方面有所助益,即缩短交通运输时间,增加贸易与投资。经济走廊建成后,走廊沿线经济体的贸易增幅将在2.8%～9.7%,世界贸易增幅将在1.7%～6.2%。而且,由于交通互联互通,低收入国家的外国直接投资有望大幅增加7.6%。[①] 通过互联互通夯实全球化根基,正是打造人类命运共同体的奠基工程。

表0-1 "一带一路"互联互通的举措与效果

	宗旨目标	主要举措	效果成就
政策沟通	顶层设计、政治保障。旨在深化政治互信,实现战略对接、优势互补,加强宏观政策协调,营造合作环境。	一是发展战略对接,二是发展规划对接,三是机制与平台对接,四是具体项目对接。	截至2023年6月底,中国已与五大洲的150多个国家、30多个国际组织签署200多份共建"一带一路"合作文件,形成3000多个合作项目。
设施联通	优先领域、基础工程。以重大项目和重点工程为引领,以陆海空通道和信息高速路为骨架,构建全方位立体化复合型基础设施网络。	主要包括交通、能源、通信等三个领域,如公路、铁路、航空、航运、管道联通,水电、电信、邮政、边防、海关、质检、规划等联通及技术标准的对接等。	截至2023年11月,中欧班列累计开行8.1万列,运输近700万标箱,通达25个国家的217个城市;"丝路海运"航线已通达全球43个国家的131个港口;中国已与104个共建国家签署双边航空运输协定,与57个共建国家实现空中直航。
贸易畅通	关键领域、重要内容。旨在消除贸易和投资壁垒,以便利化促进贸易和投资结构升级,推动形成互利共赢、多元平衡、安全高效的开放型经济体系。	推进建设自由贸易网络体系,消除投资和贸易壁垒,促进贸易自由化和投资便利化;商建自由贸易区;优化贸易结构,促进贸易平衡发展;以投资带动贸易发展,投资贸易相结合。	2013年至2022年,中国与共建国家进出口总额累计19.1万亿美元,年均增长6.4%;与共建国家双向投资累计超过3800亿美元,其中中国对外直接投资超过2400亿美元。2022年,中国与共建国家进出口总额近2.9万亿美元,占同期中国外贸总值的45.4%,较2013年提高了6.2个百分点。

---

① 世界银行."一带一路"经济学：交通走廊的机遇与风险[R/OL].(2019-06-18)[2023-12-29].https://www.shihang.org/zh/topic/regional-integration/publication/belt-and-road-economics-opportunities-and-risks-of-transport-corridors.

续表

	宗旨目标	主要举措	效果成就
资金融通	重要支撑、启动杠杆。打通融资瓶颈，建立新的金融机制，形成与现有多边开发银行各有侧重、互为补充的投融资开发平台。加强金融监管合作,完善风险应对和危机处置的制度安排。	推进亚洲货币稳定体系、投融资体系和信用体系建设;建设并发挥亚洲基础设施投资银行、金砖国家新开发银行、丝路基金作用;构建区域性金融风险预警系统,形成应对跨境风险和危机处置的交流合作机制。	截至2023年9月底,亚投行已有109个成员,累计批准236个投资项目,共投资450亿美元;丝路基金累计签约投资项目75个,承诺投资金额约220.4亿美元;中国已与30个共建国家签署双边本币互换协议,在17个共建国家建立人民币清算安排;共有13家中资银行在50个共建国家设立145家一级机构,131个共建国家的1770万家商户开通银联卡业务,74个共建国家开通银联移动支付服务。
民心相通	外交根基、民意基础。开展人文交流、文化合作、民间友好往来活动,促进民情、民意、民心相连,夯实合作基础,提供人才支撑。	在科教文卫、媒体、旅游、民间交往等领域广泛合作,开展博览会、电影展、文化节、教育培训、汉学大会、中医药发展论坛等各种形式活动。	截至2023年6月底,中国已与144个共建国家签署文化和旅游领域合作文件,还与45个共建国家和地区签署高等教育学历学位互认协议;"丝路一家亲"行动推动中外民间组织建立近600对合作伙伴关系,开展300余个民生合作项目,丝绸之路国际剧院、博物馆、艺术节、图书馆、美术馆联盟成员单位达562家。

资料来源:根据"一带一路"官网、人民网、新华网、商务部、国家发展改革委、国家统计局等网站最新数据整理。

二、中国模式助力全球化,探寻人类命运共同体路径

共建"一带一路"体现了中国发展对沿线国家的正面效应。一个14亿多人口的大国以和平崛起的方式走出了一条不同于以往任何工业化国家的现代化道路,让世界1/5的人口通过改革开放解决了温饱问题,全面建成了小康社会。中国的经验模式"拓展了发展中国家走向现代化的途径,给世界上那些既希望加快发展又希望保持自身独立性的国家和民族提供了全新选择,为解决

人类问题贡献了中国智慧和中国方案”①。“一带一路”正在以生动实践诠释着中国经验，以鲜明特征展现出中国模式的独特之处。“一带一路”共建国家除新加坡、卡塔尔、阿联酋等 35 个高收入国家，117 个发展中国家的人均 GDP仅有世界水平的 35%，其中 25 个低收入国家的最高人均 GDP 尚处于 1000美元上下，仅为全球平均水平的 8%。②因此“一带一路”共建国家普遍处于经济发展的上升期。中国在过去几十年刚刚从中下收入国家跃升到中上收入国家的新出炉经验，人口众多、幅员辽阔和各种差异造就的“百国之和”特性，使之能够与不同发展水平的国家开展有针对性的投资贸易合作，提供适销对路、各有侧重的公共产品。③中国信奉“发展才是硬道理”，“发展是解决一切问题的总钥匙。推进‘一带一路’建设，要聚焦发展这个根本性问题，释放各国发展潜力，实现经济大融合、发展大联动、成果大共享”。④“一带一路”开创基于中国经验、与不同类型国家合作发展的新模式。

首先，中国的开放发展模式对“一带一路”共建国家发展具有借鉴意义。习近平在博鳌亚洲论坛 2018 年年会开幕式上曾对中国的发展经验进行总结：“过去 40 年中国经济发展是在开放条件下取得的，未来中国经济实现高质量发展也必须在更加开放条件下进行。”中国视对外开放为基本国策，从“引进来”到“走出去”，从加入世界贸易组织到共建“一带一路”，中国掀起了一波又一波的对外开放浪潮，成功实现从封闭半封闭到全方位开放的伟大转折。尤其是“一带一路”被视为中国的“第三次对外开放”，开拓了中国对外开放的新疆域，开创了新格局，开辟了新境界，以至于被誉为“面向全球的经济框架”“第二次地理大发现”“全球化 3.0”。开放成为解释中国成功道路的首选高频词，成为一些发展中国家借鉴学习的重要经验。埃塞俄比亚是一个封闭的内陆国家，没有出海口，缺乏与外部世界相连的便捷大运量交通手段。“一带一路”加大了中埃合作的力度，亚吉铁路的开通解决了其交通瓶颈，埃塞俄比亚以亚吉

---

① 习近平著作选读：第 2 卷[M].北京：人民出版社，2023：9.

② 相关数据根据世界银行人均 GDP 数据计算得出。参见 The World Bank. GDP per capita（current US \$）[R/OL].[2023-11-15].https://data. worldbank. org. cn/indicator/NY.GDP.PCAP.CD? end=2021&start=2021.

③ 一些学者（北京大学张辉，中国人民大学刘伟，对外经贸大学蓝庆新、姜峰等）认为，“一带一路”超越了传统的“中心—外围”模式，越来越转变为以中国为中介的“双环流”体系。一个环流是在中国与发达国家之间，以产业分工、贸易、投资、资本间接流动为载体；另一个环流是在中国与亚非拉等发展中国家之间，以贸易和直接投资为主要载体。

④ 习近平谈治国理政：第 2 卷[M].北京：外文出版社，2017：511-512.

铁路经济走廊为依托,规划沿线工业园,建立经济走廊架构,带动整体经济的发展,近年来成为全球发展最快的经济体。埃塞俄比亚驻华大使塞尤姆·梅斯芬(Seyoum Mesfin)说:"中国用30年让6亿人脱贫,足以证明这一模式的成功。除了中国,我们还能跟谁学呢?""从很多角度来看,中国与埃塞都是中非合作的典范。我们愿意与非洲兄弟国分享经验,通过'中国模式'实现共同增长。"①中国领导人多次强调,我们要打造开放型合作平台,维护和发展开放型世界经济,共同创造有利于开放发展的环境,促进生产要素有序流动、资源高效配置、市场深度融合。"一带一路"作为开放合作的大手笔,将进一步演绎开放发展的精彩故事。

其次,中国的脱贫致富模式对共建国家落实2030年可持续发展议程意义深远。2030年可持续发展议程是2015年9月联合国总部通过的一份由193个会员国共同达成的全球发展新目标。该议程推动世界在今后15年内实现3个史无前例的非凡创举——消除极端贫穷、战胜不平等和不公正以及遏制气候变化,旨在创建一个没有贫困、饥饿、疾病、匮乏并适于万物生存的世界,是新的全球可持续发展纲领。中国在向联合国提交的落实2030年可持续发展议程立场文件中,以"一带一路"为代表的发展倡议,被认为是帮助其他国际社会成员,特别是发展中国家加强能力建设、提高技术水平、促进国际投融资和贸易便利化、推动可持续发展目标实现的重要举措。联合国官员表示,包括"一带一路"倡议在内的中国发展规划与2030年可持续发展议程相互促进、并行不悖,"尽管'一带一路'倡议与'2030议程'在性质和涵盖范围上有所不同,但两者在愿景和基本原则方面是一致的,都强调包容发展和共同繁荣。'一带一路'所秉承的共同发展、共同繁荣、合作共赢、开放包容的基本理念在很大程度上与'2030议程'的基本理念是一致的"②。全球有超过一半处于极端贫困线以下的人口生活在"一带一路"共建国家,基础设施建设将有助于达成包括减贫和两性平等在内的多个可持续发展目标。中国在扶贫脱贫问题上取得的非凡成就可为共建国家提供珍贵经验。

再次,中国的创新发展模式为"一带一路"共建国家提供了转型机遇。创新经济是指新一轮技术革命和产业革命引发的新产业和新业态经济,既包括

---

① 郑青亭.埃塞俄比亚复制"中国模式"[N].21世纪经济报道,2016-02-29(3).

② "一带一路"可以促进实现联合国可持续发展目标:专访联合国经济与社会事务部发展政策研究司司长洪平凡[EB/OL].(2016-08-30)[2017-08-30].https://news.un.org/zh/audio/2016/08/308532.

由新知识、新技术、新发明、新创造引领的新产业活动,如高新技术产业、战略性新兴产业和国际上最近提出的知识产权密集型产业等,也包括传统经济活动通过业态融合而产生的新业态、新模式,如顺应多元化、差异化、个性化的产品或服务需求,在互联网和大数据基础之上,对内外要素进行的各种整合重组。①创新经济在中国方兴未艾,创新驱动成为中国转型发展的新动力。习近平在第三届"一带一路"国际合作高峰论坛开幕式上宣布了中国支持高质量共建"一带一路"的八项行动,其中一项重要行动正是推动科技创新,他指出,中方将继续实施"一带一路"科技创新行动计划,举办首届"一带一路"科技交流大会。中国正在同共建国家加强创新合作,助推发展中国家增强自主发展能力,实现弯道超车。例如,中国的共享单车利用移动互联网的移动支付、GPS定位、APP扫码功能,打造了一个全新的商业模式,目前中国共享经济已涵盖共享出行、共享空间、共享技能、共享金融等多个领域。部分企业海外业务已经进入了印度、泰国、菲律宾、印度尼西亚、韩国等共建国家,与当地企业合作打造本地版新业务。泰国数字经济和社会部已与深圳市政府签署支持泰国数字经济发展的 5 年备忘录,涵盖数字园区、智能城市、物联网等 5 个领域。印度近两年的网络打车、网络订餐、手机购物等发生从无到有的变化,其中不少借鉴了中国经验。印度塔塔咨询服务公司亚太区总裁格里斯·拉玛昌德兰(Girish P. Ramachandran)表示,在移动支付等领域,中国已经引领世界潮流,并间接激励印度使其本国经济实现数字化。②

　　"一带一路"共建国家在发展水平、结构、层次上与中国存在很大的相似性。中国发展的多样性及多层次性,决定了中国经验和模式在广大发展中国家中具备非常强的代表性和示范性。"'一带一路'成功的概率比较大的缘由是其背后是带来中国迅速崛起的一整套做法,或者叫中国模式,而中国本身就是一个'世界',一个人口规模大致等于 100 个中等欧洲国家之和的超大型的'文明型国家',其历史就是一部不同民族、不同文化、不同思潮兼容并蓄、相得益彰的历史。"③中国身份的多重性④、文化的包容性及外交的务实性,决定了"一带一路"合作不定于一尊,更不强加于人,具有兼容并包的特点,易于被不

　　① 张车伟.理解中国的创新和创新经济[J].中国人口科学,2017(6):7-12.
　　② 共享经济令"中国创新"走红世界 中国抄袭美国时代已过去[EB/OL].(2017-05-10)[2017-08-30].http://world.huanqiu.com/exclusive/2017-05/10624892_2.html.
　　③ 张维为."一带一路"创举中体现了哪些中国模式的特点[J].商业观察,2017(6):90-91.
　　④ 第二大经济体＋发展中国家、非西方国家＋政治大国、第一贸易大国＋半外国分工、话语权弱势国＋文明古国/文化大国等。

同发展类型撷取长处。中国领导人反复申明,我们不"输入"外国模式,也不"输出"中国模式,不会要求别国"复制"中国的做法,也不会干预其他国家的发展道路。中国倡导"一带一路",致力在沿线形成一个经济联动互补的合作框架,助力那些被上一轮全球化遗忘、至今仍处于发展"末梢"的欠发达国家进入工业化、现代化、全球化的快车道。10年来,共建"一带一路"拉动近万亿美元投资规模,形成3000多个合作项目,为共建国家创造42万个工作岗位,让近4000万人摆脱贫困。[①] "一带一路"正在以实际行动敞开胸襟欢迎共建国家搭乘中国发展的"便车""快车",以中国引擎、中国动力推动新一轮全球化,为相关国家发展提供有效的合作平台,是联结共建国家安全相依、利益共享、命运与共的坚实纽带和塑造安全、利益和命运共同体的现实路径。

三、新型机制引领全球化,搭建人类命运共同体平台

中国在引领全球化吗?2017年,达沃斯世界经济论坛年会将"领导力:应势而为、勇于担当"确定为论坛主题。中国领导人在年会上的发言与论坛外英美国家的"撤退"形成鲜明对照,也引发了国际舆论关于中国引领全球化的话题。美国外交学会亚洲研究中心主任伊丽莎白·伊科诺米(Elizabeth Economy)认为,华盛顿当政者准备给中国加冕"全球化的捍卫者"的头衔,"中国领导人在达沃斯世界经济论坛年会上发表演讲时树立了一个全球化旗手的形象,中国成了全球化的既得利益者与未来领导者"[②]。俄外交和国防政策委员会主席费奥多尔·卢基扬诺夫(Fyodor Lukyanov)说:"美国自己不再执意维护全球领袖地位。从特朗普的言论可以看出,美国不想再当为国际进程承担责任和谋求改变世界的全球领袖。现如今特朗普不想当承担责任的领袖,只想当能赚取实惠的老板。"[③]

---

① 特稿:长风万里启新程:全球瞩目高质量共建"一带一路"开启新征程[EB/OL].(2023-10-21)[2024-01-29]. https://app. xinhuanet. com/news/article. html? articleId = 4c161434319fad1574ccf866814075dc.

② ELIZABETH C E. Beijing is no champion of globalization: the myth of Chinese leadership[EB/OL].(2017-01-22)[2018-06-09].https://www.foreignaffairs.com/articles/china/2017-01-22/beijing-no-champion-globalization.

③ 俄官员称美国只想当老板不想当领袖[N].参考消息,2017-07-11(10).

英国《金融时报》称："中国成为全球经济开放的领头羊,这着实是个奇怪的世界。但如果美国确实决定放弃领导权,这个世界完全符合逻辑。"①西班牙《国家报》将美英寻求孤立当作"帝国自杀","在特朗普和特雷莎·梅有意退出全球化之际,中国领导人在达沃斯站了出来,捍卫了经济全球化。这是世界权力交接的清晰迹象。我们正在亲历这一交接过程"。②对于中国而言,与其称为权力交接,倒不如说是责任担当。面对领导力赤字和全球化逆流,中国作为世界第二大经济体和上一轮全球化的参与者和受益者不能推脱责任,推动全球化也符合中国自身利益,因此可以说,中国成为全球化的主要推动力是全球化原有阵形变化的结果,欧美从前排退到后排,中国的位置则自然而然由后排变成了前排——或者说,中国在全球化中的引领角色不是自封的,而是外界加封的。

从全球化的贡献者到引领者并不是水到渠成的事情。"引领"一方面意味着有领先的实力和领先的思想,另一方面也意味着搭建一套框架,从组织层面引导全球化。英国伦敦市经济与商业政策署前署长罗思义认为,"从思想的角度,中国能够扮演引领角色,但从组织的角度,'引领'还不太现实,中国需要与其他国家合作,促成此类架构的诞生"。他认为在不能撼动美国二战后创建的当代世界秩序的情况下,中国要在相对较短时间内有所作为就要带领区域全面经济伙伴关系在亚太地区倡导全球化,与其他国家建立全球化组织,以促进亚洲地区的发展。只有成功实现这一目标,才有可能与欧洲建立同美欧相似的强健关系。③"一带一路"为中国从组织层面引领重构全球化提供了机会。围绕"一带一路"调动现有机制平台的作用,创建能够主导制定规则的新机制平台,组建以我为主、惠及包括发展中国家在内的区域性乃至全球性合作组织,为区域治理提供公共产品,是中国突破组织层面进行引领的有效路径。区域全面经济伙伴关系、上合组织、博鳌论坛、亚信会议等机制都是我国非常重视的地区性制度安排。区域全面经济伙伴关系协定的目标是达成一个现代、全面、高质量、互惠的自贸协定,与海上丝绸之路规划非常契合。"建构具有中国智慧,辐射多元经济体,且能够整合竞争性发展轨道的亚太经济一体化自由贸易协定体系,成为中国在全球经济治理中发挥领导力与引领作用的优先领域。通过以建构亚太自贸区(FTAAP)为长远目标,以推动区域全面经济伙伴

---

① 马丁·桑德布.中国将引领全球化? [EB/OL].(2016-11-23)[2023-06-09].https://www.ftchineselive.com/story/001070260? archive.

② 美英寻求孤立是"帝国自杀"[N].参考消息,2017-01-25(10).

③ 罗思义.TPP 没戏了,中国有戏吗? [N].环球时报,2016-11-24(15).

关系(RCEP)协定的签订为加速器,围绕'一带一路'倡议切实促进亚太区域经济一体化的快速发展"①,这将是中国引领地区性规则制定的重要机遇。

基于"一带一路"建设的融资需要,中国组建了一系列新型金融平台提供保障和支撑。"一带一路"引发的大合作、大联动、大发展催生了对高质量金融服务的需求。各大项目在本质上要求资金先行,但现有国际金融机制对发展中国家支持力度不够,限制条件太多,已经成为制约沿线区域合作的紧箍咒。同时,金融危机中发展中国家惨遭美国次贷危机、欧洲债务危机冲击的现实,也倒逼金融秩序重构和创新。因此,习近平强调,"创新国际化融资模式,深化金融领域合作,打造多层次金融平台,建立服务'一带一路'建设长期、稳定、可持续、风险可控的金融保障体系"②。中国不失时机地着手构建以发展中国家为主导的新型金融治理平台,以此为契机推动国际金融秩序完善升级。系列新型金融机制相继诞生,亚洲基础设施投资银行(简称亚投行)、丝路基金、金砖国家新开发银行(简称金砖银行)和上海合作组织开发银行(简称上合组织开发银行)/中国—欧亚经济合作基础等,构成了"一带一路"的"四大资金池"(见表0-2)。这些机构平台,为打破发达国家对全球金融秩序的垄断,促进更加平等的、发展中国家可以发挥更大作用的新型国际金融秩序作出了引领性贡献,也为推动新型全球治理方案从经济金融领域合作外溢到其他领域和议题作出了尝试和准备。创新以亚洲国家、周边国家、新兴国家为主的地区金融机制,有助于中国实现从规则的被动接受者到规则的主动制定者的转变,是中国参与引领全球化的组织机制与现实依托。

表 0-2　服务"一带一路"的新型多边金融机制

名称	成立宗旨	成员情况	主要成就
亚洲基础设施投资银行	在基础设施及其他生产性领域投资,促进亚洲经济可持续发展、改善基础设施互联互通。	截至2023年9月,亚投行已拥有109个成员,覆盖全球81%的人口和65%的GDP,成为成员数量仅少于世界银行的全球第二大国际多边开发机构。	截至2023年10月,亚投行已累计批准了236个项目,融资总额超过450亿美元,带动资本近1500亿美元,惠及36个亚洲域内与域外成员。

---

① 于潇,孙悦.逆全球化对亚太经济一体化的冲击与中国方案[J].南开学报(哲学社会科学版),2017(6):88-97.

② 习近平谈"一带一路"[M].北京:中央文献出版社,2018:116.

续表

名称	成立宗旨	成员情况	主要成就
金砖国家新开发银行	为金砖国家及其他新兴经济体和发展中国家的基础设施和可持续发展项目动员资源，作为现有多边和区域金融机构的补充，促进全球增长与发展。	新开发银行是由金砖五国共同于2015年成立的多边开发银行。2021年，孟加拉国、乌拉圭、阿联酋和埃及为新成员。	截至2023年8月，新开发银行批准了成员国近100个项目，贷款额达到350亿美元。
上海合作组织开发银行/中国—欧亚经济合作基金	旨在为区域项目提供融资支持，共建金融风险防范机制。中国—欧亚经济合作基金是深入推进国家"一带一路"倡议的重要股权投资平台之一。	2013年，比什凯克元首峰会上，6个成员国宣布推动建立上海合作组织开发银行。中国—欧亚经济合作基金主要投资于上海合作组织成员国、观察员国和对话伙伴国，逐步扩展到丝绸之路经济带域内国家。	截至2023年4月底，中国对上合组织成员国投资总额超过870亿美元，主要投资于能源资源及其加工业、农业、物流、基础设施建设等欧亚地区优先发展产业。
丝路基金	秉承"开放包容、互利共赢"的理念，服务于"一带一路"建设，为中国与相关国家和地区的经贸合作、双边多边互联互通提供投融资支持。	由中国外汇储备、中国投资有限责任公司、中国进出口银行与国家开发银行共同出资，是"一带一路"专项长期开发投资基金。截至2023年6月，丝路基金遍及60多个国家和地区，承诺投资金额约220.4亿美元。	截至2023年6月底，丝路基金累计签约投资项目75个，其中有18个项目纳入前两届"一带一路"国际合作高峰论坛成果清单，现已全部落地。

资料来源：根据"一带一路"官网、新华网、《人民日报》等网站数据整理。

　　根据《推动共建丝绸之路经济带和21世纪海上丝绸之路的愿景与行动》（下文简称《愿景与行动》），中国将充分利用、整合和对接现有双边多边合作机制和平台，强化沿线上合组织、中国—东盟"10＋1"、亚太经合组织、亚欧会议、亚洲合作对话、亚信会议、中阿合作论坛、中国—海合会战略对话、大湄公河次区域经济合作、中亚区域经济合作等现有多边合作机制作用，继续发挥沿线各国区域、次区域相关国际论坛、展会以及博鳌亚洲论坛、中国—东盟博览会、中国—亚欧博览会、欧亚经济论坛、中国国际投资贸易洽谈会，以及中国—南亚博览会、中国—阿拉伯国家博览会、中国西部国际博览会、中国—俄罗斯博览会、前海合作论坛等平台的建设性作用，力图通过多种机制为构建人类命运共同体搭建多方多元合作平台和共商共建协议框架。目前,联合国大会、安理会、亚太经社会、亚太经合组织、亚欧会议、大湄公河次区域经济合作等有关决议或文件都纳入或体现了"一带一路"建设内容。共建"一带一路"已经成为各方积极参与推进的重要事业,为构建人类命运共同体搭建了坚实的支撑平台。

四、民心相通融合全球化,构筑人类命运共同体愿景

"9·11"事件成为全球化的分水岭,标志着文化全球化出现裂痕。紧接着占领行动宣告阶级分化不可持续,金融危机打破西方经济全球化神话,难民浪潮引发欧洲一体化成果坍塌,民粹主义风潮表明社会全球化倒退,保护主义和贸易战则直指全球化核心规则……当今世界在政治、经济、文化、社会各方面都面临重大变局,在全球化逆流的冲刷下,国家、民族、阶级、种族走向分裂,文明、价值、文化、宗教出现纷争。"世界怎么了""我们怎么办"的困扰,令人迷茫。构建人类命运共同体思想及时捕捉到人类社会走向的哲学迷思,深刻回答了中国对这些基本问题的立场看法。人类命运共同体思想从一开始提出就立足于以文明交流互鉴、各国同舟共济解决全球问题、把握人类命运。2013年3月,习近平在莫斯科国际关系学院演讲时首倡"命运共同体"理念,提出各国和各国人民应该共同享受尊严、共同享受发展成果、共同享受安全保障,"越是面临全球性挑战,越要合作应对,共同变压力为动力、化危机为生机"[①]。2014年3月,在巴黎联合国教科文组织总部演讲时,习近平指出,"文明交流互鉴,是推动人类文明进步和世界和平发展的重要动力",强调"让中华文明同世界各国人民创造的丰富多彩的文明一道,为人类提供正确的精神指引和强大的精神动力"。[②] 2014年5月,习近平在中国国际友好大会上进一步阐述"人民友好是促进世界和平与发展的基础力量,是实现合作共赢的基本前提"[③]。2015年9月,习近平在第七十届联合国大会上提出"和平、发展、公平、

① 习近平谈治国理政:第1卷[M].2版.北京:外文出版社,2018:273.

② 习近平.出席第三届核安全峰会并访问欧洲四国和联合国教科文组织总部、欧盟总部时的演讲[M].北京:人民出版社,2014:6.

③ 习近平.论坚持推动构建人类命运共同体[M].北京:中央文献出版社,2018:105.

正义、民主、自由,是全人类的共同价值"①,号召各国"更加紧密地团结起来,携手构建合作共赢新伙伴,同心打造人类命运共同体"②。2016 年 9 月,在 G20 杭州峰会上,面对英国去一体化、美国去全球化的新动向,习近平再次强调,"我们应该促进不同国家、不同文化和历史背景的人们深入交流,增进彼此理解,携手构建人类命运共同体"③。2017 年 1 月,在联合国日内瓦总部,习近平深刻阐述"人类正处在大发展大变革大调整时期","让和平的薪火代代相传,让发展的动力源源不断,让文明的光芒熠熠生辉,是各国人民的期待,也是我们这一代政治家应有的担当。中国方案是:构建人类命运共同体,实现共赢共享"。④ 2021 年 11 月,习近平在中国—东盟建立对话关系 30 周年纪念峰会上的讲话中强调"共建友好家园","要倡导和平、发展、公平、正义、民主、自由的全人类共同价值,深化文明交流互鉴,用好地区多元文化特色和优势"。⑤ 2023 年 3 月,习近平在中国共产党与世界政党高层对话会上首次提出全球文明倡议,倡导尊重世界文明多样性,弘扬全人类共同价值,重视文明传承和创新,加强国际人文交流合作。2023 年 5 月,习近平在首届中国—中亚峰会上强调:"我们要践行全球文明倡议,赓续传统友谊,密切人员往来,加强治国理政经验交流,深化文明互鉴,增进相互理解,筑牢中国同中亚国家人民世代友好的基石,携手建设一个相知相亲、同心同德的共同体。"⑥ 2023 年 10 月,习近平在第三届"一带一路"国际合作高峰论坛上指出,"和平合作、开放包容、互学互鉴、互利共赢的丝路精神,是共建'一带一路'最重要的力量源泉",提出举办"良渚论坛",深化同共建"一带一路"国家的文明对话。⑦

"一带一路"就是对中国构建人类命运共同体世界观、国际观、全球观的践行,作为中国倡导、沿线共建的"开放、包容、均衡、普惠的区域经济合作架构","一带一路"致力于促进各共建国繁荣与区域合作,目前已初步呈现出区域化、全球化的整合态势,正在通过广泛深入、互利互惠的合作,凝聚沿线不同地区、

① 习近平谈治国理政:第 2 卷[M].北京:外文出版社,2017:522.
② 习近平谈治国理政:第 2 卷[M].北京:外文出版社,2017:526.
③ 习近平.论坚持推动构建人类命运共同体[M].北京:中央文献出版社,2018:371.
④ 习近平谈治国理政:第 2 卷[M].北京:外文出版社,2017:539.
⑤ 习近平谈治国理政:第 4 卷[M].北京:外文出版社,2022:443.
⑥ 习近平.携手建设守望相助、共同发展、普遍安全、世代友好的中国—中亚命运共同体[N].人民日报,2023-05-20(2).
⑦ 习近平.建设开放包容、互联互通、共同发展的世界:在第三届"一带一路"国际合作高峰论坛开幕式上的主旨演讲[N].人民日报,2023-10-19(2).

不同制度、不同发展阶段的国家,不同民族、不同文化、不同宗教信仰的人民,以及不同资源、不同禀赋、不同优势的经济体,"打造政治互信、经济融合、文化包容的利益共同体、命运共同体和责任共同体"。① "一带一路"共建国家绝大部分是发展中国家和转型中国家,相对于其政治经济发展同质性大于异质性的特点,它们之间的文化、宗教、语言差异十分突出,是四大文明的发祥地、五大宗教的起源地、九大语系的汇聚地、多元文化的衍生地,沿线很多国家内部也由多民族、多文化、多宗教的多元社会组成。

因此,在历史悠久、文化多彩、民族多元、宗教多样的"一带一路"沿线进行合作,本身就是倡导新型国际合作、促进文明融合的样本。10年来,从夯基垒台、立柱架梁到落地生根、持久发展,共建"一带一路"展现了化解"文明冲突""逆全球化"和驱散民粹主义阴霾的正能量,为克服全球化负面因素、扩大全球化民意基础起到了表率作用,彰显了利益交融、权责共担、同舟共济的命运共同体意识。共建"一带一路"是构建人类命运共同体的重要举措。创新、开放、协同、包容、共治的发展战略,将开启具有人类命运共同体意识的全球化发展新时代。② 与以往的全球化不同,"一带一路"以经济合作为主干,以文明融合为灵魂,携带深厚的中国文化基因,"符合中华民族历来秉持的天下大同理念,符合中国人怀柔远人、和谐万邦的天下观",共建"一带一路"不仅是经济合作,而且是完善全球发展模式和全球治理、推进经济全球化健康发展的重要途径。③ 历史上,16—17世纪,葡萄牙、西班牙开辟新航路,以暴力野蛮掠夺的方式拉开了全球化的序幕;英帝国主导的全球化,通过建立"日不落"殖民体系从全世界剥削攫取最大利润;20世纪以来,尤其苏联解体后,美国成为国际体系唯一超级强国,在全球推行霸权战略,经济全球化加速了美国的霸权全球化。在全球化的"1.0"版本中,土地、财富、利润、资本、垄断、权力是关键词,人类本体及与人相关的文化、人文、文明、民心在这样的逻辑中是没有一席之地的(见表0-3)。21世纪中国的"一带一路"倡议秉承了古丝绸之路的宝贵遗产,架起了"东西方合作的纽带、和平的桥梁",走出了"一条相遇相知、共同发展之路",一条"以文明交流超越文明隔阂、文明互鉴超越文明冲突、文明共存超越文明

---

① 乌东峰."一带一路"的三个共同体建设[N].人民日报,2015-09-22(7).

② 陈健,龚晓莺."一带一路"战略开启具有"人类命运共同体"意识的全球化发展的新时代[J].经济学家,2017(7):73-79.

③ 坚持对话协商共建共享合作共赢交流互鉴 推动共建"一带一路"走深走实造福人民[N].人民日报,2018-08-28(1).

优越,推动各国相互理解、相互尊重、相互信任"的文明之路。①在第三届"一带一路"国际合作高峰论坛《圆桌峰会联合公报》中,中外国家首脑一致重申"构建繁荣、和平的人类命运共同体,这是我们的共同愿望"。

表 0-3   历史上不同阶段全球化的基础、手段和目标

全球化历史阶段		主导国家	基础力量	主要手段	标志特征	全球化目标
全球化 1.0	16—17 世纪	葡萄牙、西班牙、荷兰等	地理大发现	野蛮掠夺	掠夺全球化	垄断海外贸易,称霸欧洲
	18—19 世纪	英国、法国等	工业革命	军事殖民	殖民全球化	建立日不落帝国、称霸世界
	20 世纪	美国	工业、移民与金融	美元、互联网	霸权全球化	称霸世界
全球化 2.0	21 世纪	中国等新兴大国	基础设施联通	"一带一路"	共赢全球化	构建人类命运共同体

十年来,"一带一路"共建国家的互联互通和友好合作,拉近了各国的地理距离和心理距离,切实将这些国家的命运紧紧联系在一起。利益共享、责任共担、休戚与共的全球化正在出现,它将以"共赢全球化"超越近代西方国家的"赢者全球化"。这种超越和转型,将会把人类带入一个新的境界——人类命运共同体不仅仅是一种应然,也终将成为一种实然。

---

① 习近平谈治国理政:第 2 卷[M].北京:外文出版社,2017:513.

第一章 构建"一带一路"利益共同体的理念与实践

　　构建人类命运共同体是全球治理的中国方案。利益共同体是命运共同体的逻辑起点与核心要义。构建人类命运共同体的理念内核和现实基础就是要夯实利益根基、厚植利益因子,实现全人类的共同繁荣。作为构建人类命运共同体的具体实践,共建"一带一路"是中国构建人类利益共同体的主要路径。通过"一带一路"构建利益共同体,是践行人类命运共同体理念的先行步骤和关键环节。构建"一带一路"利益共同体需要多管齐下,全面推进,其前提是发展战略对接,基础是设施互联互通,重点是贸易投资合作,支柱是自由贸易区建设。

　　"当今世界,相互联系、相互依存是大潮流。随着商品、资金、信息、人才的高度流动,无论近邻还是远交,无论大国还是小国,无论发达国家还是发展中国家,正日益形成利益交融、安危与共的利益共同体和命运共同体。"①在构建人类命运共同体的理论体系中,利益共同体、责任共同体和命运共同体是一组相互关联、层层递进的理论集合。利益是国际合作中最具现实性的因素,广泛的共同利益是国家间结成共同体的基本条件。"一带一路"作为以全人类利益为导向、以共商共建共享为原则的联动发展倡议,是中国与世界共谋发展方略、共享发展成果的实践平台。推进"一带一路"利益共同体建设,是"一带一路"国际合作以及人类命运共同体建设的首要前提和根本保障。

----

　　① 习近平.共倡开放包容 共促和平发展:在伦敦金融城市长晚宴上的演讲[M].北京:人民出版社,2015:2.

一、"一带一路"利益共同体理念的生成基础

利益共同体理念继承弘扬了中国传统义利观,吸收借鉴了马克思主义的国家利益观,传承光大了新中国外交的优良传统,是对以往优秀思想的创造性升华,更是立足中国面向世界,观照当下放眼未来的重大理论创新。

(一)中国传统利益观奠定历史渊源

中华优秀传统文化对利益进行过深刻的探讨,各家先贤围绕正确的利益观、义利之间的辩证关系提出了不同看法。利益指的是人类生存发展所依赖的物质基础。中国传统文化并不否认利益的普遍性、正当性。商鞅在《算地》中说,"民之性,饥而求食,劳而求佚,苦而索乐,辱则求荣,此民之情也","民生则计利,死则虑名"。《商君书·君臣》中更加明确地指出人们追求利益的正常性、正当性,"民之于利也,若水于下也,四旁无择也"。先秦佚名之作《六韬引谚》中有"天下熙熙,皆为利来;天下攘攘,皆为利往"之名句,后在《史记·货殖列传》中出现并流传至今。这句话意思是说天下芸芸众生为了利益而奔忙,司马迁在此并无贬低人们逐利之义,因为"夫千乘之王,万家之侯,百室之君,尚犹患贫,而况匹夫编户之民乎"。利益是人的生存之本,"民以食为天",生存是第一位的,没有一定的物质生活资料作基础,人就无法存活。然而,中国的利益观并没有停留于此,而是进一步阐明人不同于动物、君子不同于小人之处在于,"君子爱财,取之有道"。谋利诚然可取,但需要在合乎"义"的基础上兼顾利益。中国传统文化十分强调利益的获得方式,以此判定是不义之财还是正当得利。刘向在《列女传·齐田稷母传》中讲述了"不义之财,非吾有也,不孝之子,非吾子也"的道理,将"不义之财"与"不孝之子"相提并论,说明利益的性质不容含糊。中国传统利益观最为精彩的内核是义利观,"义利之辨"是中国哲学思想史上最为持久和著名的辩论之一,从春秋时期绵延至今。朱熹曾经说过"义利之说,乃儒者第一义",陆九渊也说"学无深浅,首在辨义利",可见义利问题和义利关系在中国思想史和价值观中的重要地位。儒家的孔孟主张"何必曰利""舍利取义",荀子主张"先义而后利",墨家主张"仁爱义利",法家和道家则分别倡导"贵利轻义"和"义利两忘"。因此,以义为上、先义后利、义利兼顾、以义为利,一直是中华传统文化的主流利益观。尽管儒家有着"重义轻利"的思想传统,但其反对的只是无限膨胀的一己之利,对于可以强国富民、惠及苍生的天下之利,圣人先贤明确表示支持,故"义利之辨""在某种意义上也就是公利与私利之辨","义和利实际上是统一的,或者说应该是统一的,义是指道义原则和公正、正义,利则是指社会的整体利益,是百姓民众的利"。①这些传统利益观的精髓,早已经深刻融入了中华民族的文化血脉之中,也成为习近平关于利益共同体的重要论述的历史文化渊源,为"一带一路"利益共同体建设注入了思想灵魂。中国追求的利益绝不是狭隘而损人利己的一家私利,而是全球共同繁荣进步的公利。中国的和平发展是为中国人民谋幸福、为中华民族谋复兴,也是为人类谋进步、为世界谋大同,我们不会放弃自身的合理利益追求,也乐见其他国家的发展壮大,并尽己所能向一些国家提供必要帮助,这是新时代中国对传统利益观的发扬光大。

(二)马克思主义利益观是思想根基

马克思和恩格斯在一系列著作中,清晰地阐明了利益在人类社会交往中的重要作用。马克思认为,"人们奋斗所争取的一切,都同他们的利益有关"。②恩格斯认为,"没有共同的利益,也就不会有统一的目的,更谈不上统一的行动"③。国际政治视野中的利益共同体指的就是"以广泛的共同利益为纽带建立起来的国家群体"④,是在充分肯定国家利益在国际关系中核心地位的前提下,更加凸显共同利益的意义和价值。实现"一带一路"行稳致远必须首先谱写好共同利益的华章,积极培育互惠理念,努力达成合作共识,推动互利共赢新型国际关系的落地生根。"一带一路"利益共同体理念是对马克思共同体思想的继承和发展。马克思曾经从共同利益的视角,对"虚假共同体"和"真正共同体"进行过区分研究。马克思认为,在超脱了原始的"自然共同体"之后,国家的出现使人类社会进入了"虚假共同体"阶段,其特征就是共同体成员之间不存在真正的共同利益,个别占有生产资料和掌握国家机器的集团将自

---

① 梁涛.中国政治哲学史:第1卷[M].北京:中国人民大学出版社,2019:118-119.
② 马克思恩格斯全集:第2卷[M].2版.北京:人民出版社,2005:187.
③ 马克思恩格斯全集:第2卷[M].2版.北京:人民出版社,2005:508.
④ 阮建平,陆广济.深化中国—东盟合作:从"利益共同体"到"命运共同体"[J].南洋问题研究,2018(1):8-19.

己的特殊利益伪装成社会共同利益。"人的本质是人的真正的共同体。"①相比于"虚假共同体","真正共同体"最本质的特征就是实现了个体利益与整体利益、共同利益与特殊利益的高度一致,共同体成员之间的利益鸿沟被彻底弥合。"虚假共同体"之所以虚假,是因为这里的共同体利益表面上看似是共同体所有成员的,但实际上只是统治者的特殊利益,因此是"虚假的"。现阶段,我们要构建起"真正共同体",即"自由人的联合体"还为时尚早,在语境上二者所指还有所不同,②但人类命运共同体理念与"真正共同体"思想是实质相通、一脉相承的,二者的构建都必须以全社会、全人类的共同利益为基础。中国政府在《中国的和平发展》白皮书中曾提出:"不同制度、不同类型、不同发展阶段的国家相互依存、利益交融,形成'你中有我、我中有你'的命运共同体。"③构建"一带一路"利益共同体的过程,本质上就是中国与沿线各国寻找利益汇合点、互利增长点的过程。这一过程摒弃了零和思维、赢者通吃的霸权主义逻辑,代之以互利互惠、合作共赢的理念逻辑与实践创新,这是对马克思主义利益观和共同体理论的丰富和创新。

(三)新中国外交实践积累鲜活经验

改革开放后的 30 多年是中国以经济外交为主线,与世界主要国家建立广泛利益共同体的时期;2013 年以来的这 10 年是中国外交进入构建人类命运共同体的时期。在社会主义革命和建设时期,中国在国际主义原则指导下,支持全世界人民反对殖民主义、帝国主义的正义斗争,为此不计自身得失,舍小利、顾大义,对广大亚非拉国家进行无私援助。"中国应当对于人类有较大的贡献。"④1964 年,周恩来在访问非洲期间提出了"对外援助八项原则",在广大第三世界国家产生了强烈反响,奠定了中国与第三世界国家长期友好的利

---

① 马克思恩格斯全集:第 3 卷[M].2 版.北京:人民出版社,2002:394.

② "真正共同体"的基本行为主体是个人,表现为自由人联合体,直接解决的是个体命运问题,旨在实现每个人的自由全面发展和全人类的普遍解放;人类命运共同体是由主权国家组成的,是世界范围内国与国之间基于共同利益、共同诉求而构建的国家联合体。人类命运共同体着眼于国家间共存共荣,侧重从国家角度入手,通常在国与国双边、区域内多边乃至全人类范围内构建命运共同体,而不是在不同人群间构建命运共同体。参见陈曙光.人类命运共同体与"真正的共同体"关系再辨[J].马克思主义与现实,2022(1):33-40.

③ 中国的和平发展[N].人民日报,2011-09-07(14).

④ 毛泽东文集:第 7 卷[M].北京:人民出版社,1999:157.

益根基。正如王毅所说,"新中国成立后,我们继承以义为先的优良传统,充分发扬国际主义精神,在自身经济十分困难的情况下,仍然坚持向亚非拉广大第三世界国家提供力所能及的帮助,支持其反抗压迫、争取独立与解放的民族大义,维护其发展经济、改善民生的整体利益"①。改革开放之后,中国坚持以经济建设为中心,在对外援助中与时俱进地提出了"平等互利、讲究实效、形式多样、共同发展"的四项原则,以更加理性务实的态度与发展中国家进行南南合作,实现互利互惠。在这一时期,中国坚持和平共处五项原则、基于和平与发展两大主题,实施全方位、多层次、宽领域的对外开放战略;全面改善与各大国的关系,与不同性质的国家建立友好合作关系;主动融入国际社会,参加了几乎所有的国际性、地区性政治、经济、文化组织;与世界主要国家结成形式多样、利益攸关的伙伴关系,形成全面推进、重点突出的利益共同体。② 1980 年,中国恢复了国际货币基金组织和世界银行集团的席位。1986 年,中国成为亚洲开发银行的会员国,并于同年 7 月正式向"关贸总协定"提出了"复关"申请。1991 年,中国应邀加入了亚太经合组织。1997 年,东盟—中日韩("10+3")合作机制在亚洲金融危机驱动之下应运而生。从 1993 年到 1998 年,我国连续6 年成为利用外资最多的发展中国家,在全球仅次于美国。1995 年我国贸易顺差首次突破百亿美元大关,1998 年进出口总额达国内生产总值的 33.6%,排名世界第 11 位。进入新世纪后,随着正式加入世界贸易组织,中国与世界各经济体的贸易互惠、利益交融关系更加深入。2008 年全球金融危机爆发之后,中国经济增速仍保持在两位数以上,到 2010 年超越日本成为世界第二大经济体时,中国已经成为全球 120 多个国家的最大贸易伙伴。全方位对外贸易关系,"引进来"与"走出去"并举使中国经济与国际市场的相互依存度大大提升,中国同周边国家和地区、同欧美发达国家、同亚非拉国家和地区不断扩大利益汇合点,"你中有我、我中有你"的利益交融关系体现在一系列实实在在的数据上。"构建利益汇合点和利益共同体,符合二十一世纪第二个十年的世界发展大势。"③

① 王毅.坚持正确义利观 积极发挥负责任大国作用:深刻领会习近平同志关于外交工作的重要讲话精神[N].人民日报,2013-09-10(7).

② 李丹.中国特色大国外交的传承与创新:命运共同体的视角[J].理论与改革,2020(2):42-53.

③ 郑必坚.中国和平发展与构建利益共同体[N].解放日报,2013-03-24(7).

(四)全球化的转型发展是现实基础

"人类命运共同体首先是对国际社会相互依存状态的描述。"[①]全球化是人类社会生产力大发展的客观要求和必然结果,是一个"我们利用自然提供的资源,通过彼此之间的行为和话语,使世界成为世界"[②]的过程,也是人类共同利益萌生的现实根源。在人类社会发展的早期阶段,原始落后的科技和交通手段,将人类限制在相互分割的地理范围内。各国之间基本处于隔绝封闭状态,国际交往十分有限,遑论国际社会的共同利益。人类社会共同利益的萌芽和兴起,是全球化时代的特有产物。关于全球化的本质内涵,一些西方学者认为全球化就是"非地域化",即世界各地开始突破地理空间的阻隔,日益联为一体:"'全球化'指的是社会空间性质的重大变化。超地域——或者我们亦可以称之为'世界范围'(worldwide)或'跨国'(transborder)——关系的激增或扩展导致了所谓的'地域主义'(即社会地理完全为地域性)这一情形的终结。"[③]按照这一论断,全球化绝非古而有之,而是发轫于1500年前后——"大航海时代来临之后,人类才真正看到了全球,并由此开启了名副其实的'命运共同体'建构过程"[④]。进入21世纪以来,冷战结束后开启的全球化迅猛发展势头遭受了一系列挫折。尤其在遭受2008年金融危机、特朗普上台、英国脱欧、民粹主义兴起、新冠疫情暴发等一连串打击之后,当前的全球化在诸多领域都出现了逆动倾向。作为一种客观趋势,全球化的发展虽然艰难曲折,但却是不可逆转的历史潮流。"经济全球化是社会生产力发展的客观要求和科技进步的必然结果,不是哪些人、哪些国家人为造出来的"[⑤],因此也不是谁可以随便中止的。当前的挫折困境,只是在百年未有之大变局下,全球化的自我调整和重塑。其主要表现为:全球化动力削弱,世界经济增长疲软,贸易萎缩,保护主义抬头;全球化旗手易帜,美国实力下降,领导意愿减退,欧盟自顾不暇;全球化

① 王玉主.中国的国际社会理念及其激励性建构:人类命运共同体与"一带一路"建设[J].当代亚太,2019(5):4-29.

② 詹姆斯·多尔蒂,小罗伯特·普法尔茨格拉夫.争论中的国际关系理论:第五版[M].阎学通,陈寒溪,译.北京:世界知识出版社,2013:158.

③ 简·阿特·斯图尔特.解析全球化[M].王艳莉,译.长春:吉林人民出版社,2011:49.

④ 明浩."一带一路"与"人类命运共同体"[J].中央民族大学学报(哲学社会科学版),2015(6):23-30.

⑤ 习近平著作选读:第1卷[M].北京:人民出版社,2023:554.

的主场改变,以金砖国家为代表的新兴市场国家群体性崛起。2020 年,新兴市场和发展中经济体 GDP 占全球总量已经从 1980 年的 24.3％增至 40.6％,对世界经济增长的贡献率高达 80％,成为拉动世界经济增长的最大引擎。[①]世界经济格局变革重组使全球经济发展趋向均衡,国际社会日益成为相互依存、一损俱损、一荣俱荣的整体,各国利益和命运更加紧密地联系在一起。在此背景下,中国通过"一带一路"积极主动地引领起新一轮全球化进程,开启了以利益共享为特征的全球化新阶段。如果说"经济全球化是人类命运共同体形成的时代前提,构建人类命运共同体是中国对经济全球化的自觉引领"[②],那么利益共享型经济全球化是构建人类命运共同体的重要成果,构建利益共同体是构建人类命运共同体的首要步骤。

二、"一带一路"利益共同体思想的理念内涵

从理论逻辑来看,对共有利益的珍视和培育是共同体形成的逻辑起点,一切共同体在本质上都是利益共同体。构建"一带一路"利益共同体以维护和拓展各国共同利益为主要内容,以塑造公平合理的利益分配格局为建设目标,超越了西方零和利益观,代表了人类文明进步的发展方向。

(一)"一带一路"利益共同体是人类命运共同体建设的逻辑起点

从共同体形成的缘起看,利益是形成共同体的重要纽带。人类社会在自觉或不自觉的过程中形成了各种类型的政治、经济、军事、人文等共同体。这些共同体之所以能够诞生和存续,关键是因为彼此之间存在无法割舍的共同利益。国际关系理论英国学派代表人物赫德利·布尔(Hedley Bull)就认为:"如果一群国家意识到他们具有共同利益和价值观念,从而组成一个社会,也就是说,这些国家认为它们互相之间的关系受到一套共同规则的制约而且他

---

① 张玉环.新兴经济面临历史性分化[N].环球时报,2021-04-21(15).
② 李丹.论全球治理改革的中国方案[J].马克思主义研究,2018(4):52-62.

们一起构建共同的制度,那么国家社会(或国际社会)就出现了。"①从共同体发展进程看,构建利益共同体是打造命运共同体的必经阶段。人类命运共同体的形成建立在国家之间形成利益共同体的前提和基础上。"每一个国家行为主体都具有明确的疆土边界、独立的国家政权、特定的国家利益,都要求把国家利益作为最高原则,并在国际交往中追求国家利益的最大化和自身的绝对安全。"②在全球化深入发展的今天,国家利益的内涵发生了变化,其交融性、联动性、开放性不断加强,固有的追求自身利益最大化的行为已经越来越行不通了,国家利益必须在兼顾他国利益或者在与他国合作获得利益的情况下得以实现。正像核战争达不到战争发动者的目的一样,自我优先也满足不了自身利益最大化的初衷。习近平提出的建设人类命运共同体理念,立足"人类已经成为你中有我、我中有你的命运共同体,利益高度融合,彼此相互依存"的现实,呼吁"坚持协同联动,打造开放共赢的合作模式","每个国家都有发展权利,同时都应该在更加广阔的层面考虑自身利益,不能以损害其他国家利益为代价"。③否则,当每个国家都只考虑一己私利、不顾他国死活时,国际社会就会陷入相互残杀的"丛林斗争"悲剧之中。"一带一路"是构建人类命运共同体的实践平台,打造利益共同体是题中应有之义。"一带一路"的首份官方指导文件——《愿景与行动》就指出,"兼顾各方利益和关切,寻求利益契合点和合作最大公约数,体现各方智慧和创意,各施所长,各尽所能,把各方优势和潜力充分发挥出来"④。推进"一带一路"建设工作领导小组办公室于 2017 年 5 月发布的《共建"一带一路":理念、实践与中国的贡献》报告指出,各个国家、各个民族的利益是全人类共同利益的组成部分,全人类的利益则系于"你中有我、我中有你"的命运共同体。⑤"从命运与共的角度看,世界是宽广博大的,处处都有合作机遇"⑥,"一带一路"利益共同体就是从全球命运一体的角度,将中国与共建国家看成是利益共享的一体,将中国的发展机遇传导给其他发展中国家,帮助他们修路建桥、通水供电,同时也从其他国家那里获得我国发展

① 赫德利·布尔.无政府社会:世界政治秩序研究[M].张小明,译.北京:世界知识出版社,2003:10-11.

② 梁周敏,姚巧华."人类命运共同体"与共同利益观[N].光明日报,2016-10-02(7).

③ 习近平著作选读:第 1 卷[M].北京:人民出版社,2023:558.

④ 国家发展改革委,外交部,商务部.推动共建丝绸之路经济带和 21 世纪海上丝绸之路的愿景与行动[M].北京:人民出版社,2015:5.

⑤ "一带一路"国际合作高峰论坛重要文辑[M].北京:人民出版社,2017:98.

⑥ 习近平谈治国理政:第 4 卷[M].北京:外文出版社,2022:424.

需要的能源、资源、通道,实现优势互补、取长补短。人类命运共同体理念的突出特点,"就是敢于在民族国家相互竞争的世界上,提出了超越国家之间固有矛盾,在不断扩大和拓展共同利益的过程中塑造人类共同命运"。①构建利益共同体必须从整体利益着眼,突破自身利益的狭隘眼界,努力寻求与他国的利益交汇点,让各自发展成果能够惠及更多的人,在超越"各美其美"中实现"美美与共"。

(二)"一带一路"共同利益观是对西方零和利益观的全面超越

在西方传统的思维模式中,利益的纷争、敌我的矛盾都是永恒而绝对的。赵汀阳就曾将"绝对敌人"理念视为基督教文明最重要的一项理论发明:"上帝与魔鬼,信徒与异教徒,这就是精神敌人或绝对敌人的原型。上帝是存在论上的正面存在,魔鬼就是反面存在,这种存在论意义上的敌人与特殊情境和关系无关,而是仅因其存在本身即为敌人。"②从这种思维逻辑出发构建起来的西方国际关系理论,自然会将权力和利益的零和博弈视为"绝对真理"。以汉斯·摩根索(Hans Morgenthau)为代表的古典现实主义主张"以权力界定利益";肯尼斯·沃尔兹(Kenneth N. Waltz)的结构现实主义倡导通过权力博弈增进国家安全;约翰·米尔斯海默(John J. Mearsheimer)更是将权力政治思维发挥到了极致,进攻被视为维护国家安全的最优选择。现实主义理论的实质就是权力政治的学理化表达,权力的首要属性被界定为利益性,国家为了实现自身特定的利益目标,通常运用权力来影响和改变其他国家行为。这样的利益观其实就是一种零和利益观或者叫冲突利益观,认为国家间的利益是不兼容的,是你有我无、你多我少的零和关系,利益纷争只能通过权力博弈甚至暴力冲突解决。因此,西方国家主导世界历史的数百年间,霸道霸凌霸权肆虐横行,强权政治荼毒世界,对抗思维根深蒂固,利己主义甚嚣尘上,以至于国家间为了利益争夺纷争不断,对抗、暴力、冲突屡见不鲜。中国的利益观是在合作中一起获益,最终实现共赢共享,"合作共赢,就是各国应摒弃一味谋求自身更大相对利益的理念,纠正'赢者通吃'的过时做法,坚持以双赢、多赢、共赢为目标,在追求本国利益时兼顾各国合理关切,在谋求本国发展时促进各国共同

---

① 刘德斌.大变局形势下的世界历史研究[J].历史教学问题,2021(3):6-10.
② 赵汀阳.每个人的政治[M].北京:社会科学文献出版社,2010:125.

发展,在维护本国安全时尊重各国安全,变压力为动力、化危机为机遇、化冲突为合作"。① 2013 年 6 月,习近平访问墨西哥时曾引用墨西哥诗人阿方索·雷耶斯(Alfonso Reyes)的名言"唯有益天下,方可惠本国"②,以言明我国在利益观上对此的认同。2013 年 10 月,习近平在周边外交工作座谈会上强调:"要本着互惠互利的原则同周边国家开展合作,编织更加紧密的共同利益网络,把双方利益融合提升到更高水平,让周边国家得益于我国发展,使我国也从周边国家共同发展中获得裨益和助力。"③ 2014 年 6 月,习近平在和平共处五项原则发表六十周年纪念大会上呼吁,"我们应该把本国利益同各国共同利益结合起来,努力扩大各方共同利益的汇合点,不能这边搭台、那边拆台,要相互补台、好戏连台"④。2019 年 11 月,在第二届中国国际进口博览会开幕演讲中,习近平再度倡导,"各国应该坚持人类优先的理念,而不应把一己之利凌驾于人类利益之上"⑤。坚持互利共赢是"一带一路"的共建原则之一,共建共享是"一带一路"的重要理念。2019 年 4 月发布的《共建"一带一路"倡议:进展、贡献与展望》报告曾专门对"共享"一词进行解释:共享就是兼顾合作方利益和关切,寻求利益契合点和合作最大公约数,使合作成果福及双方、惠泽各方,共建"一带一路"不是"你输我赢"或"你赢我输"的零和博弈,而是双赢、多赢、共赢。⑥ 2023 年 9 月发布的《携手构建人类命运共同体:中国的倡议与行动》白皮书指出:"任何国家都不应盼着别人输,而要致力于同他国一道赢。中国始终把自身发展和世界发展统一起来,始终把中国人民利益同各国人民共同利益结合起来。"⑦这就是共建"一带一路"的共同利益观与西方零和利益观的本质不同(见表 1-1)。

---

① 中华人民共和国国务院新闻办公室.新时代的中国与世界[N].人民日报,2019-09-28(12).

② 习近平.习近平在墨西哥参议院的演讲:促进共同发展 共创美好未来[N].人民日报,2013-06-07(2).

③ 习近平谈治国理政:第 1 卷[M].2 版.北京:外文出版社,2018:297.

④ 习近平.弘扬和平共处五项原则 建设合作共赢美好世界:在和平共处五项原则发表六十周年纪念大会上的讲话[M].北京:人民出版社,2014:5.

⑤ 习近平谈治国理政:第 3 卷[M].北京:外文出版社,2020:209.

⑥ 推进"一带一路"建设工作领导小组办公室.共建"一带一路"倡议:进展、贡献与展望[N].人民日报,2019-04-23(8).

⑦ 中华人民共和国国务院新闻办公室.携手构建人类命运共同体:中国的倡议与行动[N].人民日报,2023-09-27(3).

表 1-1　共同利益观与零和利益观比较

项目	共同利益观	零和利益观
利益内涵观	以发展界定利益	以权力界定利益
利益价值观	义利兼顾,以义为利	利益至上,利益永恒
利益关系观	利益兼容,彼此交融	利益冲突,"有你无我"
利益方式观	追求相对利益,分享利益	追求绝对利益,独占利益
具体表现	经济互利互惠、贸易开放包容,实现合作共赢	经济利己主义、自我优先,贸易保护主义

(三)打造"一带一路"利益共同体以扩大共同利益为合作目标

随着大国崛起和"一带一路"推进,如何在维护中国海外利益的同时拓展与共建国家的共同利益,是"一带一路"利益共同体建设的重要内容。"不同国家的利益虽有冲突的一面,但并非没有相容的一面。更何况人类共同利益日渐凸显,它要求摆脱自助性而走向对话与合作,否则在人类的共同利益(尤其生存利益)无法保障时,各国国家利益将变得毫无意义。"[1]当相容利益关系从双边层面外溢扩散至地区和全球层面时,就产生了国际社会共同利益。有学者曾使用"国际利益"的概念,来界定国家间的共同利益,认为国际利益是国家利益的一部分,两者是对立统一的辩证关系。[2]当前,在美国挑起新冷战、大国博弈加剧的局势下,寻求国际利益的难度加大,但在"一带一路"沿线寻求并扩大共同利益不仅是现实可行的,"无论是发展经济、改善民生,还是应对危机、加快调整,许多沿线国家同我国有着共同利益"[3],而且是沿线各国的需要和共识。"一带一路"合作倡议"契合中国、沿线国家和本地区发展需要,符合有关各方共同利益,顺应了地区和全球合作潮流"[4],"我们以共商、共建、共享为'一带一路'建设的原则,以和平合作、开放包容、互学互鉴、互利共赢的丝绸之路精神为指引,以打造命运共同体和利益共同体为合作目标,得到沿线国家广

---

① 蔡拓.全球主义与国家主义[J].中国社会科学,2000(5):16-27.
② 阎学通.中国国家利益分析[M].天津:天津人民出版社,1996:28-30.
③ 习近平谈"一带一路"[M].北京:中央文献出版社,2018:43.
④ 习近平谈"一带一路"[M].北京:中央文献出版社,2018:68.

泛认同"①。"一带一路"沿线的广大发展中国家,一直以来都是全球利益分配格局中的洼地。西方发达国家牢牢把控着产业链顶端,美国获得了全球产业链最大的一部分利润。"一带一路"沿线大多数国家处于国际分工链条的末端,"低端锁定陷阱"使之难以摆脱低收入困境。然而,"世界长期发展不可能建立在一批国家越来越富裕而另一批国家却长期贫穷落后的基础之上"②,只有确保公平合理、互利互惠的利益分配才能从根本上调动沿线各国参与共建"一带一路"的积极性,才能契合"一带一路致力于使更多国家共享发展机遇和成果"的初衷。"只有相互合作、互利共赢,才能做大共同利益蛋糕,走向共同繁荣。"③ 2016年4月,习近平在主持中共十八届中央政治局第三十一次集体学习时提出:"要统筹我国同沿线国家的共同利益和具有差异性的利益关切,寻找更多利益交汇点,调动沿线国家积极性。"④第一届"一带一路"国际合作高峰论坛《圆桌峰会联合公报》将"寻求利益契合点和合作最大公约数,兼顾各方立场"设定为"一带一路"国际合作的五大原则之一。⑤习近平在第三届"一带一路"国际合作高峰论坛上再次强调,"共建'一带一路'坚持共商共建共享,跨越不同文明、文化、社会制度、发展阶段差异,开辟了各国交往的新路径,搭建起国际合作的新框架,汇集着人类共同发展的最大公约数"⑥。共建"一带一路"致力于在资源、劳动、技术、资本等要素禀赋差异巨大的国家之间探寻优势互补、协同发展的新路径,从而打造互惠互利、共赢共生的产业链、价值链,为利益共同体和命运共同体建构提供长远保障。从这个意义上看,通过"一带一路"构建利益共同体不仅是做大共同利益蛋糕,而且是"以合作共建求得共赢共享的结果,进而生成现实中合作共赢、相互依存的利益关系"⑦。这也是构建"一带一路"利益共同体的意义所在。形成互利互惠、共赢共享的新型利益关系是中国通过"一带一路"推动全球治理体系改革的重要贡献,也是推动实现"一带一路"高标准、可持续、惠民生高质量发展的切实保障。

---

① 习近平谈"一带一路"[M].北京:中央文献出版社,2018:109-110.

② 习近平谈治国理政:第1卷[M].2版.北京:外文出版社,2018:273.

③ 习近平谈"一带一路"[M].北京:中央文献出版社,2018:74.

④ 习近平谈"一带一路"[M].北京:中央文献出版社,2018:104.

⑤ "一带一路"国际合作高峰论坛重要文辑[M].北京:人民出版社,2017:33.

⑥ 习近平.建设开放包容、互联互通、共同发展的世界:在第三届"一带一路"国际合作高峰论坛开幕式上的主旨演讲[N].人民日报,2023-10-19(2).

⑦ 贾中海,程睿.塑造人类命运共同体的思维方式:特质、生成逻辑与内生机制[J].理论探讨,2021(2):42-48.

三、构建"一带一路"利益共同体的实践探索

英国社会科学院院士马丁·阿尔布劳(Martin Albrow)在其新著《中国在人类命运共同体中的角色》中提出:"'一带一路'是中国目前推出的最具雄心的计划,目的是将中国的和平发展与整个世界的繁荣幸福联系起来",中国"已经展现出作为全球领导者的品质:执行力、效率、合理、尊重、对等互惠、尊崇、超越、创新"。①作为"一带一路"的倡导者,中国积极推动中外发展战略对接,促进各国基础设施联通,加强各国贸易投资合作,推进自由贸易区建设,在实践中探索构建"一带一路"利益共同体。

(一)发展规划对接是构建"一带一路"利益共同体的前提

人类命运共同体的成员和建构主体依然是主权国家。"人类命运共同体是国际社会的一种形态,而国际社会的实质是国际关系。国际关系的主体是国家,国际社会的成员是国家,人类命运共同体的成员也还是国家。"②构建"一带一路"利益共同体、命运共同体依赖国家之间的通力合作,必须打破国家之间的利益屏障,实现各国发展的有效对接。"对接"是极富特色的"一带一路"话语,与20世纪末我们通过谈判加入世界贸易组织时使用的"与国际接轨"术语相比,"对接"不是指一国的规则、体制或做法要跟另一种体制或做法一致,而是指双方彼此靠拢、挨近、接上,相互了解、融合、相通,有平等沟通、协同合作、搭伙做事的意味,不是一方要求另一方让其适应自己。"对接"包括战略对接、规划对接、平台对接、项目对接等。战略对接,指的是"将各个国家和地区的基于自身情况制定的发展战略的联系点和相通之处对接起来,使之相

---

① 马丁·阿尔布劳.中国在人类命运共同体中的角色[M].严忠志,译.北京:商务印书馆,2020:14-23.

② 车丕照."人类命运共同体"理念的国际法学思考[J].吉林大学社会科学学报,2018(6):15-24.

辅相成、相互促进,并最终实现共同目标"①。规划对接就是各行为主体将彼此的长远发展规划连接起来,使之相互贯通、相辅相成,最终实现共同利益目标的国际合作过程。如果说战略对接、规划对接是更宏观的顶层对接,那么平台对接、项目对接则是更为微观的具体对接。

2013年3月,习近平在莫斯科首次提出了战略对接理念,"我们两国正积极推动各自国家和地区发展战略相互对接,不断创造出更多利益契合点和合作增长点"②。《愿景与行动》中提出:"中国愿与沿线国家一道,不断充实完善'一带一路'的合作内容和方式,共同制定时间表、路线图,积极对接沿线国家发展和区域合作规划。"③《共建"一带一路":理念、实践与中国的贡献》中也明确指出:"中国主动推动共建'一带一路'倡议与'一带一路'沿线国家的国家战略、发展愿景、总体规划等有效对接,寻求共建'一带一路'的合适切入点。"④共建"一带一路"倡议与共建国家在发展思路、理念、做法、目标上有很多契合之处,中外方遥相呼应,相向而行,一拍即合,这就是"对接"。因此,对接是自愿平等的"双向奔赴",中国领导人向全世界庄严宣告,"共建'一带一路'倡议源于中国,但机会和成果属于世界,中国不打地缘博弈小算盘,不搞封闭排他小圈子,不做凌驾于人的强买强卖"⑤。杨洁篪也曾谈道:"对接不是你接受我的规则也不是我接受你的规则,而是在相互尊重的基础上找出共同点与合作点,进而制定共同规则。"⑥对接的根本驱动力依然是国家利益,"必须设计相互利益收益预期,方可形成可能的对接,通过对接创造共同利益,并就利益合理分配达成一致,推动对接可延续和可发展"⑦。共建"一带一路"是一个共谋

① 蔡昉,彼得·诺兰."一带一路"手册[M].北京:中国社会科学出版社,2018:230.

② 习近平谈治国理政:第1卷[M].2版.北京:外文出版社,2018:276.

③ 国家发展改革委,外交部,商务部.推动共建丝绸之路经济带和21世纪海上丝绸之路的愿景与行动[M].北京:人民出版社,2015:21.

④ 推进"一带一路"建设工作领导小组办公室.共建"一带一路":理念、实践与中国的贡献[EB/OL].(2017-05-11)[2023-03-10].https://www.gov.cn/xinwen/2017/05/11/content_5192752.htm#1.

⑤ 习近平谈"一带一路"[M].北京:中央文献出版社,2018:217.

⑥ 杨洁篪.深化互信、加强对接,共建21世纪海上丝绸之路:在博鳌亚洲论坛2015年年会"共建21世纪海上丝绸之路分论坛暨中国东盟海洋合作年启动仪式"的演讲[EB/OL].(2017-03-09)[2023-06-01].http://world.people.com.cn/n1/2017/0309/c411452-29134134.html.

⑦ 卢光盛,段涛."一带一路"视阈下的战略对接研究:以中国—中南半岛经济走廊为例[J].思想战线,2017(6):160-168.

发展、共担责任、共享利益、共图繁荣的合作过程,共建国政治体制、经济模式、发展阶段、历史文化各不相同,需要相互磨合适应,才能找到符合双方最大利益的平衡点,在实现优势互补、机遇共享、互利互惠中形成福祸相连、休戚与共的利益共同体,进而打造和衷共济、和合共生的命运共同体。

在双边层面上,中国积极推动"一带一路"倡议与相关国家的发展战略对接。哈萨克斯坦是中国首次提出共建"丝绸之路经济带"的国家,中哈两国的战略对接亦堪称典范。2016 年 6 月 24 日,习近平在与纳扎尔巴耶夫总统会谈时强调,"中哈已经成为真正意义上的利益共同体和命运共同体。双方要编制好'丝绸之路经济带'建设同'光明之路'新经济政策对接规划,充分用好中哈共同开创的产能合作新模式,推动有关产能合作项目尽早落地,推进农业、能源、地方、人文、环保等领域合作"[①]。在两国元首共同支持下,2016 年 9 月 2 日,两国政府签署了《"丝绸之路经济带"建设与"光明之路"新经济政策对接合作规划》。纳扎尔巴耶夫总统在其著作《独立时代》一书中谈道:"哈萨克斯坦'光明之路'新经济计划同'丝绸之路经济带'倡议已开始对接,对接工作已在交通、工业、向中国出口哈方农产品等领域展开。"[②]例如在交通对接方面,为贯通"西欧—中国西部"国际路(简称双西公路),哈方积极与各方对接,成功使双西公路在哈萨克斯坦联结点"碰头"连通,建成后哈萨克斯坦每年通过此条公路的货物运输量将达到 3000 万吨。2023 年 5 月,中哈两国发布联合声明再次强调,"以共建'一带一路'合作为主线,大力推动共建'一带一路'倡议同哈萨克斯坦'光明之路'新经济政策对接,共同保障合作项目及企业人员安全,积极开辟中哈务实合作新领域"[③]。同时,中国还积极推动"一带一路"倡议与俄罗斯的"欧亚经济联盟"建设计划、蒙古国的"发展之路(草原之路)"计划、塔吉克斯坦的"2030 年前国家发展"战略、乌兹别克斯坦的"新乌兹别克斯坦"规划战略、土库曼斯坦的"复兴丝绸之路"战略、越南的"两廊一圈"计划、老挝的"变陆锁国为陆联国"战略、柬埔寨的"四角"战略、印尼的"全球海洋支点"战略、菲律宾的"多建好建"规划、土耳其的"中间走廊"计划、波兰的"琥珀之路"计划、塞尔维亚的"再工业化"战略、匈牙利的"向东开放"战略、沙特的"2030 愿景"、埃及的"苏伊士运河走廊开发"计划、南非"经济重建和复苏"计

---

① 习近平会见哈萨克斯坦总统纳扎尔巴耶夫[N].人民日报,2016-06-25(2).

② 张斐晔.政策沟通凝聚共识 战略对接共享发展:"一带一路"政策沟通五年成果综述[N].光明日报,2018-08-21(7).

③ 中华人民共和国和哈萨克斯坦共和国联合声明[N].人民日报,2023-05-18(2).

划等国家发展战略协调对接。"'一带一路'倡议实施的基本理念就是战略对接，与伙伴国和地区的发展战略对接，从根本上体现了与伙伴国合作的自主性和平等性原则。"①通过对接加强政策沟通、增进战略互信、拉紧利益纽带，有利于各国实现共同发展、平等受益，从而为形成利益共同体奠定坚实基础。

在多边层面上，中国充分利用已有的国际制度平台，实现发展对接。习近平在第二届"一带一路"国际合作高峰论坛主旨演讲中强调，"共建'一带一路'倡议同联合国、东盟、非盟、欧盟、欧亚经济联盟等国际和地区组织的发展和合作规划对接"②。联合国是当今世界最权威、最具代表性的政府间国际组织。"与联合国发展战略的对接合作，为'一带一路'建设提供了一种新的思路和路径，也是推动构建新型国际关系和人类命运共同体的重要途径。"③在2016年11月举行的第71届联合国大会上，193个会员国一致赞同将"欢迎'一带一路'等经济合作倡议"写入联合国决议。2017年3月，联合国安理会通过了第2344号决议，呼吁通过"一带一路"建设等发展倡议加强区域经济合作。2017年9月，习近平在厦门新兴市场国家与发展中国家对话中明确指出，"共建'一带一路'倡议的理念和方向与联合国2030年可持续发展议程高度契合，完全能够加强对接，相互促进"④。2023年10月，古特雷斯来华出席第三届"一带一路"国际合作高峰论坛期间表示，"习近平主席在第三届'一带一路'国际合作高峰论坛宣布的八项行动完全契合联合国的宗旨和目标，有助于帮助发展中国家加快实现发展。联合国高度赞赏中国坚定维护多边主义，支持习近平主席提出的三大全球倡议，坚定致力于深化同中国的合作"⑤。另外，中国还与联合国旗下多个专门机构开展了卓有成效的战略合作。2015年9月，联合国南南合作办公室、开发计划署、工业发展组织、教科文组织、世界旅游组织以及中国商务部直属的中国国际经济技术交流中心，合作共建了"海陆丝绸之路城市联盟"，旨在促进丝绸之路沿线国家城市间的深层交流合作。在第三届"一带一路"国际合作高峰论坛上，中国政府还分别与联合国开发计划署、工业

---

① 金玲."一带一路"：中国的马歇尔计划？[J].国际问题研究,2015(1):88-99.

② 习近平.齐心开创共建"一带一路"美好未来：在第二届"一带一路"国际合作高峰论坛开幕式上的主旨演讲[M].北京：人民出版社,2019:2.

③ 张贵洪.中国、联合国合作与"一带一路"的多边推进[J].复旦学报(社会科学版),2020(5):168-178.

④ 习近平在出席金砖国家领导人厦门会晤时的讲话[M].北京：人民出版社,2017:11.

⑤ 习近平会见联合国秘书长古特雷斯[EB/OL].(2023-10-18)[2023-10-25].http://www.news.cn/2023-10/18/c_1129924364.htm.

发展组织、人类住区规划署、儿童基金会、人口基金、贸易和发展会议、世界卫生组织、世界知识产权组织、世界气象组织等国际组织签署了多项"一带一路"合作文件,铸就了中国与联合国战略对接的经典案例。

在加强南南合作,维护发展中国家共同利益方面,中国与联合国合作潜力巨大,合作成效显著。为了支持发展中国家落实 2030 年可持续发展议程,2015 年 9 月中国与联合国合作举办了南南合作圆桌会,出资 20 亿美元设立南南合作援助基金。各方一致决定通过"一带一路"等合作倡议,打造南南合作的高质量旗舰项目。习近平还宣布,中国将在未来 5 年内,向发展中国家提供 100 个减贫项目、100 个农业合作项目、100 个促贸援助项目、100 个生态保护和应对气候变化项目、100 所医院和诊所、100 所学校和职业培训中心等"6个100"的项目支持,并设立南南合作与发展学院。在第一届"一带一路"国际合作高峰论坛期间,习近平宣布中国将在未来 3 年向参与"一带一路"建设的发展中国家和国际组织提供 600 亿元人民币的援助,向南南合作援助基金增资 10 亿美元,重点推进发展中国家在民生领域的合作。十年来,"一带一路"与主要国际组织之间都实现了战略对接。在亚欧大陆,"一带一路"与东盟"互联互通总体规划 2025",东盟印太展望,亚太经合组织"互联互通蓝图",欧盟"容克计划"/"欧洲投资计划",欧盟欧亚互联互通战略,中东欧国家亚得里亚海、波罗的海、黑海沿岸"三港区合作",上海合作组织,金砖国家合作机制,澜湄合作机制实现对接,还和非盟"2063 议程"紧密对接,与"拉美和加勒比国家共同体"也实现了战略对接。总之,"对接"是共建国家和地区之间实现互联互通的条件,是推动各国实现互利合作、促进利益融合的前提。实现"一带一路"高质量发展更要以有效对接为抓手,扎实推动共建国家构建"一带一路"利益共同体。

(二)设施互联互通是构建"一带一路"利益共同体的基础

构建利益共同体的物质基础是物理空间的相互连通。一方面,共建"一带一路"倡议的核心内涵,"就是促进基础设施建设和互联互通,加强经济政策协调和发展战略对接,促进协同联动发展,实现共同繁荣"。①另一方面,通过基

---

① 习近平.抓住世界经济转型机遇 谋求亚太更大发展:在越南岘港举行的亚太经济组织工商领导人峰会上的主旨演讲[N].人民日报,2017-11-11(2).

础设施建设夯基垒台、架梁立柱,促进国家和地区间人、财、物要素的自由顺畅流动,也是"一带一路"构建利益共同体的优先项目、骨架工程。二十国集团全球基础设施中心的数据显示,2016 年至 2040 年间全球基础设施投资需要达到 94 万亿美元,平均每年为 3.7 万亿美元。[①] 为了满足这一投资需求,全世界需要将 GDP 总量的至少 3.5% 投入基础设施建设领域。全球互联互通的革命时代已经来临,作为人类历史上规模最大的基础设施投资建设倡议,"一带一路"的提出可谓正逢其时。

在设施联通方面,"一带一路"以新亚欧大陆桥、中蒙俄、中国—中亚—西亚、中国—中南半岛、中巴、孟中印缅经济走廊项目为引领,以陆上丝绸之路、海上丝绸之路、空中丝绸之路、冰上丝绸之路、网上丝绸之路为骨干,形成了涵盖铁路、公路、水路、空路、管路、信息高速路的复合型"六廊六路多国多港",互联互通架构已经基本形成。以铁路联通为例,中欧班列、泛亚铁路中线(中老铁路、中泰铁路)、匈塞铁路、亚吉铁路、蒙内铁路、雅万高铁等重点项目建设取得重大进展,洲际铁路网络建设正稳步推进。老挝是中国的重要邻国,更是率先与中国正式签署双边命运共同体构建协定的国家之一。作为中老"一带一路"合作的标杆项目,中老铁路已经全线建设运营,成为筑牢中老共同利益的"黄金之路""友谊之路"。2017 年 4 月 20 日,中国与白俄罗斯、德国、哈萨克斯坦、蒙古国、波兰、俄罗斯等国家的铁路部门联合签署了《关于深化中欧班列合作协议》,这标志着"一带一路"国际铁路运输联动机制的初步形成。截至 2023 年 6 月底,中欧班列累计开行 7.4 万列,运输近 700 万标箱,货物品类达 5 万多种,涉及汽车整车、机械设备、电子产品等 53 大门类,合计货值超 3000 亿美元。[②]中欧班列不仅开辟了比海运快速、比航空省钱的第三种现代交通物流方式,而且这条钢铁巨龙将欧亚各国的利益联系在一起,使中国企业的产品更方便地走出去,让国外特色产品也更快捷地进入中国市场,大大推动了与沿途各国、各地间的互联互通、互惠互利。

在制度联通方面,中国积极通过"一带一路"搭建与共建国家基建合作的制度平台。2016 年 9 月,在中国的大力倡导和支持下,建立"全球基础设施互联互通联盟"被写入了《二十国集团领导人杭州峰会公报》。同年 12 月,中国

———————

① Global Infrastructure Hub. Global Infrastructure Outlook [R/OL].[2023-07-08]. https://outlook.gihub.org.

② 中华人民共和国国务院新闻办公室.共建"一带一路":构建人类命运共同体的重大实践[N].人民日报,2023-10-11(10).

海关总署和质检总局等八部委联合发布了《关于贯彻落实"一带一路"倡议加快推进国际道路运输便利化的意见》,明确提出要推动"一带一路"国家互联互通法规和体系的对接,力争到 2020 年初步建成开放有序、现代高效的国际道路运输体系。截至 2022 年,中国以共建"一带一路"为合作平台,与 19 个国家签署 22 项国际道路运输便利化协定,与 66 个国家和地区签署 70 个双边和区域海运协定,海运服务覆盖沿线所有沿海国家;与 100 个国家签订双边政府间航空运输协定,与东盟、欧盟签订区域性航空运输协定;与 22 个国家签署邮政合作文件,[①]还构建了"海上丝绸之路"港口合作机制、中欧班列安全与快速通关伙伴合作计划等新型制度平台。国际陆海贸易新通道就是依托这些制度,综合利用铁路、海运、公路、航空等运输方式打造的复合型物流网络。截至 2023 年 9 月,陆海贸易新通道通达全球 120 个国家和地区的 473 个港口,[②]正在借助《区域全面经济伙伴关系协定》生效落地的红利,由"经济通道"变为做强做大中国—东盟产业合作和贸易往来的"通道经济",将中国与通道沿线国家、中国城市与沿线国城市连接为一个紧密的利益共同体。目前,重庆已发布《加快建设西部陆海新通道五年行动方案(2023—2027 年)》。广西北部湾经济区也提出要发挥陆海新通道"通道＋枢纽＋产业＋物流"集群化优势,构建"大湾区—北部湾经济区—东盟"跨境产业链供应链,推进跨境跨区产业合作园区建设,推动海铁联运班列从试运行到常态化。

(三) 贸易投资合作是构建"一带一路"利益共同体的重点

经济利益是构建"一带一路"利益共同体的根本动力,广泛深入的经济利益能够驱动国家间政治、安全、社会、文化合作产生正面积极的外溢效应,是形成利益共同体的有力纽带。构建"一带一路"利益共同体的重点是加强贸易投资合作。

在贸易领域,中国正多策并举、多管齐下,努力为"一带一路"国家贸易合作搭建制度平台。第一,推动双边和多边贸易畅通化。在双边层面,中国与所

---

① 国家统计局.深入贯彻落实新发展理念 交通通信实现跨越式发展:党的十八大以来经济社会发展成就系列报告之六［EB/OL］.(2022-09-21)［2023-10-26］.http://www.stats.gov.cn/sj/sjjd/202302/t20230202_1896681.html.

② 《国际陆海贸易新通道发展报告 2023》在重庆发布［EB/OL］.(2023-11-01)［2023-11-02］.http://world.people.com.cn/n1/2023/1101/c1002-40108096.html.

有"一带一路"相关国家都建立了双边经贸联委会、混委会机制。截至2021年年底,中国与沙特阿拉伯、南非、缅甸、墨西哥、智利、白俄罗斯等17个国家建立了贸易畅通工作组,与46个国家和地区建立了投资合作工作组,与23个国家建立了双边电子商务合作机制,同14个国家建立了服务贸易合作机制。在多边层面,中国在2015年9月4日作出决议,接受世界贸易组织提出的《贸易便利化协定》,这是中国加入世界贸易组织后参与并达成的首个多边货物贸易协定。该协议的有效实施将使发达国家贸易成本降低10%,发展中国家的贸易成本降低13%至15.5%。[①]在第一届"一带一路"国际合作高峰论坛期间,中国又专门发布了《推进"一带一路"贸易畅通合作倡议》,积极促进多边和双边贸易合作、次区域合作、经济走廊、产业园区、博览会等多元合作机制的发展完善。另外,中国还与中东欧16个国家达成了《中国—中东欧国家服务贸易合作倡议》,与金砖国家签署了《金砖国家服务贸易合作路线图》,与22个伙伴国合作推进双边电子商务合作机制建设,跨境电商贸易覆盖"一带一路"沿线所有国家和地区。[②]第二,推动第三方市场合作。作为国际经贸合作的新模式,第三方市场合作有利于中外企业优势互补,共同推动第三国经济发展,实现"1+1+1>3"的效果。在"一带一路"倡议的引领下,中国已经与法国、日本、意大利、英国等14个国家签署了第三方市场合作文件。2019年9月,国家发展改革委发布了《第三方市场合作指南和案例》,详细列举了产品服务类、工程合作类、投资合作类、产融结合类、战略合作类等5个类别21个案例,积极指导中外企业的第三方市场合作。第三,推动经贸合作新平台建设。截至2022年年底,我国企业在沿线国家建设的境外经贸合作区累计投资571.3亿元,为当地创造了42.1万个就业岗位。[③]为了促进边境贸易的发展,中国在黑龙江、内蒙古、新疆、云南等边境省份建立了17个边境经济合作区,并分别与哈萨克斯坦、老挝共建了霍尔果斯国际边境合作中心、磨憨—磨丁经济合作区等2个跨境经济合作区。此外,中国还积极通过中国国际进口博览会、中国进出口商品交易会、中国国际服务贸易交易会、中国国际投资贸易洽谈会、中国国际消费品博览会、全球数字贸易博览会、中国—东盟博览会、中国—东北亚博览会、中

① 商务部解读贸易便利化协定:将减少产品进出口障碍[EB/OL].(2015-01-13)[2023-06-01]. http://politics.people.com.cn/n/2015/0113/c70731-26376995.html.

② 商务部:我国"一带一路"货物贸易额5.35万亿元[EB/OL].(2021-07-22)[2023-06-01]. https://economy.gmw.cn/2021/07/22/content_35016778.htm.

③ 马卓言,刘邓,王存福.携手共享发展新机遇[N].新华每日电讯,2023-03-30(3).

国—南亚博览会、中国—亚欧博览会、中国—中东欧国家博览会、中国—非洲经贸博览会、中国—阿拉伯国家博览会、中国—俄罗斯博览会、中国—蒙古国博览会、中国—加勒比经贸合作论坛、中国—太平洋岛国经济发展合作论坛等以展促贸、展贸结合的新平台,加强与相关国家的经贸合作。2013—2022 年,我国与"一带一路"沿线国家货物贸易额从 1.04 万亿美元扩大到 2.07 万亿美元,翻了一番,年均增长 8%。[①]

在投资领域,中国与"一带一路"共建国家的投资往来也在有序推进。2021 年 6 月,联合国贸发会议发布的《2021 年世界投资报告》显示,在 2020 年全球外国直接投资总规模同比缩水 35% 的情况下,中国已经成为全球最大的对外投资国。其中,"一带一路"项目的进展成为推动中国对外投资增长的重要支撑。中国已经与 135 个国家和地区签订了双边投资协定。2013—2022 年,中国与共建国家双向投资累计超过 3800 亿美元,其中,中国对外直接投资超过 2400 亿美元。[②] 与此同时,2013—2021 年,"一带一路"共建国家在华投资设立企业 3.2 万家,实际累计投资额达 712 亿美元。[③]

从中国整体经贸格局来看,"一带一路"沿线分布着中国最主要的商品出口市场、能源供应产地和投资目的地。东盟和欧盟长期在中国贸易伙伴中排名前三,中亚和中东是中国石油天然气的主要进口来源地。中国与"一带一路"国家存在巨大的共同利益已经是毋庸置疑的客观事实,不断拓展和维护经贸和投资利益,是推动构建"一带一路"利益共同体的重点内容。

（四）发展自由贸易区是构建"一带一路"利益共同体的支柱

"自由贸易区是 WTO 最惠国待遇的一种例外(WTO Plus),指一些国家或地区在多边承诺的基础上,进一步相互开放市场,实现投资与贸易自由化,

---

① 商务部:2013 年到 2022 年我国与"一带一路"沿线国家货物贸易额年均增长 8%[EB/OL].(2023-03-31)[2023-07-10].https://www.ndrc.gov.cn/xwdt/gdzt/zgdmydylc-ntzhz/202303/t20230331_1352966.html.

② 中华人民共和国国务院新闻办公室.共建"一带一路":构建人类命运共同体的重大实践[N].人民日报,2023-10-11(10).

③ 国家统计局."一带一路"建设成果丰硕 推动全面对外开放格局形成:党的十八大以来经济社会发展成就系列报告之十七[EB/OL].(2022-10-09)[2023-11-01].http://www.stats.gov.cn/xxgk/jd/sjjd2020/202210/t20221009_1889044.html.

并以此形成更紧密的政治经济利益关系。”①从全球经济发展大格局来看，自贸区已经成为国家和地区间加强经济合作、实现自由贸易的最主要制度形式。以区域全面经济伙伴关系协定、中国—东盟自贸区、欧盟自贸区、美墨加协定（北美自贸区）、非洲大陆自贸区等为代表的全球 350 多个自贸协定区，有效促进了国家和地区之间的贸易畅通、资金融通和利益沟通。从中国经济发展的实践来看，自由贸易区也是中国深化国内改革，扩大对外开放，参与国际贸易规则制定的重要平台。目前，中国与 28 个国家和地区签署了 21 个自贸协定。② 积极推进自由贸易区建设是中国深化与“一带一路”国家经贸合作的重要抓手，也是构建“一带一路”利益共同体的支柱。2014 年 12 月 5 日，习近平在中共中央政治局加快自由贸易区建设集体学习讲话中就指出，推进自由贸易区建设“要逐步构筑起立足周边、辐射‘一带一路’、面向全球的自由贸易区网络，积极同‘一带一路’沿线国家和地区商建自由贸易区，使我国与沿线国家合作更加紧密、往来更加便利、利益更加融合”③。《愿景与行动》也提出，投资贸易合作是“一带一路”建设的重点内容，应积极与共建国家和地区共同商建自由贸易区，激发释放合作潜力，做大做好合作“蛋糕”。在国家顶层设计的引领之下，“一带一路”自由贸易区网络建设进展迅速，成效显著。2017 年 5 月 13 日，中国与格鲁吉亚签署了“一带一路”倡议提出后的首个自贸协定。2020 年 10 月 12 日，中国与柬埔寨签署了中柬自贸协定。这是第一个将“一带一路”倡议合作独立设章的自贸协定，双方同意深入开展基础设施、投资、经济走廊等重点领域的合作。

　　“一带一路”共建国家发展水平差异巨大，有新加坡、沙特阿拉伯、阿联酋等发达经济体，但更多的是落后的发展中国家。因此，“一带一路”沿线自贸区建设很难套用固定统一的规则模式，必须坚持开放包容共享的原则，着力打造多层次、多类型、灵活多样的，涵盖双方、多边、全球的自由贸易区网络。截至 2023 年年底，中国已经与东盟 10 国、智利、新西兰等 20 多个“一带一路”合作

---

　　① 全毅.我国推进区域合作和 FTA 建设的进程、目标与策略[J].国际贸易,2020(8)：11-20.

　　② 中华人民共和国国务院新闻办公室.携手构建人类命运共同体：中国的倡议与行动[N].人民日报,2023-09-27(13).

　　③ 习近平.加快实施自由贸易区战略 加快构建开放型经济新体制[N].人民日报,2014-12-07(1).

国家签署了自贸协定。[①] 2012 年中国与自贸伙伴国的贸易比重只占对外贸易总量的 12.3%,2020 年已经增长至 35% 左右。在疫情影响下,2020 年中国同自贸伙伴的贸易额仍增长了 3.2%,与非自贸伙伴的贸易额只增长了 0.8%。从双向投资方面看,2020 年中国对外投资额有 70% 流向自贸伙伴,吸引外资额的 84% 来自自贸伙伴。[②] 中国通过推动共建"一带一路",因时、因势、因地制宜地打造自由贸易区网络,彰显了中国积极参与全球经济治理,维护自由贸易体系,促进全人类共同繁荣的决心和意志。在百年未有之变局和百年大疫的交替冲击之下,全球化的逆流涌动导致全球区域经济秩序加速调整,推动中国的全球治理视野向区域层面尤其是周边区域聚焦。2023 年 6 月 2 日起,全面经济伙伴关系协定对 15 个成员国全面生效。与此同时,中国还在积极推动中国—东盟自贸区 3.0 版建设,与韩国、新加坡等 25 个"一带一路"合作国家进行自贸区建设或升级谈判。另外,中国加入《全面与进步跨太平洋伙伴关系协定》和《数字经济伙伴关系协定》的谈判也在紧锣密鼓进行中。自由贸易区建设不仅对中国构建周边区域产业链价值链具有正面意义,还将成为亚太乃至于全球产业链的稳定器,为新一轮全球化的兴起和全球经济的稳步复苏增添新的动能。

总之,在当前全球经济面临诸多困境,发展赤字、治理赤字有增无减的情况下,作为构建人类命运共同体的实践探索,"一带一路"倡议正成为中国与共建国家合力破局、共担风险、共谋利益的重要路径平台。通过发展战略的有效对接、基础设施的互联互通、贸易投资的密切合作、自由贸易区的积极建设,中国正着力将"一带一路"打造为一条汇通各国利益的"和平之路、繁荣之路、开放之路、创新之路、文明之路"。在此基础上乘势而上、顺势而为、持续奋斗、久久为功,"一带一路"利益共同体终将水到渠成。

---

① 推动"一带一路"经贸合作迈进新步伐[EB/OL].(2023-12-01)[2023-12-12].https://theory.gmw.cn/2023-12/01/content_37001576.htm.

② 刘明.FTA 对中国作用非常明显[N].国际商报,2021-08-23(2).

第二章 构建"一带一路"生态共同体的理念与实践*

　　建设"一带一路"生态共同体是推进"一带一路"合作和人类命运共同体共建过程中不可缺少的重要内容。"一带一路"生态共同体建设有着深厚的时代背景与现实基础,蕴含深刻的理论内涵与实践价值,理论上它以生态文明和绿色发展为目标导向,以平等互利为基本前提,以共商共建为建设路径,以马克思主义生态观为思想基础;实践上"一带一路"生态共同体已初步完成顶层政策设计、平台机制建设、绿色金融支持、项目交流合作。推进"一带一路"生态共同体建设,体现了全球生态治理的中国方案,由此展现出的治理新理念、新经验、新面貌,将助推其成长为全球生态治理的中流砥柱和未来全球治理的中坚力量。

　　自"一带一路"倡议提出以来,中国始终坚持把绿色作为丝路底色,不断加强与各国在生态环保领域的多方位、多层次合作,努力推进"一带一路"生态共同体建设。2016 年 6 月,习近平在乌兹别克斯坦最高会议立法院的演讲中指出,"要着力深化环保合作,践行绿色发展理念,加大生态环境保护力度,携手打造'绿色丝绸之路'"[①],明确了"一带一路"绿色发展的思路定位。2017 年 5 月,推进"一带一路"建设工作领导小组办公室发布的共建"一带一路"文件指出:"人类命运共同体是绿色的共同体,应坚持生态环境保护和资源节约利用,建设一个绿色低碳、永久美丽的世界。"[②]"绿色共同体"强调了"一带一路"绿色发展与生态合作的目标方向。 习近平强调,"我们要践行绿色发展的新理

---

　　* 本章主要内容发表于李丹、李凌羽的《"一带一路"生态共同体建设的理论与实践》,载《厦门大学学报(哲学社会科学版)》2020 年第 3 期。
　　① 中共中央宣传部,中华人民共和国生态环境部.习近平生态文明思想学习纲要[M].北京:学习出版社,人民出版社,2022:107.
　　② "一带一路"国际合作高峰论坛重要文辑[M].北京:人民出版社,2017:98.

念,倡导绿色、低碳、循环、可持续的生产生活方式,加强生态环保合作,建设生态文明,共同实现 2030 年可持续发展目标"[1]。"一带一路"高峰论坛将"一带一路"生态环保合作与联合国可持续发展目标紧密联系在一起,还在峰会期间与联合国环境规划署共同发布建立"一带一路"绿色发展国际联盟的倡议。两届"一带一路"国际合作高峰论坛均将阻止地球退化作为合作目标列入《圆桌峰会联合公报》之中。在第三届"一带一路"国际合作高峰论坛绿色发展高级别论坛上,《"一带一路"绿色发展北京倡议》正式发布,提出各方应践行共商、共建、共享的原则,加强绿色低碳发展的政策沟通与战略对接,分享绿色发展的理念与实践,倡导各方加强应对气候变化、生物多样性治理、污染防治、绿色基础设施、绿色能源、绿色交通、绿色金融等领域的合作,鼓励发挥"一带一路"绿色发展国际联盟平台作用,深化"一带一路"绿色发展伙伴关系。[2]推进"一带一路"生态共同体建设,成为沿线合作以及人类命运共同体建设不可缺少的重要内容,也是全球生态治理领域中国贡献的集中体现。

一、"一带一路"生态共同体的建设背景

建设"一带一路"生态共同体有着深厚的时代背景与现实基础:既是"一带一路"共建国家实现可持续发展的共同需要,同时也是各国走向人类命运共同体的重要环节;对于中国而言也是承担大国责任的必然要求、破除负面舆论的必要之举,从长远来看也是中国引领全球治理的先行实践。

(一)建设"一带一路"生态共同体是沿线实现可持续发展的共同需要

"一带一路"共建国家和地区多为贫困的发展中国家和新兴经济体,仍处在现代化进程当中,因而也受到工业化和城镇化带来的环境污染、生态退化等

---

[1]　习近平.携手推进"一带一路"建设:在"一带一路"国际合作高峰论坛开幕式上的演讲[M].北京:人民出版社,2017:6.

[2]　《"一带一路"绿色发展北京倡议》在京发布[EB/OL].(2023-10-26)[2023-11-02].https://www.yidaiyilu.gov.cn/p/0IFPHQIC.html.

问题困扰,近年来加快经济转型、实现可持续发展的呼声日益强烈。建设"一带一路"生态共同体反映和回应了这些诉求和需要。

首先,"一带一路"沿线面临多重生态环境问题。"一带一路"共建国家数量众多,贯穿亚欧非大陆,资源环境条件的差异巨大,生态系统复杂多样,生态环境较为脆弱。例如,丝绸之路经济带主要覆盖的中亚和中东地区,气候干旱,降水稀少,荒漠化问题突出,水资源短缺且水污染问题比较严重,此外还面临大气污染、土地退化以及土壤污染等环境问题;而海上丝绸之路沿岸国家则长期面临较多海洋生态问题的困扰,如自然海岸线丧失、生态灾害频发、陆源排放过量、渔业资源枯竭等。[①]另外,海上丝绸之路沿岸国家旅游贸易在其经济中占据重要地位,但全球变暖和生态系统的人为破坏对此造成了严重影响。有的学者将"一带一路"区域面临的生态环境挑战概括为 8 个方面:气候和环境变化;防灾减灾;水资源管理;粮食安全和农业可持续发展;自然和文化遗产保护;城市可持续发展和基础设施建设;海岸/海区资源管理;高山和北极变化。[②]而与之相对的则是"一带一路"共建国家的生态治理能力普遍不足,这令其难以单独应对生态环境面临的严峻挑战。例如,从反映自然保护水平的自然保护区拥有量来看,"一带一路"沿线国家的人均保护区面积为 0.12 公顷,仅为世界平均水平的一半;从可再生能源的利用能力来看,"一带一路"沿线国家可再生能源占总能源比重为 17.5%,也低于 18.12% 的世界平均水平。[③]因而加强环境、生物资源、自然资源保护,应对气候变化、灾害管理,促进可再生资源、能源等领域合作,是共建"一带一路"的应有之义。

其次,"一带一路"沿线面临的可持续发展问题突出。"一带一路"沿线共建国大部分是仍处在工业化进程中的发展中国家,经济发展是基本任务,可持续发展是目标导向。从经济增长结构来看,沿线各国发展水平参差不齐,有的是落后的农业国,农牧、渔业或林业为其主要经济支柱,工业不发达;还有相当一部分国家处于工业化转型过渡时期,大力发展工业是其不二选择。因此,这些国家的农业和工业增加值的比重明显高于世界平均水平,经济发展对自然条件和资源能源依赖性较大。从经济发展方式来看,不少共建国家对油气、矿产等消耗比重大,发展方式比较粗放。根据中国科学院科技政策与管理科学研究所对

① 孟东军,张清宇.把生态文明理念全面融入"一带一路"建设[EB/OL].(2015-06-24)[2019-03-22].http://yuqing.people.com.cn/n/2015/0624/c210121-27201595.html.

② GUO H D. Steps to the digital Silk Road[J].Nature,2018,554(7690):55-27.

③ 田颖聪."一带一路"沿线国家生态环境保护[J].经济研究参考,2017(15):104-120.

"一带一路"沿线国家资源环境绩效进行的评估,沿线国家单位 GDP 能耗、原木消耗、物质消耗和二氧化碳排放均高出世界平均水平的一半以上,单位 GDP 钢材消耗、水泥消耗、有色金属消耗、水耗、臭氧层消耗物质是世界平均水平的两倍甚至更高。[①] 近年来,"一带一路"沿线地区经济在增长的同时,也带来了居高不下的资源消耗量和污染物排放量,资源环境压力日益沉重。资源环境问题不断积累恶化,最终将会成为沿线地区经济发展的阻碍。然而,现有的全球生态治理体系存在低效率、碎片化等问题,[②] 以及西方国家漠视发展中国家基本生存权、发展权的后现代环保理念,无助于共建国家改善生态环境、实现可持续发展。建设"一带一路"生态共同体,就是要让共建国家通过积极有效的合作,共同突破发展困局,实现经济转型,探索出一条切实可行的可持续发展之路。

(二)建设"一带一路"生态共同体是构建人类命运共同体的重要内容

"一带一路"是中国构建人类命运共同体的具体实践,"一带一路"生态共同体建设是这一实践的重要组成部分。2015 年 9 月,习近平在联合国成立 70 周年系列峰会上阐述人类命运共同体的内涵时指出:"国际社会应该携手同行,牢固树立尊重自然、顺应自然、保护自然的意识,坚持走绿色、低碳、循环、可持续发展之路,实现世界的可持续发展和人的全面发展。"2017 年 1 月,习近平在联合国日内瓦总部发表演讲时,把"坚持绿色低碳,建设一个清洁美丽的世界"作为构建人类命运共同体的一个重要方面,并强调"绿水青山就是金山银山。我们应该遵循天人合一、道法自然的理念,寻求永续发展之路"。党的十九大报告提出了"人与自然和谐共生""人与自然是生命共同体"等理念。人与自然的生命共同体是人类命运共同体的前提基础。2019 年 4 月,习近平在第二届"一带一路"国际合作高峰论坛圆桌峰会上指出,"我们期待同各方一道,着力高质量共建'一带一路'","要本着开放、绿色、廉洁理念,追求高标准、惠民生、可持续目标。要把支持联合国 2030 年可持续发展议程融入共建'一带一路'","统筹推进经济增长、社会发展、环境保护"。2023 年 10 月,习近平

---

① 专访中国科学院科技政策与管理科学研究所研究员陈劭锋:"一带一路"沿线 38 个国家的环境绩效评估[N].21 世纪经济报,2015-06-16.

② 王洛忠,张艺君."一带一路"视域下环境保护问题的战略定位与治理体系[J].中国环境管理,2016,8(4):60-64.

在第三届"一带一路"国际合作高峰论坛开幕式上提出："中方将持续深化绿色基建、绿色能源、绿色交通等领域合作,加大对'一带一路'绿色发展国际联盟的支持,继续举办'一带一路'绿色创新大会,建设光伏产业对话交流机制和绿色低碳专家网络。"①可见,形成绿色发展方式和生活方式,与实现世界的可持续发展和人的全面发展、与人类命运共同体理念具有内在逻辑的一致性,人与自然、人与自身、人与社会的和谐是内在一体的,建设共享生态文明、共谋可持续发展的生态共同体,本身就是人类命运共同体当中不可缺少的内容。

从人类命运共同体的实现阶段来说,建设生态共同体能够且应当成为构建人类命运共同体实践的"先行军"。在生态环境保护这一低政治、低敏感领域,共建国之间也相对更容易达成共识、展开合作。"一带一路"共建国家可以先通过共同构建生态共同体巩固合作关系、增强政治互信、收获合作成果,然后进一步拓展合作领域、深化合作水平,进而谋求形成利益共同体、安全共同体,最终形成命运共同体。另外,面对当下困扰人类社会发展的贫困与资源、环境制约和发展不均衡等诸多难题,让所有国家共同实现绿色可持续的发展亦是实现人类社会共荣共生、人与自然和谐发展的必然选择,这是走向人类命运共同体进程中的一种可能的、现实的路径和机制。②建设"一带一路"生态共同体,能够促进沿线各国携手同行、共同努力,将绿色发展理念作为普遍共识,共同探索绿色发展机制,使共建国家在共担生态环保责任、共享绿色发展成果过程中,日益接近共生共荣的命运共同体。

(三)建设"一带一路"生态共同体是中国承担大国责任的必然要求

"一带一路"倡议是党的十八大后新一届党中央高位推动的重大公共政策。共建"一带一路"在取得重大成就、获得欢迎支持的同时,也受到一些外部质疑,其中环境与资源问题是一大关切,"产能转移论"甚嚣尘上。一些西方人士指责"一带一路"互联互通项目是高污染项目,容易造成东道国生态环境破坏,存在"污染转移"行为。也有人以"资源掠夺论""能源控制论"来揣测中国

---

① 习近平.建设开放包容、互联互通、共同发展的世界:在第三届"一带一路"国际合作高峰论坛开幕式上的主旨演讲[N].人民日报,2023-10-19(2).

② 史献芝,王新建.包容性绿色发展:构建人类命运共同体的着力点[J].理论探讨,2018(5):52-58.

"新殖民主义"的行为动机,把中国同西方殖民主义列强相提并论。在国外反对势力和国内利益集团的渲染下,"一带一路"项目在一些国家受阻,个别工程因环保和资源问题下马搁浅。不可否认,中国与"一带一路"共建国家在基础设施建设领域的合作主要集中在铁路、港口码头、公路等方面,这些项目的建设需要耗费大量资源和能源,如果管控不当的确会产生资源浪费、污染物排放等实际环境问题。因此,如何避免对"一带一路"沿线生态环境造成不利影响,实现绿色可持续发展,是中国无法回避的课题。更重要的是,保护生态环境不是别人要我们做我们才做的事情,而是我们自己本身就要做的事情,不仅是中国可持续发展的内在需要,也是推动"一带一路"建设行稳致远的应有担当。

"五通"是"一带一路"建设的核心内容。中国日益重视将生态保护和绿色发展理念和实践贯穿到互联互通的各环节和全过程之中,通过传播生态文明理念及分享绿色发展实践经验、搭建生态环保合作平台、推动社会组织及智库交流等加强生态环保政策沟通;通过制定基础设施建设的环保标准规范、推动环境基础设施建设、强化产业园区环境管理等促进基础设施建设的绿色化;通过加强进出口贸易环境管理、扩大环境产品和服务进出口、加强绿色供应链管理等推动发展绿色贸易;通过促进绿色金融政策制定、推进企业绿色信用评估和征信体系建设、引导投资决策绿色化等推动绿色资金融通;通过加强生态环保重点领域合作、加大绿色示范项目支持力度、联合开展生态环保公益活动等促进民心相通。[1]政府在倡导经济合作、推进"五通"发展的同时,越来越注重使我国的对外合作和投资项目符合当地的环评标准和要求,要求企业将环保理念融入项目工程的设计、实施和管理等环节。推动"一带一路"生态共同体建设,更是彰显中国引领沿线绿色发展、化解生态环保问题的大国担当。中国不是一个以邻为壑、唯利是图,通过损害共建国家生态环境来换取经济利益的"霸主国家",而是一个坚持正确义利观,与共建国家平等合作、共谋可持续发展的负责任国家。在 2019 年北京世界园艺博览会开幕式上,习近平再次强调,"共建'一带一路'就是要建设一条开放发展之路,同时也必须是一条绿色发展之路","中国愿同各国一道,共同建设美丽地球家园,共同构建人类命运共同体"。[2]

①　环境保护部.环境保护部国际合作司负责人就《关于推进绿色"一带一路"建设的指导意见》与《"一带一路"生态环境保护合作规划》有关问题答记者问[EB/OL].(2017-05-15)[2023-06-15].https://www.mee.gov.cn/gkml/sthjbgw/qt/201705/t20170515_414092.htm.

②　习近平.共谋绿色生活,共建美丽家园:在 2019 年中国北京世界园艺博览会开幕式上的讲话[N].人民日报,2019-04-29(2).

二、“一带一路”生态共同体的思想内涵

　　“一带一路”生态共同体以生态文明与绿色发展理念为指导，通过互联互通共建合作进行环境保护、绿色发展和生态治理；以成员间的平等互利为基本前提，为各国树立了公平正义的规范性约束；以所有成员的共商共建为建设路径，将中国的全球治理新理念贯穿于生态治理合作的始终；以马克思主义生态观为思想基础，为沿线生态环境治理提供了科学的理念指引。

（一）“一带一路”生态共同体建设的主要内容

　　绿色“一带一路”建设是生态共同体建设的重要内容。绿色“一带一路”建设是“以生态文明与绿色发展理念为指导，坚持资源节约和环境友好原则，提升政策沟通、设施联通、贸易畅通、资金融通、民心相通的绿色化水平，将生态环保融入‘一带一路’建设的各方面和全过程”①。具体体现在：突出生态文明理念，加强生态环保政策沟通；遵守法律法规，促进国际产能合作与基础设施建设的绿色化；推动可持续生产与消费，发展绿色贸易；加大支撑力度，推动绿色资金融通；开展生态环保项目和活动，促进民心相通。②倡导“一带一路”绿色共建既要提供生态环保的理念、政策、项目，又要推进绿色投资、绿色贸易、绿色金融等互联互通的绿色公共产品，还要促进共建国家开展广泛的环保合作和生态治理活动。第一届“一带一路”国际合作高峰论坛《圆桌峰会联合公报》中将“加强环境、生物多样性、自然资源保护、应对气候变化、抗灾、减灾、提高灾害风险管理能力、促进可再生能源和能效等领域合作”作为14条切实行动之一。“我们决心阻止地球的退化，包括在气候变化问题上立即采取行动，鼓励《巴黎协定》所有批约方全面落实协定；以平等、可持续的方式管理自然资源，保护并可持续利用海洋、淡水、森林、山地、旱地；保护生物多样性、生态系统和野生生物，防治荒漠化和土地退化等，实现经济、社会、环境三大领域综

---

　　① 关于推进绿色“一带一路”建设的指导意见[N].中国环境报,2017-05-09.

　　② “一带一路”生态环境保护合作规划[N].中国环境报,2017-05-16.

合、平衡、可持续发展。"①"一带一路"绿色共建包含的内容、涉及的领域十分丰富,可以将其大致归纳为环境保护、绿色发展、生态治理等几个方面。

首先,环境保护是"一带一路"生态共同体建设的基本理念和基础实践。环境保护的方法和手段既有工程技术的、行政管理的,也有法律的、市场的、宣传教育的,等等。在全球化的今天,国际合作日渐成为环境保护的综合手段。2019 年 4 月,第二届"一带一路"国际合作高峰论坛《圆桌峰会联合公报》指出,"为保护地球免于退化,我们期待建设更具气候韧性的未来,加强在环保、循环经济、清洁能源、能效、综合可持续水资源管理等领域合作,包括根据国际公认的原则和义务对受到气候变化不利影响的国家予以支持,从而在经济、社会和环境三方面以平衡和综合的方式实现可持续发展"②。2023 年 10 月,《"一带一路"绿色发展北京倡议》提出:"要加强生态环境保护合作,支持各国加强环境保护与污染治理,强化污染防治与碳减排的协同增效,推动各国环境保护理念、政策与技术的交流互鉴,促进经济社会发展与生态环境保护相协调。"③其次,绿色发展是"一带一路"生态共同体建设的实质要求和关键步骤。"一带一路"是"区域经济合作架构","一带一路"倡议是发展的倡议,促进沿线经济合作、实现可持续发展是共建"一带一路"的出发点和着眼点。"一带一路"共建国家中大多数是发展中国家或新兴经济体,发展是"一带一路"的关键词。"一带一路"生态共同体首先是发展共同体,抛开发展谈生态、环保和绿色对这些国家是伪命题,没有现实意义。正如习近平所指出的:"发展经济不能对资源和生态环境竭泽而渔,生态环境保护也不是舍弃经济发展而缘木求鱼。"④在发展语境中谈生态保护和绿色发展才契合发展中国家的实际。因此,在一定程度上,"绿色发展"等于"绿色的发展",重心在"发展"。最后,生态治理是"一带一路"生态共同体建设的长远之策和保障措施。共建国家有不少是环境脆弱、生态与发展矛盾突出的地区,实现资源节约型、环境友好型发展越来越成为其内在必然和现实要求,然而加快经济转型、实现可持续发展又非一己之力可为,加强沿线生态治理乃至全球生态治理是必然趋势。"建设绿色'一

①　"一带一路"国际合作高峰论坛重要文辑[M].北京:人民出版社,2017:32-33.

②　第二届"一带一路"国际合作高峰论坛圆桌峰会联合公报[N].人民日报,2019-04-28(2).

③　第三届"一带一路"国际合作高峰论坛."一带一路"绿色发展北京倡议[EB/OL].(2023-10-18)[2023-11-02].https://www.fmprc.gov.cn/zyxw/202310/P020231019680042380846.pdf.

④　习近平.坚定信心 勇毅前行 共创后疫情时代美好世界:在 2022 年世界经济论坛视频会议的演讲[N].人民日报(海外版),2022-01-18(2).

带一路'是时代使命的召唤,构建'一带一路'生态共同体是历史的必然选择。这一目标仅靠单独的一个或几个国家是不可能实现的,必须充分发挥中国绿色领导力和国际合作力量的作用,全方位、多渠道地构建绿色'一带一路'。"①

　　"一带一路"是绿色之路,绿色之路建设是"一带一路"生态共同体建设的动态过程,"一带一路"生态共同体是绿色之路建设的未来目标,也是"一带一路"作为人类命运共同体建设平台的具体实践。共建"一带一路"生态共同体不仅将环境保护和绿色发展嵌入政策各领域和实践全过程,而且通过共建共享生态治理成为促进人与自然和谐共生、建设清洁美丽世界的重要探索,为全球经济持续发展和人类社会文明进步提供中国方案。

(二)"一带一路"生态共同体建设的基本原则

　　其一,"一带一路"生态共同体建设以平等公正为前提。"一带一路"生态共同体中的成员一律平等,这意味着所有成员平等地承担生态保护责任,共同享有良好生态环境带来的福利。在生态治理领域,过去西方主导下的治理模式存在着严重的不平等。少数西方大国在构建治理机制时以本国利益为先,运用自身强大的政治经济实力迫使发展中国家承担不相称的生态义务,自己却优先享受生态环境带来的福利,垄断占有生态环保的技术。"一带一路"倡议覆盖的众多发展中国家,在国际体制中缺少话语权,在西方大国主导下的全球治理体系中长期处于不利地位。这些发展中国家的发展利益在与大国的博弈中不断被压缩,为全球治理付出了比发达国家更高昂的成本,但没有公平合理地享受到相应的成果。很多沿线发展中国家至今还没有实现工业化,与那些享受后现代生活的西方发达国家不同,处于前现代化的他们首先要满足生存发展的基本需求,没有相应技术、资金与发达国家一样承担相同的减排责任。"没有区别的责任"实质是不公平的义务,在这种不平等模式之下,发展中国家永远不可能实现与发达国家一样的发展水平,也不可能拥有与发达国家一样的生态收益,也就是说发展中国家和发达国家不可能通过共同发展从根本上和整体上改变人与自然的关系。"一带一路"生态共同体强调在平等的基础上进行合作,就是为了避免落后国家受到先进大国的"生态剥削",各国应遵循"共同但有区别责任"原则,根据各自发展水平和能力共同承担生态环境责

---

　　① 张建平,张燕生,陈浩,等.建设绿色"一带一路"的愿景和行动方案研究框架[J].行政管理改革,2017(9):15-22.

任,并致力于通过切实改善生态环境的措施提高沿线各国人民的福祉。这也是它区别于过去西方国家主导下的全球生态治理模式的重要特征。

其二,"一带一路"生态共同体建设以互利共赢为目标。互利共赢是"一带一路"的共建原则。《愿景与行动》指出:"坚持互利共赢。兼顾各方利益和关切,寻求利益契合点和合作最大公约数,体现各方智慧和创意,各施所长,各尽所能,把各方优势和潜力充分发挥出来。"①在"一带一路"生态共同体建设中,中国始终秉持这一理念,坚持在绿色共建合作中共同实现生态环境与经济协调发展,不以牺牲任何一方的发展为代价来改善生态环境,也不会破坏任何一方的生态环境来换取经济发展。互利共赢就是不同发展水平的国家和地区通过互惠合作,共同应对环境威胁和气候挑战,共同利用生态资源,共同谋划绿色发展,发挥各自比较优势,实现资源互补,促进协调发展,确保共同受益、各方共赢。在西方主导的生态治理格局中,一方面是维持着舒适生活方式、享受着优美环境的发达国家,他们已将资源能源消耗高、环境污染重的产业转嫁到贫穷国家,有技术有资金实现清洁发展机制,坐拥生态话语上的优越感和话语权;另一方面是资源依赖型、单一出口型的发展中国家,在经济起步时遭遇苛刻的生态环保条件,并因粗放开采、毁林造田、过度捕捞导致生态恶化而广受挞伐。这种只顾发达国家的后发展权益、不顾发展中国家基本生存权利的失衡格局,必然导致"救生艇"倾覆,走向整体毁灭的"反人类"结局。建设"一带一路"生态共同体,决不能重蹈一部分国家受益一部分国家受害的覆辙,要充分认识到各方是相互联系、相互影响、相互制约、相互促进的一体,是"一荣俱荣、一损俱损"的互利共赢关系,只有这样才能在自然界面前将人类独有的集体智慧、合作优势和理性光辉充分发挥出来,为实现"一带一路"整个沿线地区乃至全球生态环境的改善以及人类的共同发展而积极贡献力量。

(三)"一带一路"生态共同体建设的理念规则

"一带一路"生态共同体的构建需要共建国家共同参与,共商共建是生态共同体的建设理念。习近平在中阿合作论坛第六届部长级会议开幕式上首次集中阐释了"共商共建"理念,"共商,就是集思广益,好事大家商量着办,使'一带一路'建设兼顾双方利益和关切,体现双方智慧和创意。共建,就是各施所

---

① 国家发展改革委,外交部,商务部.推动共建丝绸之路经济带和 21 世纪海上丝绸之路的愿景与行动[M].北京:人民出版社,2015:5.

长,各尽所能,把双方优势和潜能充分发挥出来,聚沙成塔,积水成渊,持之以恒加以推进"①。"一带一路"国际合作高峰论坛及多个重要文件都有针对"共商共建共享"的表述。《共建"一带一路"倡议:进展、贡献与展望》报告强调:共商——从中国倡议到全球共识;共建——共同打造和谐家园;共享——让所有参与方获得实实在在的好处。生态环境是公共物品,生态治理是公共行为,生态合作遵循共商共建共享是内在要求,同时这也是全球治理中国理念的突出表现。

首先,"一带一路"生态共同体的所有成员都有权利参与到生态共同体规则、机制的建立、执行以及策略、行动的规划实施中来,为生态共同体的建设与发展出谋划策,并在建设过程中提出自身的合理利益诉求。"一带一路"共建国家数量众多,经济发展水平和生态环境状况各有不同,因此生态共同体要实现共同利益,就要让各国享有充分的发言权,通过共同商议来探索最符合自身需要的合作方式,寻求最大利益公约数。其次,"一带一路"生态共同体中的每一个成员,都有责任参与到生态环保合作的实践当中,为生态环境的治理作出力所能及的贡献,承担相应的风险,并在合作实践中不断提高自身治理能力。"生态建设任务需要生态命运共同体内所有行政区共同承担,走向生态共建",生态共建内容体系分为共同的生态系统培育、共同的生态系统修复、共同的污染防治、共同的生态设施建设、共同的生态文化建设、共同的生态制度建设等六大内容。②不同国家可以各尽所能,共担责任,共同创造美好未来。再次,构建"一带一路"生态共同体就是要形成"各方参与、各方尽力、各方享有"的局面,使生态环境的改善能够集思广益、群策群力并惠及所有。历史上人类对生态环境的破坏,都是由于部分群体受短期和狭隘利益所驱动,不顾他人利益和人类的长远利益和整体利益所致,"部分人类中心主义"是导致今天环境和生态灾难的根源。人类只有一个地球,在一定意义上,不能共享就意味着一起毁灭。建立生态共同体,就是将人类视为"天下一家"并进而达到"天人合一"的境界。

(四)"一带一路"生态共同体建设的思想根基

一方面,"一带一路"生态共同体以马克思主义生态观作为其思想基础。

---

① 习近平谈"一带一路"[M].北京:中央文献出版社,2018:35.

② 彭文英.区域生态共同体及跨区域生态共建共享探析[J].贵州省党校学报,2019(5):46-51.

马克思主义生态观首先明确了人类与自然的关系。马克思主义认为,自然界先于人类而存在,人是自然的产物,并依靠自然而存在。马克思曾指出:"人直接地是自然存在物。"①恩格斯认为,"人本身是自然界的产物,是在自己所处的环境中并且和这个环境一起发展起来的"②,自然界是"人类(本身就是自然界的产物)赖以生长的基础"。③自然界为人类的生存和发展提供了物质基础,同时自然界存在着不以人的意志为转移的客观规律。因此,人类应当尊重自然、顺应自然、保护自然,在与自然的和谐共生中追求自身的发展。习近平在纪念马克思诞辰200周年大会上提出要学习和实践马克思主义关于人与自然关系的思想。他重申,自然不仅给人类提供了生活资料来源,而且给人类提供了生产资料来源。"自然物构成人类生存的自然条件,人类在同自然的互动中生产、生活、发展,人类善待自然,自然也会馈赠人类。"④"我们要坚持人与自然和谐共生,牢固树立和切实践行绿水青山就是金山银山的理念……走出一条生产发展、生活富裕、生态良好的文明发展道路。"⑤在"一带一路"建设中,中国领导人多次强调加强生态环境保护是"一带一路"建设的重要内容,要建设绿色丝绸之路。"绿色发展,就其要义来讲,是要解决好人与自然和谐共生问题。人类发展活动必须尊重自然、顺应自然、保护自然,否则就会遭到大自然的报复,这个规律谁也无法抗拒。"⑥"生态兴则文明兴,生态衰则文明衰。"⑦习近平把人类文明与生态建设紧密联系起来,还用古巴比伦、古埃及、古代中国等古老文明由于生态状况急转直下由盛转衰的例子来说明生态对文明的重大影响,从根本上意识到人类自身同自然界的一体性、共生性关系,从而丰富发展了马克思主义生态观。

另一方面,马克思主义生态观为人类如何应对生态问题指明了道路,即建立真正的生态共同体。马克思认为:"只有在共同体中,个人才能获得全面发展其才能的手段,也就是说,只有在共同体中才可能有个人自由。"⑧人类要实现真正的自由和全面发展,正确处理人与自然的关系是不可缺少的前提。地

① 马克思恩格斯全集:第3卷[M].2版.北京:人民出版社,2002:324.
② 马克思恩格斯全集:第3卷[M].2版.北京:人民出版社,2002:374-375.
③ 马克思恩格斯选集:第4卷[M].3版.北京:人民出版社,2012:222.
④ 习近平.在纪念马克思诞辰200周年大会上的讲话[M].北京:人民出版社,2018:21-22.
⑤ 习近平.在纪念马克思诞辰200周年大会上的讲话[M].北京:人民出版社,2018:21-22.
⑥ 习近平.深入理解新发展理念[J].求是,2019(10).
⑦ 习近平.推动我国生态文明建设迈上新台阶[J].求是,2019(3).
⑧ 马克思恩格斯选集:第1卷[M].3版.北京:人民出版社,2012:571.

球是人类共同的家园,生态系统是不分国界的。生态共同体是自然系统、政治系统、经济系统、社会系统各要素相互交织形成的生态命运共同体。建设"一带一路"生态共同体是将共建国之间的合作置于与自然的一体性关系中来展开行动,这既是落实马克思主义生态观的重要实践形式,也是中国和所有共建国家践行绿色发展的现实选择。加快经济转型、推动绿色发展是"一带一路"共建国家面临的共同课题。在过去几年中,中国和一些共建国家积极探索环境与经济协调发展模式,已经取得了一些成功经验。在未来"一带一路"共建中,中国同沿线各国一方面要通过合作加强生态环境保护能力建设,不断改善区域生态环境;另一方面也要共同跨越传统发展路径,处理好经济发展和环境保护的关系,实现区域经济的绿色转型。建设"一带一路"生态共同体,就是要让共建国家都充分认识到各国彼此之间、人类与自然之间的共生关系,从而以共同体一员的身份认同来指导自身的行为,从根本上避免各自为政、分而治之的"公地悲剧"。唯有如此,人类才能化解生态难题,实现与自然和解、与自身和解,走向自由全面发展之路,进一步创造文明、延续文明。

总之,"一带一路"生态共同体有着丰富而深刻的思想内涵,反映了中国生态治理合作的新理念、新思路,也将为全球生态治理实践探索新道路、新经验。

三、"一带一路"生态共同体的建设路径

当前中国正从多方面积极引领和推动"一带一路"生态共同体的建设,先后多次通过官方文件完善生态共同体的顶层设计,不断加强平台机制建设为"一带一路"生态共同体构筑制度保障,运用绿色金融为"一带一路"生态共同体提供资金支持,并通过培训交流为"一带一路"生态共同体开启合作契机。

(一)通过政策文件明确"一带一路"生态共同体顶层设计

共建绿色"一带一路"是"一带一路"顶层设计中的重要内容。生态环境问题始终是中国在"一带一路"合作中关注的重点问题,中国先后多次通过官方文件强调生态合作的重要意义,表明中国政府推动生态共同体建设的积极态度与坚定立场。2015 年 3 月,国家发展改革委、外交部、商务部在联合发布的

《愿景与行动》中就明确指出，“强化基础设施绿色低碳化建设和运营管理，在建设中充分考虑气候变化影响”，“在投资贸易中突出生态文明理念，加强生态环境、生物多样性和应对气候变化合作，共建绿色丝绸之路”，①充分反映出中国政府对“一带一路”沿线生态环境问题的重视。2017 年 5 月，由环境保护部、外交部、国家发展改革委、商务部四部委联合发布的《关于推进绿色“一带一路”建设的指导意见》（以下简称《意见》）指出，推进绿色“一带一路”建设是“分享生态文明理念、实现可持续发展的内在要求，是参与全球环境治理、推动绿色发展理念的重要实践，是服务打造利益共同体、责任共同体和命运共同体的重要举措”。② 2022 年 3 月，国家发展改革委、外交部、生态环境部、商务部联合印发的《关于推进共建“一带一路”绿色发展的意见》提出，“推进共建‘一带一路’绿色发展，是践行绿色发展理念、推进生态文明建设的内在要求，是积极应对气候变化、维护全球生态安全的重大举措，是推进共建‘一带一路’高质量发展、构建人与自然生命共同体的重要载体”③。中国还针对海外投资制定了生态环保的规范性文件，如《民营企业境外投资经营行为规范》《对外投资合作绿色发展工作指引》等，强调加强境外投资绿色合规要求、防范生态环境风险等。

中国还通过一系列政策文件确立了建设生态共同体的目标、路径、重点内容和基本原则，初步完成了生态共同体的顶层设计。2017 年 5 月，环境保护部发布的《“一带一路”生态环境保护合作规划》（以下简称《规划》），具体指明了“一带一路”生态环保合作的目标：一是“到 2025 年，推进生态文明和绿色发展理念融入‘一带一路’建设，夯实生态环保合作基础，形成生态环保合作良好格局”，二是“到 2030 年，推动实现 2030 可持续发展议程环境目标，深化生态环保合作领域，全面提升生态环保合作水平”。④《规划》在强调生态环保政策沟通、促进国际产能合作与基础设施建设绿色化、发展绿色贸易、推动绿色资金融通、开展生态环保项目和活动、加强能力建设等多个方面合作路径的同时，还提出从五个方面重点推进“一带一路”生态环保的合作内容，即深化环境污染治理、推进生态保护、加强核与辐射安全、加强生态环保科技创新、推进环

①　国家发展改革委，外交部，商务部.推动共建丝绸之路经济带和 21 世纪海上丝绸之路的愿景与行动[M].北京：人民出版社，2015：11.

②　关于推进绿色“一带一路”建设的指导意见[N].中国环境报，2017-05-09(3).

③　国家发展改革委.关于推进共建“一带一路”绿色发展的意见[EB/OL].（2022-03-16）[2023-11-02].https://www.ndrc.gov.cn/xxgk/zcfb/tz/202203/t20220328_1320629.html? code=&state=123.

④　“一带一路”生态环境保护合作规划[J].资源再生，2017(5).

境公约履约,为开展生态环保合作明确了重点领域。建设绿色"一带一路"的基本原则也在《意见》中得以明确:"理念先行,合作共享""绿色引领,环保支撑""依法依规,防范风险""科学统筹,有序推进"。①《规划》还提出政府引导、企业承担、社会参与的生态环保合作框架,强化政府对企业行为的绿色指引,强调"走出去"的企业在环境治理中的主体作用。《对外投资合作环境保护指南》《履行企业环保责任 共建绿色"一带一路"倡议》等文件,也对企业加强共建国家生态环境和野生动物栖息地保护提出了具体要求,引导企业履行环境责任。2021年9月,习近平以视频方式出席第七十六届联合国大会一般性辩论并在发表讲话时承诺,中国将力争在2030年前实现碳达峰、2060年前实现碳中和,并宣告中国将大力支持发展中国家能源绿色低碳发展,不再新建境外煤电项目。2022年3月,《关于推进共建"一带一路"绿色发展的意见》围绕推进绿色发展重点领域合作、推进境外项目绿色发展等提出15项具体任务,明确到2025年,绿色基建、绿色能源、绿色交通、绿色金融等领域务实合作、扎实推进,绿色示范项目引领作用更加明显,境外项目环境风险防范能力显著提升,共建"一带一路"绿色发展取得明显成效。到2030年,"走出去"企业绿色发展能力显著增强,境外项目环境风险防控体系更加完善,共建"一带一路"绿色发展格局基本形成。《意见》对于践行绿色发展理念、推进生态文明建设、积极应对气候变化、维护全球生态安全、推进共建"一带一路"高质量发展、构建人与自然生命共同体具有重要意义。②以上政策文件构成了"一带一路"生态共同体建设顶层设计的基本遵循。

(二)加强平台建设为"一带一路"生态共同体构筑制度支撑

中国积极构建"一带一路"共建国家环保合作平台。2010年3月,中国环境保护部启动组建中国—东盟环境保护合作中心,2011年5月该中心开始正式运转。随着绿色"一带一路"建设的重要性日益突出,中国—上海合作组织环境保护合作中心也于2014年6月正式启动,为中国与上合组织成员国之间开展环境保护合作提供了新的平台。2016年3月,澜沧江—湄公河环境合作中心建设也正式纳入澜湄对话合作。在第二届"一带一路"国际合作高峰论坛

---

① 关于推进绿色"一带一路"建设的指导意见[N].中国环境报,2017-05-09(3).
② 推进共建"一带一路"绿色发展(经济新方位)[N].人民日报,2022-04-01(2).

绿色之路分论坛上,"一带一路"绿色发展国际联盟和生态环保大数据服务平台正式成立和启动。绿色发展国际联盟由生态环境部和中外合作伙伴共同发起成立,合作伙伴中既有联合国环境规划署、欧洲经济委员会等国际组织,也包括了 25 个共建国家环境主管部门,还包括 69 个相关研究机构和企业等。联盟定位为一个开放、包容、自愿的国际合作网络,旨在进一步凝聚国际共识,推动将绿色发展理念融入"一带一路"建设,携手实现 2030 年可持续发展目标,着力打造政策对话和沟通、环境知识和信息、绿色技术交流和转让三大平台。"一带一路"生态环保大数据服务平台借助大数据、卫星遥感等信息技术,对共建国家的生态环境状况以及环境保护政策、法规、标准、技术和产业发展等相关信息进行梳理,为企业投资和清洁能源外交的开展提供环保基础信息和决策支持。

中国不断建立完善双边及多边生态治理合作机制,已与共建国家和国际组织签署 50 多份双边、多边生态环境合作文件,从多领域、多层次积极推进生态治理合作机制的建设。从合作领域看,既有全面推进生态治理合作的整体性机制,如"一带一路"绿色发展国际联盟、绿色丝路使者计划,又有具体治理领域的合作机制,如"一带一路"防治荒漠化合作机制、保护海岛生态环境的《平潭宣言》、加强水资源保护与管理的《三亚宣言》等;从合作层次看,既有多边合作机制如上海合作组织环保合作机制、亚欧会议环境合作机制,也有双边合作机制如中国—柬埔寨环保合作中心、中国—中东欧林业合作机制、中韩环境合作中心等;从合作方式上看,既有《"一带一路"生态环境保护合作规划》《澜沧江—湄公河合作五年行动计划(2018—2022)》《落实中国—东盟林业合作"南宁倡议"2018—2020 行动计划》等规划对接合作,也有"一带一路"生态治理民间合作国际论坛、中国—东盟野生动物保护培训班、中国—东盟森林旅游合作座谈会等活动项目合作。上述机制共同构成了一个领域全面、层次丰富的生态治理制度体系,为共建国家参与生态治理提供了多样化的渠道,为"一带一路"生态共同体的建设提供了有力的制度性支撑。

(三)运用绿色金融为"一带一路"生态共同体提供财力保障

中国积极打造"一带一路"绿色金融体系,为"一带一路"生态共同体建设提供资金支持。绿色金融就是"对环保、节能、清洁能源、绿色交通和绿色建筑等领域的项目投融资、项目运营和风险管理等所提供的金融服务"①。中国在2016年担任二十国集团主席国期间，首次把绿色金融议题引入二十国集团议程，成立绿色金融研究小组，发布《二十国集团绿色金融综合报告》。2016年8月，中国人民银行、财政部和环境保护部等七部委联合印发了《关于构建绿色金融体系的指导意见》，强调了构建绿色金融体系的重要意义，并从多角度概括了构建绿色金融体系的框架。该意见第八条明确提出要推动开展绿色金融国际合作，推动绿色证券市场双向开放，提升对外投资绿色水平，这为"一带一路"绿色金融提供了政策依据和理论支持。2018年11月，为推动相关金融机构和企业开展绿色投资，体现"一带一路"建设中绿色与可持续发展的内在要求，中国金融学会绿色金融专业委员会与伦敦金融城牵头多家机构起草并发布了《"一带一路"绿色投资原则》。该原则从战略、运营和创新三个层面制定了七条原则性倡议，包括公司治理、战略制定、项目管理、对外沟通和绿色金融工具运用等，供参与"一带一路"投资的全球金融机构和企业在自愿基础上采纳和实施。自发布以来，国际金融界对绿色投资原则反响热烈，众多参与"一带一路"投融资的商业银行、开发银行、机构投资者、证券交易所等大型金融机构均表示支持。2019年4月25日，《"一带一路"绿色投资原则》（以下简称《绿色投资原则》）签署仪式在北京举行，签署机构包括参与"一带一路"投资的主要中资金融机构，以及来自英国、法国、德国、瑞士、卢森堡、日本、哈萨克斯坦、蒙古国、巴基斯坦、新加坡、阿联酋及中国香港等地的金融机构，安永、德勤、毕马威和普华永道等专业服务公司也对绿色投资原则明确表示了支持，并希望为绿色投资原则的落地提供技术支持。这一原则的签署标志着"一带一路"的投资绿色化走向新的阶段。

目前，中国在多个金融平台中贯彻了绿色金融理念，支持绿色"一带一路"发展，为"一带一路"生态共同体建设提供了强劲动力。中国主导的亚洲基础设施投资银行不仅设立了高水平的环境标准，而且积极推动环保节能型技术在传统项目中的推广和应用，并通过联合融资公司公私合营、PPP模式、绿色证券和绿色保险等创新手段引导公共和民间资本投资于绿色基础设施建设项目。金砖国家新开发银行也为中国、印度、巴西和南非的多个绿色可再生能源项目提供了绿色信贷支持，从2022年到2026年，新开发银行有40%的资金用于或将被用于减缓气候变暖进程。2015年，中国先后设立丝路基金和绿丝

---

① 国务院新闻办公室.七部委印发《关于构建绿色金融体系的指导意见》[EB/OL].(2016-08-31)[2019-04-15].http://www.scio.gov.cn/32344/32345/35889/36819/xg-zc36825/ Document/1555348/1555348.htm.

路基金,丝路基金资金规模为 400 亿美元,主要投向周期相对较长的绿色环保类基础设施建设,绿丝路基金首期募集资金 300 亿元人民币,投资周期相对较短,主要投向生态能源、生态修复和生态农业等生态产业。另外,中国的金融机构也积极推出绿色金融产品,助力"一带一路"绿色项目的发展。2015 年 10 月,中国农业银行在伦敦证券交易所成功发行上市首单 10 亿美元等值的绿色债券,募集资金投放于符合国际通行的《绿色债券原则》并经有资质的第三方认证机构审定的绿色项目,覆盖清洁能源、生物发电、城镇垃圾及污水处理等多个领域。这是"一带一路"共建国家的金融机构共同合作,在支持绿色产业、联合应对气候变化方面所作的一项典型案例。2017 年,中国人民银行参与发起了"央行与监管机构绿色金融网络"(Central Banks and Supervisors Network for Greening the Financial System,以下简称 NGFS),与其他央行和监管机构共同研究环境因素和气候变化可能带来的金融风险,分享发展绿色金融的成功经验。截至 2022 年 7 月,NGFS 成员已扩大到代表五大洲的 130 多家中央银行、监管机构和观察员机构,推动了一系列与绿色金融相关的政策共识。[1] 中国工商银行在 2017 年牵头成立"一带一路"银行间常态化合作机制(Belt and Road Bankers Roundtable,简称 BRBR)后,于 2019 年 4 月发行首只"一带一路"银行间常态化机制绿色债券,该次发行涵盖人民币、美元、欧元三种币种,等值金额 22 亿美元。[2] 截至 2023 年 9 月,BRBR 成员及观察员已覆盖来自 71 个国家和地区的 163 家机构,成为国际金融同业在服务"一带一路"建设过程中共享信息、共商政策、互荐项目、互助合作的重要平台。[3] 2023 年 10 月,中国银行全球首批共建"一带一路"绿色债券于纳斯达克迪拜交易所成功上市,这一债券规模合计等值 7.7 亿美元,将用于共建"一带一路"国家的合格绿色项目,覆盖了阿联酋、沙特阿拉伯、葡萄牙、奥地利、保加利亚和波兰等国家。[4] 2021 年 6 月,中国与其他 29 个国家,在"一带一路"亚太区域国际合作高级别会议期间,共同发起"一带一路"绿色发展伙伴关系倡议,呼吁开展国际合作以实现绿色和可持续经济复苏,促进疫情后的低碳、有韧性和包

---

① 李德尚玉.中国央行发起的 NGFS 是个什么机构?[N].21 世纪经济报道,2022-07-26(7).

② 工行发行全球首支绿色"一带一路"银行间常态化合作债券[EB/OL].(2019-04-19)[2023-11-01].http//www.yidaiyilu.gov.cn/p186407.html.

③ 王晓波,李安琪,赵展慧,等.资金融通为共建"一带一路"提供强大动力[N].人民日报,2023-10-15(6).

④ 中国银行全球首批共建"一带一路"绿色债券上市[EB/OL].(2023-10-16)[2023-11-02].http://world.people.com.cn/n1/2023/1016/c1002-40096333.html.

容性经济增长。同时，倡议聚焦采取统筹兼顾的方式，从经济、社会和环境三个维度，继续努力实现 2030 年可持续发展目标。[①]

（四）开展培训交流助推“一带一路”生态共同体项目启动

中国积极举办生态环保领域国际论坛和研讨会、开展生态环保交流培训，同“一带一路”共建国家分享生态环保经验与技术，助力共建国家生态治理能力建设。如探讨应对气候变化的“一带一路”绿色发展与应对气候变化能力建设研讨会，推动民间生态治理合作的“一带一路”生态治理民间合作国际论坛和“一带一路”绿色城市合作论坛，深化科技合作、促进区域绿色可持续发展的2023 丝绸之路经济带生态环境可持续发展国际论坛[②]，被联合国防治荒漠化公约组织列为实现全球防治荒漠化公约战略目标重要平台的库布其国际沙漠论坛等，对于增进“一带一路”国际生态治理交流与合作、推进共建国家生态治理能力建设发挥了重要作用。参加“一带一路”防治荒漠化合作机制启动仪式的联合国防治荒漠化公约秘书处执行秘书莫妮卡·巴布（Monique Barbut）表示，“‘一带一路’防治荒漠化合作机制有利于促进 2030 年可持续发展议程的实施，把绿色发展理念、绿色技术和绿色投资带到沿线国家”[③]。此外，中国还积极实施绿色丝路使者计划和“一带一路”应对气候变化南南合作计划，举办近百场环境与气候变化领域培训活动，累计为 120 多个发展中国家培训 3000多人次生态环境管理人员。[④]绿色丝路使者计划自启动以来，开展了面向“一带一路”共建国政府环境官员的环境管理能力建设研讨、面向在华留学生等青年群体的对话与交流、面向企业界的环境责任与伙伴关系建设等活动，至今已培育来自 120 多个国家的超 3000 名“绿色使者”，被联合国环境规划署誉为南南环境合作的典范。[⑤] 同时，由国家发展改革委“一带一路”建设促进中心牵

① “一带一路”绿色发展伙伴关系倡议[N].人民日报,2021-06-24(3).

② 2023 丝绸之路经济带生态环境可持续发展国际论坛举办[EB/OL].(2023-09-19)[2023-11-02].https://www.yidaiyilu.gov.cn/p/0DHBAQEE.html.

③ “一带一路”防治荒漠化合作机制启动[EB/OL].(2017-09-11)[2019-07-11].http://www.xinhuanet.com/overseas/2017-09/11/c_129700922.htm.

④ 生态环境部:推动务实合作加强互惠共享 把绿色作为共建“一带一路”底色[EB/OL].(2023-10-17)[2023-11-02].http://finance.people.com.cn/n1/2023/1017/c1004-40097274.html.

⑤ 生态环境部.关于政协十四届全国委员会第一次会议第 03609 号（资源环境类 235号）提案答复的函[EB/OL].(2023-06-10)[2023-11-01].https://www.mee.gov.cn/xxgk2018/xxgk/xxgk13/202310/t20231031_1044436.html.

头主办共建"一带一路"绿色典型项目研讨会,协同来自外国驻华使领馆、国际组织驻华机构、中外企业、金融机构、高校智库的代表对典型绿色能源项目展开研讨,助推绿色丝绸之路建设。2021年,共建"一带一路"绿色典型项目研讨会召开,会议设立绿色能源、绿色交通基础设施、绿色投资、绿色金融等4个研讨单元,围绕哈萨克斯坦札纳塔斯风电站、巴基斯坦旁遮普光伏电站等中企参与的7个绿色典型项目进行了研讨交流。①

　　交流互动有效推进了生态知识传递,进而催生了大量的绿色合作项目。2017年,中国有44个环保企业在世界54个国家签订了149份合同订单,超六成的订单分布在"一带一路"沿线国家。② 2023年1月至10月,中国企业在"一带一路"共建国家环保和清洁能源领域投资中标或新签合同主要集中在污水处理、污泥处理、风电、水电、光伏、地热、垃圾焚烧发电及生物质能等领域。中国对外投资建设的清洁能源项目是"一带一路"绿色项目中的一大亮点。"一带一路"沿线的巴基斯坦、缅甸、尼泊尔等国家,因工业化的快速发展而对能源的需求大幅增加,但由于资金和技术的短缺,这些国家的能源可获性较低,自身的清洁能源资源也未得到充分开发。而中国同这些国家合作开展的清洁能源项目,既帮助其解决了能源短缺问题、促进了当地经济发展和民众生活水平的提高,同时又充分保护了当地生态环境,为当地可持续发展贡献了力量。2015年2月,中国电力建设集团承建的巴基斯坦萨察尔风电项目在北京正式签署贷款协议,这成为"一带一路"中巴经济走廊开展的首个绿色融资项目。同年5月,中国广核集团率领包括金风科技、东方电气、上海电气等多家清洁能源和电力企业,同哈萨克斯坦国家原子能公司签署《开发清洁能源合作谅解备忘录》,标志着中哈双方在清洁能源领域的合作进入了新的阶段。2016年1月,中国与沙特签署了《核能及可再生能源城关于可再生能源合作的谅解备忘录》,共同推进中沙在清洁能源开发和利用方面的互利合作。2018年,由国家电投中电国际、中国电力和哈萨克斯坦维索尔投资公司共同投资合作开发的札纳塔斯风电项目进入中哈产能合作清单。项目于2019年6月动工,2020年10月首批风机并网,2021年6月全容量发电。"该项目年发电量超过3.5亿千瓦时,是中亚目前装机容量最大的风电场,可以满足大约100万居民的日常用电需求,能够有效缓解哈南部地区缺电情况。"与同容量燃煤电厂相比,该项目预计每年可节约标煤逾10万吨,减少大量温室气体和废渣排放。③据估计

---

①　共建"一带一路"绿色典型项目研讨会举行[N].人民日报,2021-10-24(3).

②　中国环保企业超六成订单分布在"一带一路"沿线国家[EB/OL].(2017-10-16)[2023-06-03].https://www.yidaiyilu.gov.cn/p/30557.html.

③　札纳塔斯风电项目:为百万居民点亮绿色生活[N].人民日报,2021-12-17(3).

2010—2020 年,可再生能源占中国投资电力项目总量的 56%,其中 49% 是水电。[1]截至 2023 年 6 月,中国可再生能源发电装机容量达到 13.22 亿千瓦,占我国发电装机容量的 48.8%,水电、光伏、风电装机容量已是全球第一,核电第三。中国清洁低碳化进程不断加快,同时通过技术支持、能力建设、咨询服务等方式,助力共建"一带一路"国家和地区发展清洁能源产业,为当地发展持续注入绿色动力。[2]表 2-1 反映了近年来中外"一带一路"合作中部分清洁能源合作项目情况。

表 2-1 "一带一路"部分中外清洁能源合作项目

清洁能源类型	合作国家	项目名称	启动时间	总容量(兆瓦)
水力发电	老挝	南湃水电站	2014 年 2 月	86
		南涧水电站	2014 年 5 月	104
		南俄 3 水电站	2015 年 11 月	480
		南欧江流域梯级水电站	2021 年 9 月	1272
	柬埔寨	桑河二级水电站	2013 年 10 月	400
	安哥拉	卡库洛卡巴萨水电站	2017 年 8 月	2172
		凯凯水电站	2017 年 8 月	2172
	尼日利亚	蒙贝拉水电站	2017 年 11 月	3050
	巴基斯坦	德尔贝拉水电站四期	2013 年 10 月	1410
		达苏水电站	2017 年 3 月	5400
		卡洛特水电站	2015 年 4 月	720
	波黑	乌洛格水电站	2019 年 12 月	34.44
		达巴尔水电站	2023 年 6 月	159.15
	厄瓜多尔	美纳斯水电站	2012 年 3 月	275
	马来西亚	巴勒水电站	2017 年 8 月	1285
	赞比亚	下凯富峡水电站	2015 年 11 月	750
	刚果	布桑加水电站	2017 年 11 月	240
	卢旺达	那巴龙格河二号水电站	2022 年 5 月	43.5

---

[1] IEA:中企是撒哈拉以南非洲电力发展重要支撑[EB/OL].(2016-07-08)[2019-06-11].http://news.cableabc.com/gc/20160708682866.html.

[2] 携手推动绿色发展[N].人民日报,2018-02-28(3).

续表

清洁能源类型	合作国家	项目名称	启动时间	总容量（兆瓦）
风力发电	巴基斯坦	萨菲尔风电项目	2014 年 8 月	49.5
		吉姆普尔风电项目	2014 年 11 月	99
		三峡巴基斯坦第一风力发电项目	2013 年 1 月	49.5
		大沃风电项目	2015 年 4 月	49.5
	老挝	孟松 600 兆瓦风电项目	2023 年 4 月	600
	越南	宁顺正胜 50 兆瓦风电项目	2020 年 8 月	50
	孟加拉国	科巴风电项目	2021 年 9 月	66
	克罗地亚	塞尼风电项目	2017 年 11 月	156
	南非	德阿风电项目	2017 年 11 月	244.5
	英国	布雷尼格项目	2017 年 7 月	37.6
	乌克兰	西瓦什风电项目	2018 年 9 月	250
		南方风电项目	2021 年 6 月	288
	黑山	莫祖拉风电站	2017 年 11 月	46
	哈萨克斯坦	札纳塔斯风电项目	2019 年 7 月	100
		阿克莫拉州风电项目	2022 年 4 月	205
	乌兹别克斯坦	布哈拉风电项目	2022 年 12 月	1000
	阿根廷	赫利俄斯风电项目	2018 年 7 月	354.6
	波黑	斯卡迪莫瓦茨—格拉莫克风电项目	2021 年 7 月	231
		伊沃维克风电项目	2021 年 12 月	84
	巴西	LDB 风电扩建项目	2020 年 12 月	82.8
		新坦基风电项目	2021 年 11 月	180
	意大利	贝莱奥利科海上风电项目	2022 年 4 月	30
	埃及	苏伊士湾风电项目	2023 年 2 月	500

续表

清洁能源类型	合作国家	项目名称	启动时间	总容量（兆瓦）
光伏发电	阿根廷	高查瑞光伏电站	2016 年 8 月	300
	埃及	本班光伏产业园发电项目	2018 年 4 月	186
	马来西亚	瓜拉基蒂光伏电站	2018 年 3 月	50
	新加坡	腾格水库 60 兆瓦水上光伏项目	2020 年 8 月	60
	伊朗	赞江省光伏电站	2018 年 2 月	500
	乌克兰	尼科波尔太阳能电站	2018 年 4 月	200
	阿联酋	苏威汉光伏发电项目	2017 年 5 月	1177
	波黑	索尔布斯光伏发电项目	2022 年 4 月	132
	沙特阿拉伯	阿尔舒巴赫 2.6 吉瓦光伏电站项目	2022 年 11 月	2600
	巴西	玛瑞蒂光伏发电项目	2023 年 3 月	344
	哥伦比亚	安达卢西亚光伏项目	2023 年 5 月	9.9
	匈牙利	蒂萨菲赖德 54 兆峰瓦光伏项目	2023 年 12 月	54
	赞比亚	凯布韦 100 兆瓦紧急光伏电站项目	2024 年 2 月	100
	坦桑尼亚	希尼安加 50 兆瓦光伏电站项目	2024 年 3 月	50
	阿尔及利亚	比斯克拉 220 兆瓦光伏电站项目	2024 年 4 月	220

资料来源：根据中国"一带一路"网信息整理。

总之，"一带一路"生态共同体建设的意义重大，影响深远。它在诸多方面一改传统生态治理的面貌，为全球生态治理提供了新的思路。近年来，逆全球化浪潮规模空前，现有全球治理体系正面临重大挑战。全球生态治理也随着主要发达国家环境政策的转向而出现真空。2017 年 6 月，美国宣布退出《巴黎协定》，对现有全球气候治理体系造成了一定冲击。国际社会对中国在全球生态治理中发挥引领性、建设性作用充满期待。党的十九大报告指出，"引导应对气候变化国际合作，成为全球生态文明建设的重要参与者、贡献者、引领者"，"积极参与全球环境治理，落实减排承诺"。[①] 2018 年 5 月，习近平在全国生态环境保护大会上重申："共谋全球生态文明建设，深度参与全球环境治理，形成世界环境保护和可持续发展的解决方案，引导应对气候变化国际合作"，

---

① 习近平著作选读：第 2 卷［M］.北京：人民出版社，2023：5,42.

"要推进'一带一路'建设,让生态文明的理念和实践造福沿线各国人民"。[①]党的二十大报告指出,"积极参与应对气候变化全球治理","坚持绿色低碳,推动建设一个清洁美丽的世界"。[②]2023年9月,《携手构建人类命运共同体:中国的倡议与行动》白皮书强调,"建立尊崇自然、绿色发展的生态格局","要解决好工业文明带来的矛盾,以人与自然和谐相处为目标,实现世界的可持续发展和人的全面发展"[③]。"一带一路"生态共同体建设以绿色发展为立足点,以生态合作为切入点,以共同体建设为着眼点,彰显着发展中大国对全球生态治理的新贡献和新价值。

首先,作为经济体量大、发展速度快的最大发展中国家,中国在处理经济发展与环境保护问题上积累的经验教训,对沿线国家有一定借鉴或警示作用。中国的经验教训是发展中国家独特的,不同于负有巨大环保欠账的西方国家所走的道路,对"一带一路"沿线发展中国家更有启发意义。其中最主要的一点是绿色发展,即走生产发展、生活富裕、生态良好的文明发展道路。对沿线参与国来说,不能推动经济发展,"一带一路"就是政治作秀;同时也不能只顾发展、不顾保护,必须转变发展观念,不能以牺牲环境为代价换取一时的经济增长。西方国家"先污染后治理""自己污染让别人治理"的模式和做法在现实中是不可行的,在伦理上也是不可接受的。在生态治理方面,发达国家作为先发国家,有强大的资本优势,也形成了强大话语能力,在生态环境保护方面可以"站着说话不腰疼",主张以严苛的环保标准约束经济发展。这样的治理思路表面平等,实则已经将发达国家的资本优势内化其中,本质上是资本逻辑在生态治理领域的延伸。例如在应对气候变化方面,西方国家将气候问题视作一个经济学问题,试图通过建立碳交易市场来达到减少温室气体排放的目的。然而这种做法实际上掩盖了广大发展中国家同发达国家在发展阶段上先发与后发的巨大差异,忽略了发展中国家的基本发展权,以至于发展中国家人民的幸福"与发达国家人民相比更为廉价,以致气候变化给这些国家人民带来的生活水平损失被低估,更容易在对福利的贴现中被忽视或受害"[④]。这是"一带一路"生态共同体建设中坚持绿色发展的意义所在。

---

① 习近平.推动我国生态文明建设迈上新台阶[J].奋斗,2019(3):1-16.
② 习近平著作选读:第1卷[M].北京:人民出版社,2023:43,51.
③ 中华人民共和国国务院新闻办公室.携手构建人类命运共同体:中国的倡议与行动[N].人民日报,2023-09-27(3).
④ 谢富胜,程瀚,李安.全球气候治理的政治经济学分析[J].中国社会科学,2014(11):63-82.

其次，作为"一带一路"的倡导国、牵头国，中国不能仅仅独善其身，还要积极推动参与国共同应对环境问题，带动沿线生态合作治理。在共建"一带一路"过程中，中国积极引导完善国际环境治理规则，深入开展环境保护、污染防治、生态修复、循环经济等领域合作，不断推进绿色基础设施建设、绿色产能和装备制造合作、绿色金融以及绿色贸易体系建设等。中国愿与沿线各国开展生态环境保护合作，努力与更多国家签署建设绿色丝绸之路的合作文件，建设一批绿色产业合作示范基地、绿色技术交流与转移基地、技术示范推广基地、科技园区等国际绿色产业合作平台，打造绿色供应链平台，开展国家公园建设合作交流，与沿线各国一道保护好我们共同拥有的家园。①十年来，中国用实际行动与共建国家共同打造推动生态文明实践、共享生态文明成果的"绿色丝绸之路"。在"一带一路"生态治理中，各国不再以经济体量或影响力的大小作为分配权力地位的依据，所有共建国家以完全平等的身份参与到生态治理当中，共同商讨和实施生态治理方案，共同承担起治理责任，共享生态治理成果，并在密切的交流合作中不断提升治理能力，更好地实现治理目标。2018 年 4 月，新组建的生态环境部正式揭牌，下设国际合作司，其中的亚非拉处承担"一带一路"生态环保相关工作，该部门的成立为协调与整合多部门共同推动"一带一路"生态建设与国际合作提供了机制保障。在第三届"一带一路"国际合作高峰论坛开幕式上，习近平主席宣布，"中方将持续深化绿色基建、绿色能源、绿色交通等领域合作，加大对'一带一路'绿色发展国际联盟的支持，继续举办'一带一路'绿色创新大会，建设光伏产业对话交流机制和绿色低碳专家网络"，落实"一带一路"绿色投资原则，到 2030 年为伙伴国开展 10 万人次的培训。② 推进生态环保合作是践行生态文明和绿色发展理念、提升"一带一路"建设绿色化水平、推动实现可持续发展和共同繁荣的根本要求。

最后，作为全球治理的贡献者、引领者，中国推进建设"一带一路"生态共同体，是积累全球治理经验、推进人类命运共同体建设的先期实践。"一带一路"生态共同体是中国参与引领全球治理的重要实践载体，沿线共商共建使生态共同体不仅具有议事平台功能，更兼备战略转圜余地，便于集中多种优势资源协同实施，也有助于使"一带一路"倡议得到国际社会更多肯定和赞扬，使之

---

① "一带一路"建设工作领导小组办公室.共建"一带一路"倡议:进展、贡献与展望[N].人民日报,2019-04-23(8).

② 习近平.建设开放包容、互联互通、共同发展的世界:在第三届"一带一路"国际合作高峰论坛开幕式上的主旨演讲[N].人民日报,2023-10-19(2).

成为发展中大国引领国际合作与全球生态治理的典范。目前,应对气候变化、维护生态环保是中国参与全球治理的重点和亮点。中国在生态共同体中扮演的建设者、协调者、引领者的重要角色,将有利于实践全球治理新理念,探索全球治理新模式,开启全球治理体系变革的新阶段,从而为进一步引领全球治理奠定基础。"'一带一路'顺应了互联互通为主要特征的新型全球化趋势,可以促进产品、信息等的流通,降低环境成本,实现资源和环境的优化配置,将绿色发展的理念和实践全面融入'五通'建设中,构建以绿色、低碳为特征的命运共同体。"①在未来的全球治理体系中,包括广大发展中国家在内的所有国家结成一体,共同参与全球治理,共同掌握人类命运,共同创造人类社会的美好图景。

　　总之,通过生态共同体建设,"一带一路"将得到更多国家的响应和参与,中国的全球生态治理理念与实践也将为更多国家认可和支持,由此展现出的治理新理念、新经验、新面貌,中国不断增强的凝聚力、领导力、影响力,将助推其成长为全球生态治理的中流砥柱和未来全球治理的中坚力量。

---

　　①　周国梅.积极构建绿色发展新动能[N].中国环境报,2017-04-20(3).

第三章 构建"一带一路"安全共同体的理念与实践

　　"一带一路"倡议在后危机时代、多风险挑战背景下面临着既要着力发展又要保障安全的双重压力。我国提出构建人类安全共同体,将共同发展理念融入安全共同体建设中,不仅回应了沿线发展中国家在面对"压缩的现代化"现象时如何实现发展、保障发展安全的问题,也为推动"一带一路"共建国在共同发展过程中实现共享安全、构建安全共同体指明了方向。在"一带一路"共建实践中,以发展促安全推动共建国家安全观念的转变,在共同发展中推进区域一体化安全,引导发展性安全模式在"一带一路"沿线得到认可和践行,夯实共同安全制度根基,是共建"一带一路"安全共同体的可行性路径。

　　"一带一路"倡议是中国统筹内外两个大局、扩大对外开放和国际合作的新举措,而安全性是支撑其可持续发展的基本要素。在逆全球化、大国博弈、新冠疫情、俄乌冲突等"多危机并发"①、多风险叠加的背景下,"一带一路"共建国对安全的需求愈发强烈。有的学者认为,新冠疫情席卷全球的背景使人类社会所关注的视野重回安全领域②,尤其是人类的整体性安全问题日益凸显。虽然"一带一路"是发展倡议,但安全对"一带一路"可持续性发展的影响体现在多个方面,政局动荡、投资风险、恐怖袭击、能源危机、领土争端、疫病威胁、贫富鸿沟、营商环境恶化等种种不确定性因素都成为共建"一带一路"必须考虑的问题。可以说,安全建设已成为"一带一路"倡议建设过程中不可回避的关键议题。在"一带一路"倡议提出十周年之际,推进"一带一路"沿线各国

---

　　① World Economic Forum. The global risks report 2023［R/OL］.（2023-01-11）［2023-04-15］. https://www.weforum.org/docs/WEF_Global_Risks_Report_2023.pdf.
　　② 洪波.走向人类命运共同体:世界主义的限度及其重构:以全球疫情风险为视域［J］.苏州大学学报(哲学社会科学版),2020,41(5):7-13.

高质量发展,需要可持续安全为高标准、可持续、惠民生的高质量发展保驾护航。在 2022 年博鳌亚洲论坛上,习近平站在安全与发展相互统一的高度,提出全球安全倡议,强调"安全是发展的前提,人类是不可分割的安全共同体"①,将安全命题与共同发展、命运与共密切联系起来,从人类整体出发思考安全共同体的构建,为"一带一路"安全共同体建设提供了理论基础,指明了实践方向。

一、构建"一带一路"安全共同体的理念

大变局背景下,全球安全风险冲击经济发展已成为不争的事实。习近平早在 2014 年的亚信峰会上就提出,"发展就是最大安全,也是解决地区安全的'总钥匙'"②。新冠疫情凸显了发展安全的重要性,发展安全、安全发展成为各国政府关注的重要话题。"过去,全球价值链基于'效率'标准而不断转移和重塑;如今,在大国竞争的背景下,'安全'标准改变了以往的利益计算公式","经济胜过地缘政治的时代可能已宣告结束"。③因此,探究构建沿线安全共同体成为"金色十年"确保"一带一路"发展安全的必要之举,也是推动构建人类命运共同体的重要内容。

(一)从和平与发展到安全与发展

和平与发展是世界的两大主题。邓小平提出,"现在世界上真正的大问题,一个是和平问题,一个是经济问题或者说发展问题"④。至今这一判断仍不过时,和平问题仍然存在,安全的内涵相比以往更加丰富,外延囊括了对应传统安全的和平问题及对应包括非传统威胁在内的可持续安全问题。"共商安全合作大计,共谋长治久安良策,共襄发展繁荣盛举,对亚洲和世界安全都

---

① 习近平谈治国理政:第 4 卷[M].北京:外文出版社,2022:451.
② 习近平谈治国理政:第 1 卷[M].2 版.北京:外文出版社,2018:356.
③ IFRI. Reshuffling value chains:South Korea as a case study[R/OL].(2023-04-14)[2023-06-15]. https://www.ifri.org/sites/default/files/atoms/files/nicolas_valuechainskorea_2023.pdf.
④ 邓小平文选:第 3 卷[M].北京:人民出版社,1993:96.

意义重大、影响深远"，"贫瘠的土地上长不成和平的大树，连天的烽火中结不出发展的硕果"。①即使世界大战不会爆发，和平有望，但和平并不等于安全。"和平是指没有战争，而安全是指不受威胁。和平是安全的基本要求，但并不等于在和平条件下就必然安全。"②因此，带有全球性的战略问题难以再简单地使用"和平与发展"进行概括，③和平与发展的问题逐渐过渡到了安全与发展的问题。

首先，国际安全局势正随着美俄矛盾升级而日益严峻。美俄矛盾自俄罗斯接管克里米亚以来不断升级，俄乌冲突爆发后美国采取了直接军事干预以外的各种手段支持乌克兰对抗俄罗斯，还联合盟友对俄罗斯实施了全方位严厉制裁，甚至还放出风声可能会和乌克兰联手攻击俄罗斯本土。相关研究者认为，俄乌冲突的升级引发了欧亚地区格局的深度演变，对亚太安全局势带来"外溢效应"④。其次，美西方对华战略施压加剧了安全紧张局势。美国对华的打压随着中美两国实力差距的缩小而加剧，从经济安全已经发展到全方位安全领域。一方面，美国与其西方盟友出台了对冲"一带一路"的"印太经济框架""重建美好世界""欧洲门户计划"，美国还召开全球供应链韧性峰会，通过"芯片法案"，构建"矿产安全伙伴关系"，成立"供应链中断工作组"，加紧"友岸外包""近岸外包"，寻求"替代性关键矿"，加紧构建贸易新网络。另一方面，美国通过加紧拉拢威胁我国周边国家或地区构建围堵中国的"岛链战略"。在东面，美国多管齐下促使日本和韩国两国在军事上几乎彻底倒向美国。在南边，美国和菲律宾加强了防务合作，试图将菲律宾推到反华前线，使其允许美军新建4处军事基地。同时，美西方与印度关系不断升温。2023年7月初，印度首次呼吁中国遵守"南海仲裁裁决"。美国的这些动作加剧了亚太地区安全风险，使"一带一路"建设承受了后疫情时代最大的外部压力。再次，在传统安全问题之外，非传统安全问题已成为国际安全问题思考的重要范畴。美国打俄制华凸显了经济安全、金融安全、科技安全、网络安全等问题，新冠疫情放大了健康安全、生物安全、边境安全、生态安全的重要性，地缘冲突引发能源安全、粮食安全、信息安全、供应链安全等新问题，愈发加剧了人们对安全问题的担

---

① 习近平谈治国理政：第1卷[M].2版.北京：外文出版社，2018：353，356.

② 刘江永.世界需要"可持续安全"[N].北京周报，2010-07-21(30).

③ 刘江永.从国际战略视角解读可持续安全真谛[J].国际观察，2014(6)：1-17.

④ 冯玉军.俄乌冲突的地区及全球影响[J].外交评论(外交学院学报)，2022(6)：72-96.

忧。美国除借机打出"军事恫吓牌"等外,佐之以"极限施压""脱钩断链""经济制裁"等伎俩,其冷战思维、阵营意识、集团化操弄让一些国家被迫选边站队。将经贸问题和正常合作政治化、工具化、武器化、泛安全化的简单粗暴做法更是使安全风险加速积聚。这些挑战扩大了安全的范围和内容,提升了传统安全与非传统安全交织并存、相互叠加强化的风险系数,增加了安全治理的难度。

与此同时,发展问题仍是当今世界的核心问题,或者说它正在转化为安全发展问题,成为世界核心议题。首先,发展是解决安全问题的关键因素,对于"一带一路"共建国家尤其如此。从"落后—动荡—落后"怪圈中走出来必须靠发展,将发展逻辑嵌入其中,如此才能建立"发展—稳定—发展"的良性循环。国家之间局部战争、地区冲突以及国家内部纷争的总根源仍是经济发展不平衡以及由此导致的利益争夺与权力博弈。其次,发展本身就是安全问题,或者说是发展与安全已经成为一体,衍生出"发展安全"这一新的类型。有的学者认为,"免于匮乏的自由"即是发展安全,发展与安全相互交织,催生了"合作安全""人的安全"等发展安全理念。[①]也有的学者指出,"原本注重国内经济发展的发展政策与聚焦国际军事安全的安全政策之间的界限愈发模糊,相互依赖融合的程度日益加深,即'发展政策安全化'与'安全政策发展化'这一趋势愈发显著"[②]。再次,不发展就是最大的不安全,这在"一带一路"沿线得到初步印证。尤其在最不发达国家,例如阿富汗、苏丹和索马里等国,经济社会发展陷入停滞,社会暴力和族群冲突频发,霸权主义和强权政治趁机寻衅干涉。2022年2月,美国总统拜登签署行政令"宣判"冻结阿富汗央行存储在美国的70亿美元资产,引起人们关于国家脆弱和霸权欺凌之间关系的讨论。只有发展与安全并重,才能实现国家利益最大化。

(二)从可持续发展到可持续安全

"可持续发展"观点自1987年世界环境与发展委员会提出以来,已经成为国际社会的基本共识,并通过联合国千年发展目标和2030年可持续发展议程

---

① 戴长征,毛闰铎.从安全困境、发展安全到总体国家安全观:当代国家安全理念的变迁与超越[J].吉林大学社会科学学报,2022(6):29-44.

② 王一晨,吕耀东.基于"发展—安全关联"观的日本非洲政策[J].西亚非洲,2022(2):119-140.

化为具体行动。"可持续安全"则是随着 21 世纪以来非传统安全挑战日益尖锐而不断凸显的。安全的可持续性在于"发展和安全并重以实现持久安全"①,习近平多次倡导共同、综合、合作、可持续安全理念,强调"要坚持发展和安全并重,以可持续发展促进可持续安全"②。在国际关系中,西方构建起的国际秩序以西方国家为本位,形成了"中心—边缘"结构,国际关系中主体间关系并不平等,占据中心地位的西方发达国家资本和技术优势明显,身处边缘的发展中国家则主要以原材料和劳动力资源参与国际分工,两者因发展程度不平衡而在收益分配上存在严重的不平等,形成了边缘国家的不安全感。有的学者提出了"压缩的现代化"概念,认为非西方国家承担未发展压力的同时,还饱受不安全的困扰,对他们来说,"我饿"与"我害怕"同等重要。③

当前,人类社会大部分群体仍无法通过自身能力来实现对自身安全的保障。这种"无能力"源自欠发达国家及地区仍致力于解决发展问题而无暇顾及安全问题。当温饱问题尚未解决,大众仍为生存问题而奔波时,安全问题则无暇顾及。"无暇顾及"的安全对整体人类社会而言,本身就是最大的共同安全问题。恐怖主义就是在贫困土壤中滋生出来的。从这个意义上看,可持续发展是实现可持续安全的最有效路径。可持续发展本身就是要求合理地对发展成果进行分配,只有趋于公平、公正的分配方式,才能实现可持续发展。而公平、公正的发展逻辑不仅能促进可持续发展,而且这种平等性、公平性逻辑能激发整体性安全的实现,从而产生共享性安全,并最终通过群体的共同努力来实现持久性安全。因此,可持续发展与可持续安全之间是相辅相成的,二者统一于人类发展这一终极目标。正如"安全—发展联结"理论所言,人类社会对安全和发展的关注正在发生变化,安全发展化与发展安全化成为趋势。④可以说,可持续发展通过持续性的人类发展使人类社会产生保障长久安全的能力,而可持续安全又为人类长久发展提供保障。

① 习近平谈治国理政:第 1 卷[M].2 版.北京:外文出版社,2018:356.

② 习近平.论坚持推动构建人类命运共同体[M].北京:中央文献出版社,2018:209.

③ 贝克,邓正来,沈国麟.风险社会与中国:与德国社会学家乌尔里希·贝克的对话[J].社会学研究,2010(5):208-231.

④ 陈翔."安全—发展联结"下中国与东盟蓝色经济合作的安全基础[J].国际经济评论,2023(2):154-176.

（三）从共同发展到共同安全

国家安全的相对化、普遍化是影响国际安全稳定性与持久性的关键，只有实现国家在发展基础上的相对安全，才能最终促成世界的总体性安全。习近平提出，"世界足够大，容得下各国共同发展繁荣。一些国家越来越富裕，另一些国家长期贫穷落后，这样的局面是不可持续的"①。只有共同发展才是真发展，在一些国家发展的同时，一些国家在停滞或倒退，对于整个国际社会来说并没有实现发展增量。一些国家的发展建立在剥夺、削弱另一些国家发展的基础上，这不仅有损于国际发展秩序，是不道德、不公正、不合理的，而且也在剥夺弱国发展的同时剥夺了他们的安全感。只有在谋求自身发展时促进其他国家共同发展，最终才能保证自身与他国共享繁荣安全。在"一荣俱荣、一损俱损"的人类命运共同体之中，只有全球共同发展，才能防范和应对超越国界的各种危机与风险。

"一带一路"大多数合作国发展相对滞后，由此直接引发或间接诱发了不平等、不公正、矛盾、冲突、战争。难民问题即是后果之一。只有实现"一带一路"共建国共同发展，才能切断"不发展引发不安全、一国不安全引发他国不安全"的传导链。中国与"一带一路"共建国家的合作，以经济发展为抓手，将发展由国家层面向国际层面推进，为以发展促安全提供了现实案例。随着更多优质企业"走出去"，中国将先进的生产技术输送到沿线发展中国家，带动其技术进步，在增强其自身"造血功能"和经济内生发展的同时，也缩小了"一带一路"共建国家与发达国家之间及其彼此之间的贫富差距，并实现以共同发展带动共同安全。通过农业合作提高农作物产量，无疑有助于保障粮食安全；通过疾控合作提升健康治理能力，自然有利于促进卫生安全；通过减贫合作增加国民收入和国家实力，同样有益于实现共同发展、迈向发展安全。"一带一路"正在以生动的实例向世人表明，以"可持续发展合作"推动"可持续安全合作"，是促成"一带一路"安全共同体形成的现实之路。

---

① 中共中央党史和文献研究院.习近平关于总体国家安全观论述摘编[M].北京：中央文献出版社,2018:232.

二、构建"一带一路"安全共同体的困境

构建"一带一路"安全共同体反映了共建国对于确保发展安全、扩大安全合作以及维护区域安全的迫切需要和良好愿望。但客观来看，"一带一路"安全共同体建设任重道远。学界普遍认为，"一带一路"共建国具有经济发展不平衡、地缘政治矛盾问题突出等特点，[①]并伴随着域外大国的势力介入等因素，致使安全合作存在较大阻力。[②]具体来看，导致"一带一路"共建国家安全合作困难有三个方面的原因。

(一)安全合作难度系数高

截至 2024 年 4 月，"一带一路"倡议已签约 154 个国家，涉及亚欧非大陆的诸多国家，有横跨地理区位广、共建国家多等特点。经济相对落后的现实意味着"一带一路"沿线的基础设施落后，难以在跨度长、范围广的基础上满足安全合作的基础条件。相关学者对"一带一路"倡议所涉及的区域进行了分层：陆路上的"一带"可分为核心区、扩展区和辐射区，[③]跨度涉及亚、欧、非三个大洲；海路上的"一路"则起始东南亚航线，终至波斯湾，横跨太平洋、印度洋与红海。[④]通常来看，成员国间的互联互通程度决定了经济依赖度，而经济依赖度又决定着安全合作保障度。"一带一路"沿线各国与中国的设施联通、贸易畅通这十年来有了很大进步，但沿线各国之间的联通度和依赖度还有很大的提升空间，加上这么多的国家、这么大的范围，其安全合作难度系数有多大，是构建安全共同体不得不考虑的现实。

---

① 张明.直面"一带一路"的六大风险[J].国际经济评论,2015(4):38-41.

② 李晓,李俊久."一带一路"与中国地缘政治经济战略的重构[J].世界经济与政治,2015(10):30-59.

③ 白永秀,王颂吉.丝绸之路经济带的纵深背景与地缘战略[J].改革,2014(3):64-73.

④ 陈万灵,何传添.海上丝绸之路的各方博弈及其经贸定位[J].改革,2014(3):74-83.

（二）民族、宗教、文化差异大

"一带一路"沿线民族、宗教与文化差异突出。如中亚地处亚欧大陆的腹地，向东是中国古老的儒家文明，向西北是希腊文明，向西南跨里海与波斯文明相通，向南则是多文化的印度。在这个文明交会的十字路口，虽然大多数居民是穆斯林，但其他宗教在中亚地区始终有自己的信徒。在伊斯兰教之前，佛教、琐罗亚斯德教（拜火教）等也曾在中亚传播过。伊斯兰教之后，又有东正教、基督教等传入。中亚也是语言文化的万花筒：乌兹别克斯坦人、哈萨克斯坦人、吉尔吉斯斯坦人和土库曼斯坦人属于突厥语系，塔吉克人操东伊朗语，俄罗斯人、乌克兰人、白俄罗斯人属斯拉夫语系。有一些小的民族，也保留了自己的语言，比如中亚的东干人等。① "长期以来各民族间既有相互往来、友好亲善的一面，也有因历史积怨、文化差异、语言隔膜以及国家民族政策失当、社会经济恶化等因素所造成的利益纠纷。苏联解体、冷战结束，在分裂主义、极端主义和恐怖主义泛滥的国际背景下，这些国家的民族关系出现了一些新的特点，变得更加复杂，成为影响中亚稳定的重要因素。"② 东南亚及"一带一路"沿线其他板块也存在类似问题，每个板块内部也呈现民族、宗教和文化的多样性。仍以中亚为例，五国原同属于苏联，独立后都是多民族国家，哈萨克斯坦共和国约有 140 个民族，其中哈萨克族占 70.6%，俄罗斯族占 15.1%；③乌兹别克斯坦共和国有 130 多个民族，其中乌兹别克族占 80%，俄罗斯族占 5.5%，塔吉克族占 4%；④土库曼斯坦有 120 多个民族，其中土库曼族占 94.7%，乌兹别克族占 2%，俄罗斯族占 1.8%；⑤吉尔吉斯共和国有 80 多个民族，其中吉尔吉斯族占 73.3%，乌兹别克族占 14.7%，俄罗斯族占 5.6%；⑥塔

---

① 孙壮志.多元文明交融的中亚[N].光明日报，2019-05-13(14).
② 李琪.中亚国家的民族关系与地区安全[J].中国边疆史地研究，2007(2):136-143.
③ 哈萨克斯坦国家概况[EB/OL].[2023-12-01].https://www.mfa.gov.cn/web/gjhdq_676201/gj_676203/yz_676205/1206_676500/1206x0_676502/.
④ 乌兹别克斯坦国家概况[EB/OL].[2023-12-01].https://www.mfa.gov.cn/web/gjhdq_676201/gj_676203/yz_676205/1206_677052/1206x0_677054/.
⑤ 土库曼斯坦国家概况[EB/OL].[2023-12-01].https://www.mfa.gov.cn/web/gjhdq_676201/gj_676203/yz_676205/1206_676980/1206x0_676982/.
⑥ 吉尔吉斯斯坦国家概况[EB/OL].[2023-12-01].https://www.mfa.gov.cn/web/gjhdq_676201/gj_676203/yz_676205/1206_676548/1206x0_676550/.

吉克斯坦共和国有 86 个民族，其中塔吉克族约占80％，乌兹别克族占15.3％，俄罗斯族1％。①这些差异无疑会对共同安全意识、共同体意识的形成有一定影响。

（三）地缘矛盾、冲突与争端多

其一，地缘政治矛盾普遍存在于"一带一路"沿线。历史性的遗留问题和领土主权的争议时常与地缘政治博弈相交织，对地区的安全稳定带来冲击和影响。如中亚五国不仅民族构成上相互嵌套，而且在领土上也相互交错，乌兹别克斯坦、吉尔吉斯斯坦、塔吉克斯坦拥有全世界最复杂的国界线，由此导致其领土、水源方面的纠纷与冲突。"一带一路"沿线的领土争议问题与海洋权益争端由来已久，在短时期内难以解决。其二，域内大国对"一带一路"进行牵制和对冲。印度是沿线大国，在它看来，"一带一路"项目在南亚的实施影响了印度在南亚的霸主地位，使其战略缓冲地带受到了"挤压"，中国正在陆路与海上联合"包围"印度。②因此，印度在"一带一路"倡议中表现得十分消极，并且显示出试图通过与西方的合作打破所谓的中国"包围"之势。印度自身的"季风计划"作为串联南亚各国的经济战略，被视为是对抗"一带一路"倡议的反制战略。同时，印度希望拉动阿富汗与伊朗开展新"南方丝绸之路"行动，以此牵制"一带一路"倡议。日本将"一带一路"建设视为中国的地缘政治工具和对外经济战略，一方面积极与美、印、澳乃至欧洲国家组建"科技同盟"和供应链合作网络排挤中国，加强与印度、非洲的基建合作以对冲"一带一路"项目；另一方面，宣扬所谓"经济胁迫论""投资不透明论""债务陷阱论"，攻击"一带一路"对外经济合作模式，鼓吹日本的"高质量基建"及"高标准规则"。其三，域外力量的干涉进一步加剧了"一带一路"建设面临的复杂环境。美国试图依托"印太战略"挑起中印之间的地缘政治矛盾，还力图钳制中国与俄罗斯在中亚的经济战略。在东南亚，美国试图利用中国和东南亚国家的历史和现实问题挑起事端，助长了一些国家"在经济上靠中国、在安全上靠美国"的投机思路，导致一些国家在安全合作中投美所好、对华施压，也令一些国家在与中国开展共建

---

① 塔吉克斯坦国家状况［EB/OL］.［2023-12-01］.https://www.mfa.gov.cn/web/gjhdq_676201/gj_676203/yz_676205/1206_676908/1206x0_676910/.

② 林民旺.中印战略合作基础的弱化与重构［J］.外交评论（外交学院学报），2019（1）：28-48.

项目时出尔反尔、左右逢源，这些给"一带一路"建设和地区安全稳定平添了不少变数。

综合而言，"一带一路"安全合作、安全共同体建设面临很多挑战与困难，这是毋庸讳言的。这些因素也不同程度地存在于其他区域安全合作中，不同的是，"一带一路"沿线欠发达和发展不平衡等因素具有加剧这些风险和动荡的乘数效应。与发展问题紧密相连的还有个别国家内部政治局势不稳、安全风险危机频发问题，恐怖主义、海盗犯罪、电信诈骗、贩卖毒品、网络犯罪等危机也会因为不发展而恶化和扩大。归根结底，影响"一带一路"安全共同体建设的深层次问题是发展问题。

三、构建"一带一路"安全共同体的路径

构建"一带一路"安全共同体从目的上看是安全构建，只有构建"一带一路"安全共同体才能从根本上消除发展隐忧。但从"一带一路"建设所面临的安全问题来看，引发政局不稳、地缘矛盾、恐怖主义等问题的总根源仍在于"一带一路"共建国家的发展不充分、不平衡、不自主。要解决这些问题需要从长计议，只有共同解决好经济落后和贫困问题才能进一步将"一带一路"共建国家安全合作上升为安全共同体建设。西方学者主要从建构主义视角来分析安全共同体，如卡尔·多伊奇（Karl W. Deutsch）更为强调安全共同体构建中的交往性路径和规范性路径，即通过广泛交流来形成主体间的身份认同。①但西方安全共同体理念的解释力和适用性是有限的，"一带一路"安全共同体是针对沿线发展中国家在和平发展合作过程中出现的问题提出的中国式解决方案，是对西方安全共同体思想的批判超越。

（一）以发展促安全推动安全观念的转变

"一带一路"安全共同体的基本理念是以发展促安全，在发展中实现安全，将安全寓于发展之中，使安全与发展融为一体。作为倡导者、推进者的中国深

---

① DEUTSCH K W，et al. Political community and the North Atlantic area［M］. Princeton：Princeton University Press，1957.

知,只有通过共同发展,才能使沿线的欠发达国家尽早摆脱贫困,以自身能力实现全面发展、维护自身安全,以此形成利益共同体、发展共同体和安全共同体,从根本意义上促成地区安全。这与"一带一路"倡议以促进各共建国共同发展的目标导向是相契相合的。贫穷落后国家无力消除自身安全隐患,无法通过自身能力来获得安全,更无助于保障地区安全。发展是安全的基础,安全是发展的条件,二者对立统一。世界上并不存在没有物质基础的安全,也不存在没有发展保障的安全。习近平强调,"'一带一路'建设离不开和平安宁的环境","古丝绸之路绵亘万里,延续千年,积淀了以和平合作、开放包容、互学互鉴、互利共赢为核心的丝路精神",其名垂青史之处在于"使用的不是战马和长矛,而是驼队和善意;依靠的不是坚船和利炮,而是宝船和友谊","一代又一代'丝路人'架起了东西方合作的纽带、和平的桥梁"。①因此和平合作是丝绸之路的宝贵遗产,也是今天共建"一带一路"不言而喻的基础要义。"一带一路"沿线发展中国家正面临着贫穷、落后与不安全的多重压力,使发展与安全难以两全。统筹好安全与发展,积极推动以共同发展促进共同安全是"一带一路"安全共同体建设的基本理念。

为此,应推进"一带一路"倡议下新安全理念的构建,在新安全观视域下,"一带一路"安全共同体包含以下几方面含义。从安全主体上看,"一带一路"安全共同体包括所有共建国的安全,共建国的安全都应该得到尊重和保障,所有国家不分大小一律平等,凡事共商共建,做重要决策时奉行协商一致原则。从安全内容上看,"一带一路"安全共同体围绕发展安全,坚持"发展就是最大安全"②,注重综合安全,统筹各领域安全,既注重传统安全问题,更强调能源安全、金融安全、供应链安全、信息安全、海陆通道安全、生产贸易安全、粮食安全等发展性安全,也重视恐怖主义、跨国犯罪、电信诈骗、毒品贩卖、生态安全、流行性疾病等非传统安全问题。从安全架构上看,"一带一路"是开放包容的国际合作平台,安全共同体的构建既关注共建国家的自身安全,又关注共建国家之间的相互安全、共同安全;既着眼于地区安全、周边安全,也着眼于亚欧大陆之外所有合作国、共建国、签约国的安全,同时还放眼国际安全、全球安全。从实现方式上看,"一带一路"安全共同体强调以发展促安全、以合作固安全,信奉发展是安全的基础,合作是安全的保障。从发展出发,基于发展、为了发展,追求共同安全、合作安全、相互安全,树立共同安全意识,维护安全合作秩

① 习近平谈治国理政:第2卷[M].北京:外文出版社,2022:506-507,511.
② 习近平谈治国理政:第1卷[M].2版.北京:外文出版社,2018:356.

序,从而不断使发展安全观念内化,形成集体安全共识。因此,发展是手段,是保障,是"一带一路"安全共同体的建设方式,也是其不同于西方以军事谋安全的本质特征。从安全目标上看,"一带一路"安全共同体超越意识形态、社会制度、宗教文化、民族种族、地理区域的差异甚至双边矛盾或争端,将沿线国、合作国、共建国、签约国乃至全人类视为不可分割的安全共同体,追求安全发展、持久安全和共同繁荣,最终迈向人类命运共同体。当然,这一过程无法一蹴而就,也非一路坦途,需要在"一带一路"经济与发展的合作中,不断践行以发展促安全理念,使欠发达国家在获得发展利益的同时,实现人民安居乐业、社会稳定有序、整体更加繁荣。这是"一带一路"共建的意义价值,也是"一带一路"安全共同体不同于西方军事集团的根本所在。在这一过程中,形成以发展促安全的共同理念非常关键,这是形成"一带一路"安全共同体的信念和动力,也是克服外在干扰干涉和威胁利诱的前提和保障。新世纪以来的恐怖袭击及由此引发的多场战争、地区动荡、政权更迭和最新地缘冲突无不提醒人们,不发展就是不安全、安全才能发展,以发展保安全、以安全稳发展的逻辑才适合发展中国家安全建设的现实,加入某一军事集团、签署攻守同盟条约只会将自己捆绑在霸权国的战车上,不是正确的安全谋求之道,也不符合全球一体的时代潮流。

(二)在联动发展中推进区域安全一体化

习近平认为,互联互通"有利于降低物流成本、创造需求和就业、发挥比较优势和后发优势,在全球供应链、产业链、价值链中占据有利位置,提高综合竞争力"[①]。互联互通的优势在于提升一体化区域内的资源整合与分配能力,在减少交易成本的基础上实现整体区域的共同发展。具体而言,互联互通将从两个维度推动区域一体化,即经济层面的一体化与安全层面的一体化。从"一带一路"沿线欠发达国家的数量来看,应先通过互联发展来实现区域内的经济一体化。区域经济的一体化将有效地实现产品要素的自由流动,在提升竞争力的同时,实现资源的优化配置。经济一体化的实现,将有效地提升区域内各国的共同发展。为此,一要推进基础设施的进一步联通,减少空间距离对交易成本的影响。二要推进制度、规则、平台对接联通,减少制度性交易成本对经济联通的阻碍作用,努力做到软硬两个方面的联通并驾齐驱。近十年来,"一

① 习近平谈"一带一路"[M].北京:中央文献出版社,2018:48.

带一路"共建国在基础设施的互联互通以及政策平台对接、规则制度联通方面成绩斐然，共建国家的交往便利性呈现逐年利好的态势。同时，在战略合作、双边与多边合作及制度性管理方面，中国也与"一带一路"共建国家进行积极的磋商，并在联动发展的框架内形成了稳定的地区合作架构。随着一体化大市场、多层次大流通、陆海空大联通、文化大交流继续推进，地区经济一体化的范围和深度不断拓展，这将为区域安全一体化奠定经济基础，从而为"一带一路"安全共同体的建构铺设基石。

协同联动发展有助于"一带一路"区域内各国形成共同安全需要、催生区域安全一体化的建立。安全共同体意识是在你中有我、我中有你的相互需要中生成的，安全共同体建设是在利益交融、安危与共、唇齿相依的客观背景下推进的。2013年建设之初，中国与"一带一路"沿线国家的货物贸易额是1.04万亿美元，2022年增至2.07万亿美元，年均增长8%。①十年前，与沿线国家的总贸易额占我国全球贸易比重是1/4，2022年该比重已变为1/3。其中俄罗斯和东盟国家对华贸易增长迅速，堪称典范。"一带一路"建设十年来，我国对外贸易总额增长了约50%，而与俄罗斯的贸易则增长了近100%，与东盟国家更是增长了近200%。由此可见，"一带一路"对外贸的带动作用在沿线国家和我国近邻中体现得最为明显。②这一点从中国海关发布的2022年统计数据中得到了进一步印证——全年中国对亚洲的贸易占中国对外贸易总额的50.58%。其中，东盟依然是中国最大的贸易伙伴，在东盟十国中，中国是越南、马来西亚、泰国、印尼、新加坡、菲律宾、柬埔寨、缅甸等八个国家的第一大贸易伙伴，是老挝第二大贸易伙伴和文莱的第三大贸易伙伴。同时中国也是马来西亚、老挝、柬埔寨、泰国、文莱的第一大投资来源国，是缅甸和印尼的第二大投资来源国，是菲律宾的第三大协议外资来源国。中国与西亚和中东地区的贸易也大幅增长，尤其是进口贸易额快速攀升。因此可以说，沿线各国的联动发展、相互依赖、共同繁荣正在成为现实。习近平强调，"一带一路"要"实现经济大融合、发展大联动、成果大共享"③，"亚太互联互通和基础设施建设

---

① 我国与"一带一路"沿线国家货物贸易额十年年均增长8%[EB/OL].(2023-03-02)[2023-04-15].http://www.scio.gov.cn/31773/35507/35510/35524/Document/1737330/1737330.htm.

② 何伟文精讲"一带一路"十年关键成就[EB/OL].(2023-06-24)[2023-06-25].https://view.inews.qq.com/k/20230624A05CB300? no-redirect＝1&web_channel＝wap&openApp＝false.

③ "一带一路"国际合作高峰论坛重要讲话[M].北京：外文出版社，2017：8.

不仅是实现区域经济一体化的前提,更事关各方长远发展。我们要共同致力于构建覆盖太平洋两岸的亚太互联互通格局,通过硬件的互联互通,拉近各经济体的距离,为连接亚太、通达世界铺设道路;通过软件的互联互通,加强政策、法律、规制的衔接和融合,携手打造便利、高效的亚太供应链;通过人员往来的互联互通,促进人民友好往来,让信任和友谊生根发芽"①。经济一体化是安全一体化的根基,这个在理论上国内外学者已经达成共识,在实践上已经从欧盟、东盟的一体化进程中得到验证。"一带一路"安全共同体不同于其他安全共同体,是基于发展的安全共同体,正是通过联动发展、互为贸易投资伙伴形成的。在这个意义上,"一带一路"安全共同体与发展共同体是相向而行、同步进行的,本质上是一个共同体,即人类命运共同体。

(三)用发展性安全模式引导共同体的构建

仅仅通过安全观念的转变、区域一体化的联结,只能解决"一带一路"共建国的安全合作问题,彼此间仍旧可能存在差异、分歧和矛盾。只有真正意义上的和睦友好、志同道合、安危与共才能将"一带一路"共建国凝聚为牢固的共同体。如果说安全观念的转变是前提,区域一体化联动是基础,那么发展性安全模式则是迈向"一带一路"安全共同体的关键。发展性安全模式是通过发展的协同与整合,在日益密切的发展合作基础上形成的相互理解、相互认同的安全协同合作模式。这一模式不同于北约的军事性安全模式,北约通过确立共同的敌人、展开对抗性行动而巩固其同盟关系,其本质是排外性集团。"一带一路"安全共同体不对抗、不排外,更没有"假想敌",它是基于发展、为了发展、在发展中结成的共同体,是发展道路上的同行者,不是攻守同盟的集团军。首先,实现共同发展是基础。发展不平衡就容易导致纷争与矛盾,也就难以形成合力来共同维护彼此的安全。经济发展是"一带一路"建设的基础性工程,抓住项目建设、走廊建设、园区建设机遇,通过点、线、面结合将所有共建国家融入共同发展的朋友圈之中,一起分享发展成果。"一带一路"沿线越发展越繁荣、互信程度越高,构建安全共同体的意愿就越强,纽带就越牢固。其次,实现共同安全是结果。"一带一路"安全共同体不是为了建构安全共同体而特地构建的,而是在共同发展过程中为了共同应对发展挑战、维护发展机遇、保障发

---

① 习近平.谋求持久发展 共筑亚太梦想:在亚太经合组织工商领导人峰会开幕式上的演讲[N].人民日报,2014-11-10(2).

展安全而推动形成的,这是一个水到渠成的过程和结果。在"一带一路"倡议持续推进共同发展、经济一体的过程中,相互联系、相互依赖、利益交融、兴衰相伴、休戚与共的协同安全意识、互促安全机制逐步形成。

发展性安全范式需要从理念引导、利益塑造、精准合作的维度层层推进。其一,"一带一路"发展性安全范式是共商共建的安全范式。当前的国家安全已不再是孤立的、单向度的,"任何一个国家的安全问题积累到一定程度又会外溢成为区域性甚至全球性安全问题"①。因此,在相互依存的时代背景下,零和思维将愈发导致安全困境的不可调和。同时,面对复杂的全球风险及全球性安全问题,大国独立解决也愈发难以维系高昂的制度成本。因此,营造共商共建的合作式安全理念能最大限度地保障沿线的整体性安全。其二,"一带一路"发展性安全范式是共享共存的安全范式。固态的、防范式的安全维护模式将难以实现成本与收益的平衡。在信息社会中,"想做蜗牛行不通了,人家不用炸你的围墙,一场金融风暴就可以使你经济倒退几十年"②。伴随着全球相互依存度的不断加深,陈旧式的冷战思维已难以维持安全"成本—收益"的权衡计算。个体安全与集团安全在全球性风险的倒逼下已逐步嵌入人类整体性安全之中。因此,共享共存式的安全模式才能在降低安全成本的前提下保障安全,避免共建国家陷入"高成本、低安全"的战略困境。③其三,"一带一路"发展性安全范式是务实合作的安全范式。有学者指出,在应对安全威胁方面共同利益越多,则安全合作越可能实现。反之则合作难以实现,甚至不合作。④因此,当前的安全合作"要着眼各国共同安全利益,从低敏感领域入手,积极培育合作应对安全挑战的意识,不断扩大合作领域、创新合作方式,以合作谋和平、以合作促安全"⑤。"一带一路"沿线联合反恐协作、联手打击跨国犯罪、实行疫情联防联控等,都是基于现实需要的务实合作。在此基础上形成稳定的发展性安全范式是"一带一路"安全共同体逐步形成的重要抓手。

---

① 中共中央党史和文献研究院.习近平新时代中国特色社会主义思想学习论丛:第4辑[M].北京:中央文献出版社,2020:15.

② 王秀玉.从经济学角度透视国家安全观[J].学习论坛,2002(8):20-21.

③ 刘江永.可持续安全论[M].北京:清华大学出版社,2016:165.

④ 杨恕,王术森.议题性质、威胁认知、共同利益与"可合作安全"[J].国际安全研究,2018,36(2):3-22.

⑤ 习近平谈治国理政:第1卷[M].2版.北京:外文出版社,2018:355-356.

（四）以制度安全夯实共同体建设的根基

虽然"一带一路"共建国家在反恐与打击跨国犯罪、公共卫生安全、粮食安全等领域内形成了诸多安全合作,但仍具有偶发性与短效性的特点。事实上,"一带一路"安全合作仍缺少安全合作的长效机制,这也是"一带一路"安全共同体建构的短板之一。因此,需要在夯实安全理念与推动一体化建设的基础上,加强安全制度建设。制度矩阵具有报酬递增特征[①],制度通过规则来减少不确定性,以实现主体通过遵循制度框架获得稳步收益的可能。制度建立需在增加获益及削减不确定性方面着手,即通过制度性联合供给、联结制度性框架及制度建构多边参与的方式来实现制度建构。其一,坚持制度性联合供给。区域安全作为公共产品,存在"提供全球公共产品的义务和享受全球公共产品带来的实惠之间'权责不一致'的现象"[②]。单方面维持安全的制度性供给无法克服义务与责任不统一的矛盾,也容易加剧安全困境的产生。习近平指出,"国际规则应该由各国共同书写,全球事务应该由各国共同治理,发展成果应该由各国共同分享"[③]。因此,让"一带一路"各共建国共同承担区域安全治理成本,平等分享治权与利益,营造制度性联合供给模式,将能实现沿线各国获益与成本的平衡,从而将制度建设推向长效化发展。其二,促进区域性制度框架对接。当前,"一带一路"沿线已存在许多较为稳定的合作组织,上合组织、东盟、欧盟、集安组织、非盟等国际组织对"一带一路"区域内的安全维护提供了一定的制度性保障。尤其在制度衔接方面,上述国际组织也能起到"桥梁"作用,并借助"一带一路"平台来实现区域性安全制度框架的对接,最大限度地实现国家间不确定的削减,从而起到事半功倍的效果。其三,制度建构的多边参与。制度的贯彻与执行始终在人,也只有符合多方利益的制度才能真正意义上被人们所接受。曼瑟尔·奥尔森（Mancur Olson）认为,有理性的、寻求自我利益的个人不会采取行动来实现他们共同的或集团的利益。[④] "一带一路"共建国家自身的安全利益复杂多样,对安全的诉求差异较大,容易形成集

---

① 道格拉斯·诺思.制度、制度变迁与经济绩效[M].杭行,译.上海:上海人民出版社,2014:8.

② 任琳.多维度权力与网络安全治理[J].世界经济与政治,2013(10):38-57.

③ 习近平谈治国理政:第2卷[M].北京:外文出版社,2017:540.

④ 曼瑟尔·奥尔森.集体行动的逻辑[M].陈郁,等译.上海:上海人民出版社,1999:2.

体行动的困境。因此,安全制度的厘定就需要尊重各方利益,使制度订立的各方均参与到制度建设中来,以促使各方的利益均能实现,避免出现集体行动的困境。习近平强调,"'一带一路'是大家携手前进的阳光大道,不是某一方的私家小路。所有感兴趣的国家都可以加入进来,共同参与、共同合作、共同受益"①。只有在制度建设中吸纳多方意见,不搞"一言堂",才能真正做到安全领域的共同合作与共同受益。因此,加快实现机制的协同协作和制度建设的多方参与,将能为未来安全制度的贯彻与落实奠定坚实基础。

总之,在共建国家安全观念的转变及区域一体化安全逐步推进的基础上,努力促成发展性安全模式,并以制度安全为根基,促进"一带一路"安全合作机制迈向稳定化与长效化,是逐步迈向"一带一路"安全共同体的可行性路径。在世界百年未有之大变局加速演进与新冠疫情和俄乌、巴以冲突交织叠加的背景下,尤其是在美西方国家组建"小院高墙"围堵中国发展和"一带一路"共建的国际局势下,构建"一带一路"安全共同体的需求被提上了日程。我国倡导的安全共同体理念在对共建国家和人类整体利益的关切中,将共同发展与共同安全相衔接、相融合,推动共建国家通过共同发展实现共同安全、通过共同安全推进共同发展,回答了"一带一路"倡议如何统筹发展与安全的现实问题,树立了不同于西方以军事谋安全的发展性安全新范式,开辟了"一带一路"共建以发展促安全、携手迈向安全共同体的新路径。

---

① 习近平谈治国理政:第 4 卷[M].北京:外文出版社,2022:493.

第四章　构建"一带一路"太空治理共同体的理念与实践

　　构建"一带一路"太空治理共同体回应了共建国家参与太空治理、开发太空资源的现实诉求,是中国参与引领太空治理、与共建国家开展太空合作的思路方案。在基本理念方面,构建"一带一路"太空治理共同体以开放包容为前提,以和平利用太空为底线,以主权平等为原则,以构建人类命运共同体为目标。在具体实践方面,通过出台文件政策完善太空治理的顶层设计,通过创立平台机制提供共建国家太空合作的制度保障,通过培训人才队伍助力合作项目落地开花。推动构建"一带一路"太空治理共同体,有助于带动共建国家深度参与太空治理合作,共同推动国际太空治理朝着公正合理的方向发展。

　　自"一带一路"倡议提出以来,中国同共建国家进行了全方位、多领域的合作。十年来,中国在国际太空治理领域无论是载人航天、深空探测还是航天基建都取得了巨大成就,中国的太空活动既为自身成为航天强国奠定了基础,也"为人类和平利用太空、推动构建人类命运共同体作出开拓性的贡献"[①]。2021 年 9 月 15 日,习近平视察陕西时强调,我国"要开展太空安全国际合作,提高太空危机管控和综合治理效能"[②]。习近平主席的指示为我国参与太空治理指明了方向。根据《2021 中国的航天》白皮书,中国航天发展服务于"一带一路"空间信息走廊建设,同时与沿线国家和地区加强遥感、导航、通信卫星和人才培养的应用合作。[③] 因此,推进"一带一路"太空治理共同体建设,是拓

---

　　① 习近平致电代表党中央、国务院和中央军委祝贺探月工程嫦娥五号任务取得圆满成功[N].人民日报,2020-12-17(1).

　　② 梅常伟.锻造能打胜仗精兵劲旅 全面提升履行使命任务能力[N].人民日报,2021-09-18(3).

　　③ 中华人民共和国国务院新闻办公室.2021 中国的航天[N].人民日报,2022-01-29(5).

宽共建国家合作领域、提高合作层次的重要举措，是推动构建人类命运共同体的重要内容，也是对国际太空治理的重要贡献。

一、构建"一带一路"太空治理共同体的现实背景

太空是继陆、海、空之后人类活动的第四疆域。随着人类对太空的探索，太空公共问题不断增多，太空治理成为全球治理的重要议题。太空公共问题主要集中体现在太空资源竞争问题、太空环境问题、太空安全问题等不同层面。[①] 由于太空开发有比较高的技术和资金门槛，仅有美国、俄罗斯、中国和欧盟等少数国家和地区拥有独立发射航天器进入太空的能力，绝大多数"一带一路"共建国家并不具备此项能力。因此，他们参与太空治理、开发太空资源的愿望便难以得到满足。构建"一带一路"太空治理共同体回应了当前的诉求，有助于使中国的太空探索助推太空治理、造福人类发展，"服务'一带一路'建设的空间合作，使航天发展成果惠及沿线国家，特别是发展中国家"[②]。

（一）"一带一路"共建国家参与太空治理面临基建设施缺口

共建国家参与太空治理需要人造卫星、地面发射场和观察站等太空基建设施，其中最为关键的是人造卫星，它在太空轨道中数量的多少影响着一个国家参与太空治理的话语权重。据统计，美国占据现存全球人造卫星数量的半壁江山（7123 颗），俄罗斯（1549 颗）次之，英国（652 颗）、中国（651 颗）、日本（202 颗）、印度（110 颗）紧随其后，其他国家的人造卫星数量均低于 100 颗，且大多为几颗至几十颗。[③] 可以说，卫星数量的分布情况极其不均匀。除美国外，绝大多数国家都有着卫星的需求缺口，尤其是"一带一路"共建国家中的非

---

① 张磊.国际太空治理探析：历史演变、影响因素与中国的参与[J].国际观察，2022（6）：108.

② 中华人民共和国国务院新闻办公室. 2021 中国的航天[N].人民日报，2022-01-29（5）.

③ Satellites by countries and organizations[DB/OL].（2023-06-25）[2023-11-28]. https://www.n2yo.com/satellites/? c＝&t＝country.

洲国家、中东国家,它们大多处于太空开发的起步阶段,很多国家甚至还未能拥有一颗属于自己的人造卫星。就像加纳通信和数字化部部长乌尔苏拉·奥尔苏-爱库福尔(Ursula Owusu-Ekuful)所言:"卫星不是奢侈品,而是帮助缩小全球处于落后的 27 亿互联网人口差距的必需品,因此我们期待互利合作。"[①]卫星保持正常运行,还需要相应的地面配套保障设施。例如,卫星地面站作为连接地面和卫星之间的枢纽传递信息,是"一带一路"共建国家使用卫星必不可少的地基。"一带一路"沿线区域对地观测数据的接收获取满足了"一带一路"数据需求,加强了"一带一路"空间信息获取、管理和调控的重要技术支撑。[②] 相较于高纬度国家,非洲国家很多处于低纬度地区,他们具有建设航天卫星发射航空港口的有利区位条件。[③] 然而,非洲国家至今还未在自己的发射场发射过卫星。吉布提身处非洲东部红海口、苏伊士运河出入口,是亚非欧市场的重要连接点和"21 世纪海上丝绸之路"的重要节点,具备成为重要交通枢纽的独特地理优势。2023 年 1 月 13 日,中国公司已与吉布提政府签署谅解备忘录,计划建设一个耗资 10 亿美元的商业航天港,其中包括 7 个发射台和 3 个火箭发动机测试设施。[④]

(二)"一带一路"共建国家参与太空治理面临资金技术难题

太空作为人类科技高精尖的高地,需要大量的资金投入。例如仅 2022 年,美国用于太空的支出就高达 620 亿美元,超过所有其他国家航天支出的总和(410 亿美元),其中中国的支出为 119.4 亿美元排名第二,日本的支出为 49

---

① Satellite is a necessity, not a luxury:Ursula Owusu-Ekuful to African leaders[EB/OL].(2022-11-12)[2023-06-25].https://www.ghanaweb.com/GhanaHomePage/business/Satellite-is-a-necessity-not-a-luxury-Ursula-tells-African-leaders-1660886.

② 郭伟,李宝明,方舟,等."一带一路"遥感卫星地面接收站网构建研究[J].卫星应用,2016,58(10):22.

③ 低纬度地区,地球自转线速度大,发射场建在低纬度地区,可以获得更大的初速度,从而节约能源。

④ DOUG M. Chinese companies to build commercial spaceport on the horn of Africa[DB/OL].(2023-01-13)[2023-06-25].https://parabolicarc.com/2023/01/13/chinese-companies-build-commercial-spaceport-horn-africa.

亿美元排名第三。① 如此庞大的支出,对于欠发达地区国家来说是望尘莫及的奢望,因为发射人造卫星的成本十分高昂。例如,美国联合发射联盟显示,火箭每次发射费用平均为 4.35 亿美元。"一带一路"共建国家众多,经济水平发展参差不齐。其中大部分亚非国家由于缺乏研究资金和航天技术,至今没有自主挖掘太空资源的能力,更多的是需要和航空大国合作。例如,非洲国家发射人造卫星往往需要航天大国的技术和资金支持。迄今,非洲的所有人造卫星都是从俄罗斯、中国、法国和美国等国家的外国发射台发射的。虽然大部分非洲卫星由非洲国家拥有,但其中许多卫星是通过与外国实体公司合作建造的,像非洲第一颗人造卫星 NileSat-101 是 1998 年 4 月 28 日由欧洲航天局从法属圭亚那库鲁发射的。不仅仅在卫星的研发方面,发展中国家在卫星的后续运营方面也需要依靠西方国家。例如,尼日利亚和英国萨里卫星技术有限公司展开合作,发射了 Nigeriasat-1 和 Nigeriasat-2 号卫星,但无论是工程师培训还是卫星运营均依赖英国。而西方国家与非洲的太空合作,并非互利共赢,而是隐含着苛刻的附加条件。"非洲的太空活动应主要由非洲人自己推动和资助,而非北方国家为非洲领导人所做以换取意识形态的结盟或地缘政治的效忠。"②

(三)"一带一路"共建国家参与太空治理面临制度瓶颈障碍

现有的国际多边太空治理制度诞生于 20 世纪 70 年代,逐步形成了"5+3"的治理机制。所谓"5"是 1967—1984 年经联合国大会批准通过的国际法规,分别为《关于各国探索和利用包括月球和其他天体在内外层空间活动的原则条约》(简称《外空条约》)、《关于营救宇航员、送回宇航员和归还发射到外空的实体的协定》(简称《营救协定》)、《关于外层空间物体造成损害的国际责任公约》(简称《责任公约》)、《关于登记射入外层空间物体的公约》(简称《登记公约》)以及《关于各国在月球和其他天体上活动的协定》(简称《月球协定》)。这5 个条约共同构成国际空间法的基本准则,其中《外空条约》被喻为国际空间

---

① MARTIN A. The governments with the largest space budgets[DB/OL].(2023-05-07)[2023-06-25]. https://www.statista.com/chart/29454/governments-with-the-largest-space-budgets.

② FABRICIUS P. Can Africa avoid getting sucked into the 21st-century contest, or should it also reach for the stars?[EB/OL].(2021-05-07)[2023-06-25]. https://issafrica.org/iss-today/africa-cant-stay-out-of-the-space-race.

法的"宪法"。所谓"3"是 3 个国际公认的参与国际太空治理的平台,即联合国和平利用外层空间委员会(Committee on the Peaceful Uses of Outer Space,COPUOS)、日内瓦裁军谈判会议(Conference on Disarmament,CD)和国际电信联盟(International Telecommunication Union,ITU)。"5+3"机制成为国际太空治理的基本机制,然而这一机制存在规则滞后、缺乏配合和一体化等制度性难题,导致难以系统全面地解决复杂的太空治理问题。近年来,"一带一路"共建国家也提出了一些制度性建议,试图对现有的太空治理体系进行补充。例如,中俄提出的禁止太空武器化条约草案(PPWT)、欧盟提出的太空行为准则(COC)等太空治理机制。但是这些机制尚未得到广泛关注和认可。可见,太空治理机制面临着短板空缺和制度障碍:一是供应少,有赤字;二是供应不均,制度不公。这些都是"一带一路"沿线发展中国家参与太空治理的瓶颈障碍。太空是全人类的共同财富,太空治理机制应该由各国共商共建,"一带一路"沿线发展中国家也应该参与到太空治理机制中来。显然,目前共建国家参与太空治理制度建设的能力还很不足,且被排除在现有美国主导的太空治理机制之外,由此也凸显了构建"一带一路"太空治理共同体的重要性和必要性。

(四)"一带一路"共建国家参与太空治理面临话语权掣肘

国际话语权一般而言,可分为理念价值上的话语权、规则制度上的话语权以及具体事务上的话语权。其中,理念价值上的话语权是关键,规则制度上的话语权是首要,具体事务上的话语权是基础。"一带一路"共建国家参与太空治理话语权的掣肘首要表现在理念话语权方面。"一带一路"倡议自提出以来,少数发达国家以西方的价值标准污名化中国的太空国际合作,冠之以"中国威胁论""太空扩张论""新殖民主义论",来揣测中国参与国际太空治理的动机。美国国防部 2022 年度的涉华报告中认为,中国在"一带一路"沿线投资建设的现代卫星星座群,正在用于情报和监视、定位导航和授时、高数据速率通信等。而且中国已经开发并将继续开发应用于对付在轨卫星的武器,以削弱和阻止对手的太空能力。[①] 美国外交事务委员会也声称:"中国的太空丝绸之

---

① United States Department of Defense. The 2022 national security strategy identifies the People's Republic of China[R/OL]. (2022-11-29) [2023-06-25]. https://media. defense. gov/2022/Nov/29/2003122279/-1/-1/1/2022MILITARY-AND-SECURITY-DE-VELOPMENTS-INVOLVING-THE-PEOPLES-REPUBLIC-OF-CHINA.PDF.

路通过北斗连接欧亚大陆和非洲,为中国及其'一带一路'合作伙伴提供民用和军用全球定位、导航和跟踪服务。影响第三国,控制第三国依赖的卫星导航产业和服务市场的份额。"①在制度话语权和具体事务方面,少数西方国家在国际太空治理规则的塑造过程中,垄断联合国外空委员会等太空治理国际组织的议程设置权、概念定义权、内容解释权、争议裁判权。例如,美国利用《外空条约》的漏洞,发展太空军事力量。因此,提升共建国家参与太空治理的国际话语权,是中国承担大国责任,推进全球太空治理改革的应有担当。

二、构建"一带一路"太空治理共同体的思想理念

构建"一带一路"太空治理共同体以开放包容为前提、以和平利用太空为底线、以主权平等为原则、以同共建国家构建太空领域人类命运共同体为目标,为"一带一路"太空治理共同体建设提供科学的理念指引。

(一)以开放包容为前提

开放包容的本质是尊重和接受不同国家和地区多样文化、宗教、制度等带来的差异性,不以自身的标准评价他人并尊重这些差异,通过对话、协商、合作和互相理解来解决矛盾分歧,实现和平共处和共同发展。"一带一路"太空治理共同体中所有成员在相互尊重各国发展道路的前提下,共同享有太空资源带来的发展红利,共同承担保护太空环境的责任,共同应对太空问题引发的挑战。而在西方国家主导的太空治理模式下,少数大国为了维持自己在太空领域的霸权地位,固守意识形态划界的冷战思维,擅自筑起太空合作的"小院高墙",搞西方太空联盟的"小圈子",阻碍正常的合作交流。例如,2011年,美国国会通过了"沃尔夫条款",以国家安全为理由首次以法律的形式限制中美之间的太空合作。自此之后,中国航天员一直被排除在国际空间站之外。登陆国际空间站的国家,绝大多数是西方国家,附和并符合美国所制定的标准,而世界上绝大多数发展中国家则被拒之门外。然而,国际空间站是一个太空公

① Foreign Affairs Committee. China regional snapshot:space[EB/OL].(2022-11-14)[2023-06-25].https://foreignaffairs.house.gov/china-regional-snapshot-space.

共服务平台,将地面上的地缘政治博弈复制到太空中是毫无意义的,违背了共同合作共同开发利用太空的目标。“一带一路”太空治理共同体主张在开放包容的基础上进行合作,为全人类提供“真正的太空公共服务平台”。中国已全面建成的天宫空间站,始终保持开放的态度,欢迎所有致力于和平利用外空的国家及地区与中国开展合作,并且已经逐步与多个国家、地区的航天机构展开沟通洽谈。唯有各国平等参与,充分认识到人类是密切相关、荣辱与共的命运共同体,将各自的优势充分发挥出来,国际太空治理才是公平、合理和高效的,否则人类最后一块净地也会沦为恃强凌弱、以大压小的围猎场,陷入低率无效、不合作的“公地悲剧”沼泽地。

(二)以和平利用为底线

鉴于太空特殊的地理位置属性,唯有一个安全稳定的太空环境才能让各国安全平稳地进行太空探索及开发活动。倘若在太空中火箭核弹短兵相接,地球轨道上垃圾碎片遍布,人类将无法进行正常的太空活动,人类在太空的利益也将荡然无存。所以,和平利用太空是人类参与太空治理的基本底线、最低原则。被誉为太空宪法的《外空条约》制定的基本原则就是确认各成员国是为和平目的探索和利用太空,是为了全人类的共同利益而探索外空,反映了全人类的共同愿望。然而,近年来一些国家打着“和平利用太空”的幌子,进行着军事化步伐,甚至干脆在本国的太空战略中将和平利用太空的原则进行替换。例如,头号航天强国美国在 2020 年年底,发布了最新的《国家太空政策》,提出行使所谓保卫国家安全的“太空自卫权”,以及同海洋“航行自由”类似的太空“出入自由”原则。[①] 2022 年,美国国防部发布的新版太空政策文件,甚至直接将太空视为“美国国家军事力量的优先领域”,提出要加强美外空军能力,以抵御“敌对行为”。[②] 这与和平利用太空背道而驰的规定成为美国太空行为遵循的新准则。又比如,日本在 2008 年通过新的《宇宙基本法》,修改了其 1969 年确定的“和平利用太空”原则;2023 年日本发布首份太空安保构想,认为太空

---

① National space policy of the United States of America[R/OL].(2020-12-09)[2023-06-25]. https://trumpwhitehouse. archives. gov/wp-content/uploads/2020/12/National-Space-Policy.pdf.

② Washington Headquarters Services. DoD Directive 3100. 10 space policy [R/OL].(2022-08-30)[2023-11-06].https://www.esd.whs.mil/Portals/54/Documents/DD/issuances/dodd/310010p.PDF.

已成为各国军事力量竞争的新舞台,渲染日本在太空领域面临的威胁不断增加,宣称日本将与同盟国一道维护所谓"太空稳定利用与自由进入"①,这都加快了太空军事化节奏。中国所倡议的"一带一路"以和平发展为初衷,旨在通过构建一个开放、普惠、包容、均衡的新型合作框架。中国的太空战略也一直遵照"和平利用、平等互利、共同发展"的原则,愿意与世界上所有致力于和平利用太空的国家和地区一道开展国际合作与交流。"一带一路"太空治理共同体建设,坚持和平发展、平等互利、合作共赢,结成利益共同体,把技术的互补性转化为发展的互助力,不断扩大利益交汇点,实现互惠共享、互利共赢的太空发展新格局,推动构建太空命运共同体。构建共商共建共享的"一带一路"太空治理共同体正是和平利用太空原则的重要体现。

(三)以主权平等为原则

主权平等理念的核心在于不论国家的大小、强弱或贫富,都应得到公正对待。国家的主权和尊严必须受到充分尊重,其他国家无权干涉其内政,每个国家都有权利自主选择适合自身的社会制度和发展路径。《外空条约》明确指出,外空和天体供一切国家在平等基础上自由探测和利用。"一带一路"沿线的发展中国家众多,在太空领域大都处于刚刚起步阶段,缺乏参与太空治理的客观条件,在原有的全球太空治理体系中长期处于弱势无权的地位。这些发展中国家开发和利用太空资源的权利长期被西方航天大国所掌控,很多国家为拿到进入太空的门票付出了高昂代价,为了发射一颗自己的人造卫星或租用一个卫星,不得不委曲求全答应西方大国的各种苛刻条件,这与主权平等原则是格格不入的。以美国为首的西方航天大国在同一些国家进行卫星发射等太空合作时,往往会要求其政治体制符合西式民主和人权标准。如同美国在《国家太空政策》中所宣称的那样,美国一直以来利用太空不仅致力于提高所有美国人以及世界各地人民的生活质量,还要推进民主、人权和经济自由的原则。② "一带一路"太空治理共同体强调以互利共赢为目的进行合作,恪守尊

重主权、相互平等的合作模式,就是为了让后发国家避免陷入太空先发国家所罗织的各种"陷阱",使各国能够平等参与太空资源的开发与利用,并致力于提升共建国家自主开发和利用太空资源的能力。只有如此,才能在太空领域遵守国家主权平等原则,保障沿线各国都能拥有开发和共享太空资源的能力,在此基础上形成一个各国携手进行太空治理的和谐共同体。

(四)以构建人类命运共同体为目标

共建"一带一路"是推动构建人类命运共同体的具体实践,构建"一带一路"太空治理共同体是这一实践的重要组成部分,也是推动构建人类命运共同体的一个方面。2018 年 11 月 14 日,习近平在致信祝贺亚太空间合作组织成立 10 周年时指出:"中国倡导世界各国一起推动构建人类命运共同体,坚持在平等互利、和平利用、包容发展的基础上,深入开展外空领域国际交流合作。"[①]中国领导人的呼吁在国际舞台上也得到了普遍认可。在联合国大会涉及外太空领域的决议中,人类命运共同体连续六年被写入。"作为全球的一个公共领域,外层空间与人类的安全和福祉密切相关体现了人类命运共同体的理念。"[②]《2021 中国的航天》白皮书中也提出要"在外空领域推动构建人类命运共同体、促进人类文明进步作出更大贡献","中国倡导世界各国一起推动构建人类命运共同体,坚持在平等互利、和平利用、包容发展的基础上,深入开展航天国际交流合作"。[③] 可以说,太空治理共同体是人类命运共同体的空间扩展,构建"一带一路"太空治理共同体是在太空领域建设人类命运共同体的具体方案。人类社会活动扩展到哪里,全球治理的范围就应该扩展到哪里,人类命运共同体理念就适用到哪里。太空作为全人类共同的"疆土",对所有国家都敞开大门,每个国家进行太空活动的机会都是均等的。[④] 然而在人类实际

---

① 习近平致信祝贺亚太空间合作组织成立 10 周年[N].人民日报,2018-11-15(1).

② 第 77 届联合国大会裁军与国际安全委员会,编号 99(cc)决议[R/OL].(2022-06-24) [2023-06-25]. https://documents-dds-ny. un. org/doc/UNDOC/GEN/N22/350/75/PDF/ N2235075.pdf? OpenElement.

③ 中华人民共和国国务院新闻办公室.2021 中国的航天[N].人民日报,2022-01-29 (5).

④ 1967 年《外空条约》第一条中明确规定:"探索和利用外层空间,包括月球与其他天体在内,应本着为所有国家谋福利与利益的精神,不论其经济或科学发展的程度如何,这种探索和利用应是全人类的事情。"

利用和开发太空的 60 余年中,个别国家利用自身强大的实力做后盾,试图垄断太空资源,增加了爆发冲突的风险。太空霸权化、武器化严重违反了人类和平利用太空的精神,成为太空安全的最大威胁,引发国际社会的广泛关注。建设“一带一路”太空治理共同体,促进共建国家携手同行,让持久和平、普遍安全的命运共同体意识融入太空利用和开发的过程中,共同维护共生共荣的太空治理共同体家园。

三、构建“一带一路”太空治理共同体的现实路径

中国从多个方面引领和推动“一带一路”太空治理共同体建设,通过出台多项文件和政策完善太空治理共同体的顶层设计,通过创立多个平台机制为“一带一路”太空治理提供制度保障,通过加强人员培训助力太空合作项目开花结果。

在“一带一路”太空治理共同体建设中,中国以“一带一路”空间信息走廊建设、北斗导航应用推广工程等项目为主要抓手,以同共建国家和地区的太空经济合作为主要目的,同时兼顾改善国际太空治理规则和提供太空公共产品。“一带一路”空间信息走廊以在轨和规划建设中的通信卫星、导航卫星及遥感卫星资源为主要天基设施,适当补充完善天基资源和地面信息共享网络,形成“感、传、知、用”四位一体的空间信息服务系统,为“一带一路”共建国家及区域提供空间信息服务能力,实现信息互联互通。① 当前全球太空治理的模式建立于美苏冷战期间,后经以美国为首的西方大国的发展,充斥着冷战思维和霸权主义色彩,难以满足中国深度参与全球太空治理的需要。中国通过建立“一带一路”太空治理共同体平台,与共建国家开展平等合作,共同分享璀璨的太空资源,共同参与太空治理,共同构建人类命运共同体。

（一）制定政策勾画“一带一路”太空治理共同体的建设图景

共建“一带一路”太空治理共同体是“一带一路”倡议布局的重要内容,太

---

① 《关于加快推进“一带一路”空间信息走廊建设与应用的指导意见》发布[J].卫星应用,2016,60(12):66-70.

空治理问题是中国在推进"一带一路"治理合作中所关注的重要领域。中国先后多次通过制定政策推动"一带一路"太空治理共同体建设。《愿景与行动》中的设施联通部分就提出,要完善空中(卫星)信息通道。[①] 2019年,中国国家航天局发布《中国航天助力联合国2030年可持续发展目标的声明》指出,"建设空间信息走廊,促进卫星资源开放共享,在服务中国经济社会发展的同时,更好地服务'一带一路'沿线国家,特别是广大发展中国家"[②]。中国还发布了《关于加快推进"一带一路"空间信息走廊建设与应用的指导意见》,主要包含七个方面:一是提升"一带一路"空间信息覆盖能力,二是鼓励我国相关企业"走出去",三是提供相关公共服务产品,四是带动空间信息装备与服务出口,五是加强区域空间信息产业合作,六是大幅度提高相关企业市场化、国际化水平,七是促进空间信息科技合作与交流。[③] 该指导意见搭建起空间信息走廊建设的四梁八柱,为"一带一路"太空治理共同体建设打下了坚实基础。2023年11月发布的《坚定不移推进共建"一带一路"高质量发展走深走实的愿景与行动——共建"一带一路"未来十年发展展望》再次强调,"要持续建设'一带一路'空间信息走廊,聚焦深空探测、防灾减灾、环境保护、海洋和农业应用、空间教育培训等重点合作领域,不断丰富'一带一路'空间信息走廊内涵,更好服务共建国家经济社会可持续发展"[④]。

中国不仅出台了关于"一带一路"太空治理共同体蓝图的总体规划,还通

---

① 国家发展改革委,外交部,商务部.推动共建丝绸之路经济带和21世纪海上丝绸之路的愿景与行动[M].北京:人民出版社,2015:9.

② 中国航天助力联合国2030年可持续发展目标[J].国防科技工业,2019(5):14.

③ 提升"一带一路"空间信息覆盖能力方面包括:(1)加速国家卫星系统建设;(2)加强与国际相关卫星系统合作;(3)积极推动商业卫星系统发展;(4)完善空间信息地面应用服务设施;(5)构建空间信息共享服务网络。带动空间信息装备与服务出口方面包括:(1)积极支持整星出口;(2)促进卫星关联产品及标准出口;(3)鼓励运营服务及应用系统出口。加强区域空间信息产业合作方面包括:(1)加强中亚、西亚、北非等区域空间信息产业合作;(2)加强21世纪海上丝绸之路空间信息产业合作;(3)推动航空物流空间信息服务示范;(4)加强"空间信息+"产业生态圈建设。大幅度提高市场化、国际化水平方面包括:(1)做大卫星运营服务企业;(2)做强空间信息服务企业;(3)加强空间信息成果共享服务。促进空间信息科技合作与交流方面包括:(1)共同支持空间信息相关科学前沿研究;(2)联合开展地球综合观测相关领域科技攻关;(3)加强多层次沟通与交流。参见《关于加快推进"一带一路"空间信息走廊建设与应用的指导意见》发布[J].卫星应用,2016,60(12):66-70.

④ 推进"一带一路"建设工作领导小组办公室.坚定不移推进共建"一带一路"高质量发展走深走实的愿景与行动——共建"一带一路"未来十年发展展望[N].人民日报,2023-11-25(3).

过一系列的政策文件充实其枝干。在利用遥感卫星推进全球地理信息资源开发方面,国家发展改革委与国家测绘地理信息局联合印发了《测绘地理信息事业"十三五"规划》,提出"要完成'一带一路'沿线及重点区域约4500万平方千米多分辨率数字正射影像、数字地表模型及地理名称等数据生产,开展中巴经济走廊、东盟非盟等重要区域的数字高程模型、核心矢量要素、多时相地表覆盖等数据生产"[①]。规划明确了为沿线国家提供地理信息公共数据的具体服务产品。在卫星遥感数据公共服务方面,中国通过了《国家民用卫星遥感数据管理暂行办法》和《国家民用卫星遥感数据国际合作管理暂行办法》两个政策文件,进一步向包括"一带一路"共建国家在内的国际社会提供卫星遥感数据方面的公共服务。在气象卫星服务方面,2018年4月,中国气象局、国防科工局和亚太合作组织共同签署《风云气象卫星应用合作意向书》,发布并启动《风云气象卫星国际用户防灾减灾应急保障机制》。同年11月,中国气象局和国防科工局印发《风云气象卫星服务"一带一路"行动计划(2019—2023)》,将风云气象卫星作为"一带一路"空间信息走廊的重要组成部分,同时也是我国航天和气象领域开展国际合作的标志性窗口。2020年1月,《风云气象卫星国际服务计划》正式发布,进一步为"一带一路"共建国家提供风云气象卫星服务资源,目前已向全球129个国家和地区的用户提供数据产品和服务(如表4-1所示)。太空治理共同体中各领域的政策文件共同构成了"一带一路"太空治理共同体建设的基本方向和遵循。

表4-1　风云气象卫星国际数据服务以及用户分布(不完全统计)

服务	国家与地区
风二直收站	蒙古国、朝鲜、尼泊尔、泰国等(9个)
风三直收站	津巴布韦、纳米比亚(2个)
CMACast 接收站	孟加拉国、印度尼西亚、马尔代夫、尼泊尔、蒙古国、马来西亚、巴基斯坦、泰国、菲律宾、乌兹别克斯坦、塔吉克斯坦、吉尔吉斯斯坦、老挝、斯里兰卡、朝鲜、越南、缅甸、伊朗、哈萨克斯坦(19个)
风三预处理 软件包	美国、俄罗斯、英国、韩国、澳大利亚、德国、印尼、挪威、泰国、巴西、波兰、日本、西班牙、希腊、瑞典、法国、乌克兰、蒙古国、芬兰、白俄罗斯、阿联酋、加拿大、马来西亚、玻利维亚等(30个)

---

① 国家发展改革委,测绘地信局关于印发《测绘地理信息事业"十三五"规划》的通知[J].中华人民共和国国务院公报,2017(14):51-61.

续表

服务	国家与地区
风云卫星气象应用平台（SWAP）	伊朗、越南、菲律宾、斯里兰卡、哈萨克斯坦、马来西亚、孟加拉国、蒙古国、俄罗斯等（110个）
绿色数据服务通道	吉尔吉斯斯坦、伊朗、塔吉克斯坦、哈萨克斯坦等国（47个）
应急机制注册用户	老挝、缅甸、伊朗、马尔代夫、泰国、菲律宾、阿尔及利亚、马来西亚、乌兹别克斯坦、突尼斯、蒙古国、尼泊尔、新西兰、阿曼、莫桑比克、吉尔吉斯斯坦等（31个）
数据共享	129个国家

来源：https://img.nsmc.org.cn/PORTAL/NSMC/VIDEO/FY4B/20230818/01-Belt_and_Road.pdf，访问日期：2023年11月6日。

（二）创建平台提供"一带一路"太空治理共同体的制度支撑

中国积极建设"一带一路"空间信息走廊，以此作为构建"一带一路"太空治理共同体独有的特色平台。自2016年启动以来，空间信息走廊建设已经初见成效，初步建成了以通信、导航、气象和遥感卫星为主的卫星系统，同时与部分共建国家开展发射卫星合作，为"一带一路"共建国家及区域提供空间信息服务能力。在卫星通信领域，我国已有20颗通信卫星在轨运行，建成了连接南亚、非洲、欧洲和美洲的卫星电信港。其中富有成效的是帮助共建"一带一路"非洲国家实施"万村通"卫星电视项目。截至2022年12月，"万村通"项目已顺利完成非洲21个国家的建设工作，覆盖非洲9512个村落，直接受益家庭超过19万户，实现覆盖的民众近千万。① 在导航卫星领域，北斗卫星星座网已经建成，2018年年底19颗北斗三号卫星实现"一带一路"全覆盖，并于2020年7月正式面向全球提供服务。相较于其他主要导航系统，北斗更聚焦于"一带一路"共建国家。来自美国卫星接收器公司Trimble的数据显示，北斗卫星比GPS更频繁地观测到195个主要国家中的165个国家的首都城市（占这些国家首都的85%），仅就埃塞俄比亚首都亚的斯亚贝巴，多达30颗北斗卫星

① 中国援非"万村通"项目造福千万非洲民众[EB/OL].[2023-06-01].https://www.yidaiyilu.gov.cn/xwzx/hwxw/305078.htm.

向亚的斯亚贝巴发射连续信号,是美国系统所发射信号的两倍。① 在气象卫星领域,风云气象卫星已被世界气象组织纳入全球业务应用气象卫星序列,成为全球综合观测系统的重要成员,为全球 129 个国家和地区提供气象数据服务。② 在卫星发射领域,中国帮助不少共建国家实现了卫星零的突破,阿尔及利亚、苏丹等国都在中国的帮助下叩开了太空的大门,中国与"一带一路"共建国家开展卫星发射合作的大致情况,如表 4-2 所示。

表 4-2　中国与"一带一路"部分共建国家开展卫星发射合作情况一览

合作国家	年份	卫星型号	卫星种类	合作模式
阿尔及利亚	2017	ALCOMSAT-1	通信卫星	中阿共同研制,中方发射
埃塞俄比亚	2019	ETRSS-1	遥感卫星	中埃共同研制,中方发射
埃塞俄比亚	2020	ET-SMART-RSS	遥感卫星	中埃共同研制,中方发射
苏丹	2019	SRSS-1	科学实验卫星	中方研制并发射,苏方运营
斯里兰卡	2012	Supreme SAT-Ⅰ	通信卫星	欧方研制,中方发射,斯方运营
斯里兰卡	2018	SupremeSAT-Ⅱ	通信卫星	中斯共同研制,中方发射
巴基斯坦	2018	PRSS-1、PakTES-1A	遥感卫星、科学实验卫星	中巴共同研制,中方发射
法国	2018	CFOSAT	科学实验卫星	中法共同研制,中方发射
土耳其	2013	TurkSat-3USat	通信卫星	中方研制并发射
玻利维亚	2013	Túpac Katari 1	通信卫星	中方研制并发射
老挝	2015	LaoSat 1	通信卫星	中方研制并发射
白俄罗斯	2016	Belintersat-1	通信卫星	中方研制并发射
委内瑞拉	2017	VRSS-1、VRSS-2	遥感卫星	中方研制并发射
沙特	2018	5A/5B	遥感卫星	中方研制并发射
波兰	2014	BRITE-PL2	遥感卫星	波方研制,中方发射
巴西	2019	CBERS-04A	遥感卫星	中巴共同研制,中方发射

数据来源:https://africanews.space/african-satellites,中国航天网等,因资料有限,此表为不完全统计,截止日期:2022 年 12 月 31 日。

---

① Nikkei Asia. In 165 countries,China's Beidou eclipses American GPS[R/OL]. (2020-10-25)[2023-06-25]. https://asia.nikkei.com/Spotlight/Century-of-Data/In-165-countries-China-s-Beidou-eclipses-American-GPS.

② 国家卫星气象中心.风云气象卫星服务"一带一路"及发展展望[EB/OL].(2023-08-18)[2023-11-06].https://img.nsmc.org.cn/PORTAL/NSMC/VIDEO/FY4B/20230818/01-Belt_and_Road.pdf.

中国不断完善双边及多边太空治理合作机制,和多个共建国家以及国际组织签署了多份双边、多边合作文件,开展全方位、多领域太空合作机制作为构建"一带一路"太空治理共同体的补充平台。自 2016 年以来,中国已与 19 个国家和地区、4 个国际组织,签署 46 项空间合作协定或谅解备忘录。[①] 在双边机制方面,有中国—斯里兰卡、中国—阿联酋等与单个国家的双边合作,也有中国—东盟、中国—非盟和中国—欧盟等与区域性集团的合作机制。中国与东盟之间主要通过设立中国—东盟"一带一路"空间信息走廊合作发展论坛等交流平台、中国—东盟空间信息技术创新示范基地、中国—东盟卫星导航国际合作联盟等机制,开展多样化渠道的合作。在多边机制方面,中国深度参与联合国全球卫星导航系统国际委员会各项活动,加入空间任务规划咨询组和国际小行星预警网等国际机制;积极推动在亚太空间合作组织、金砖国家航天合作联委会、上海合作组织太空合作机制等多边组织框架下开展太空治理合作;还支持国际电信联盟、地球观测组织、机构间空间碎片协调委员会、国际空间数据系统咨询委员会、国际空间探索协调组、机构间互操作顾问委员会等国际组织活动。这些合作机制和活动为构建"一带一路"太空治理共同体提供了有力支撑。

(三)交流培训助推"一带一路"太空治理共同体的人员合作

中国建立起了太空领域的中外人员交流合作机制,同共建国家一道分享太空开发的技术与治理经验,助力"一带一路"太空治理共同体建设。2017 年 4 月,48 所中外知名高校,签署了《"一带一路"航天创新联盟成立宣言》,标志着太空治理共同体的学术交流平台已经建立。2019 年 1 月,"一带一路"航天创新联盟首届冬令营在埃及举行,来自非洲地区 5 国 15 所大学的百余名师生通过参加各类科学技术讲座,探索空间科学与航天技术的奥秘。[②] 2021 年 11 月,中国政府发布的《新时代的中非合作》白皮书指出,中国积极向非洲国家分享科技发展经验与成果,推动双方科技人才交流与培养,以及在卫星互联网、航空航天、卫星遥感应用、航天人才培养等领域的合作。2009 年 6 月,中国首

---

① 中华人民共和国国务院新闻办公室.2021 中国的航天[N].人民日报,2022-01-29 (5).

② 邹松.中非航天合作务实推进[N].人民日报,2021-08-24(3).

位航天员杨利伟在联合国和平利用外层空间委员会第 52 届会议上发言,表达了中国和平利用太空加强国际合作的太空发展原则。① 2010 年,航天员杨利伟、刘伯明访问纳米比亚,在纳米比亚掀起一股"中国航天热"。2019 年,航天员刘洋和陈冬再次出访纳米比亚。中纳开展航天合作 20 多年来,在中方帮助下,越来越多的工程师成为纳米比亚航天领域骨干。经过多批次培训,纳方技术人员已能独立完成测控任务,并形成人才梯队。设在中国北京航空航天大学的联合国附属空间科学与技术教育亚太区域中心,积极开展对非洲的航天相关领域教育培训工作,2014 年以来先后在遥感与地理信息系统、卫星通信与卫星导航、小卫星技术等方向,利用全额中国政府奖学金资助了来自阿尔及利亚、埃及、埃塞俄比亚、多哥、喀麦隆、莫桑比克、尼日利亚、苏丹等 8 个国家的 32 名非洲籍研究生。中心先后举办了 24 期短期培训班,均资助非洲学员参加。该中心与设在尼日利亚和摩洛哥的非洲中心紧密合作,先后派专家赴尼日利亚、摩洛哥举办了三次导航应用、遥感卫星应用相关的专项课程培训。② 2017 年首次举办的北斗"一带一路"技术与应用培训班,6 年来已相继培训了 50 余个国家及地区的千余名学员,助力"一带一路"共建国家建立更为紧密的科技关系,为"一带一路"沿线国家及地区在卫星导航技术领域的合作搭建了新平台。③ 中国的高校陆续和"一带一路"共建国家高校签署合作办学协议,为"一带一路"建设培养人才。例如,2017 年 5 月,北京航空航天大学与巴基斯坦国立科技大学签署中巴共建北航北斗丝路学院合作备忘录,为北斗卫星导航领域培养人才。

人员交流培训进一步促进了中外太空治理合作。当前,由人员交流衍生的最成功的合作案例当属北斗卫星导航系统。首先,中国通过国际性论坛、会议向世界推介中国的导航系统产品及其性能,为合作寻求机缘。中国积极参加联合国全球卫星导航系统国际委员会(International Committee on Global Navigation Satellite Systems,ICG)举办的研讨会和大会,促进北斗系统与世

---

① 外交部.杨利伟在联合国外空委会议上发言 唐国强大使为我航天员举行欢迎招待会[EB/OL].(2009-06-04)[2023-06-1].https://www.fmprc.gov.cn/zwbd_673032/gzhd_673042/200906/t20090605_9655084.shtml.

② 王泽非.让中国—纳米比亚共同的梦想在太空闪耀[EB/OL].(2021-10-14)[2023-06-01].http://www.xinhuanet.com/world/2021/10/14/c_1211404861.htm;邹松.中非航天合作务实推进[N].人民日报,2022-08-24(3).

③ 中国科学院.2023 北斗"一带一路"技术与应用国际培训班开班[EB/OL].(2023-09-14)[2023-11-07].https://www.cas.cn/rcjy/gz/202309/t20230915_4970674.shtml.

界其他三大导航系统［美国的 GPS、俄罗斯的格洛纳斯（Global Navigation Satellite System，GLONASS）、欧洲的地球同步卫星导航增强服务系统（European Geostationary Navigation Overlay Service，EGNOS）］的兼容；参加国际星基增强系统互操作工作组（Satellite Based Augmentation System Interoperability Working Group，SBAS IWG）会议，介绍北斗新一代卫星发射及试验情况；创设中美导航联合论坛，促进中美就卫星导航系统服务及性能、卫星导航应用等方面开展研讨交流；在慕尼黑卫星导航峰会、莫斯科国际导航论坛等会议平台上均设有"北斗专场"进行宣介。其次，中国通过组建跨国团队、培训国际化人才，使北斗更好地服务各国需要。中国通过举办"北斗亚太行"、中阿北斗合作论坛、中国—中亚北斗合作论坛、中非北斗合作论坛、中沙卫星导航研讨会等系列活动，与共建国共同组建北斗应用研发设计团队，共同打造北斗全球产业链条，共同培育北斗产业生态。例如，2021 年 12 月，中阿双方在第三届中阿北斗合作论坛签署了《中国—阿拉伯国家卫星导航领域合作行动计划（2022—2023 年）》。该计划规定双方每年举办 1～2 次卫星导航技术短期培训班；中方每年为阿拉伯国家提供 3～5 名导航与通信专业硕士学位研究生奖学金名额；每年互派 1～2 批短期访问学者。[①] 在中外双方人员的共同努力下，北斗系统得到了国际海事组织、全球移动通信组织、国际民航组织、国际电工委员会等国际组织的正式认可，助推其更好地服务于"一带一路"共建国家，服务全世界。2021 年 11 月 5 日，第一届中非北斗合作论坛在北京以线上线下相结合的方式成功举行。论坛以"创新·合作·开放·共享"为主题，讨论了强化北斗、5G、智慧城市等方面的合作，开启了北斗系统"走出去"的新篇章，对于北斗全面走进非洲、深化中非北斗合作具有里程碑意义。[②]

总之，"一带一路"太空治理共同体正在形成制度建设、平台建设以及队伍建设"三位一体"的推进模式。在通信领域，帮助共建国家发射通信卫星，提供卫星电视广播和卫星通信服务；在遥感领域，在气象、物流、测绘等方面实行数据共享；在导航领域，北斗卫星导航系统实现了"一带一路"沿线覆盖，开始为全球服务；在创新领域，成立了"一带一路"航天创新联盟推动航天人才培训教育工作。目前，"一带一路"太空治理的"朋友圈"在不断扩大，以卫星合作为主

①　第三届中阿北斗合作论坛在北京成功举办［EB/OL］.（2021-12-16）［2023-06-01］.http://www.beidou.gov.cn/zt/gjhz/202112/t20211214_23441.html.

②　甘振军,赖卫荣.中非航天合作助力构建高水平中非命运共同体［EB/OL］.（2023-03-27）［2023-05-01］.http://iwaas.cssn.cn/xslt/fzlt/202303/t20230327_5616150.shtml.

线的合作成果丰硕,涵盖了卫星发射合作、卫星通信合作、卫星数据共享、卫星导航服务、气象卫星检测以及空间技术科研合作。共建"一带一路"太空治理共同体将空间信息分享和空间技术合作纳入政策各领域和实践全过程,践行共商共建共享的全球治理观,为国际太空治理的改革与发展提供中国方案,也为构建太空命运共同体作出了重要探索。

四、构建"一带一路"太空治理共同体的影响意义

"一带一路"太空治理共同体改变了原有太空治理的模式和面貌,为国际太空治理提供了新范式、新思路。近年来,逆全球化与单边主义阴魂未散,现有的全球治理体系仍面临重大挑战,尤其是美国在太空军事化、阵营化的道路上越走越远,为全球太空治理带来了不稳定因素。2019 年 12 月 20 日,时任美国总统特朗普正式批准成立太空军,时任美国副总统彭斯就明确地指出:"美国对手的行动清楚地表明,太空已经是一个作战领域。"①同年,北约也宣布:"太空为作战领域,太空变得越来越拥挤和竞争,卫星很容易受到包括俄罗斯和中国在内的一些国家的反太空技术干扰。"②2023 年 2 月,北约宣布计划建立"太空持续监视联盟"倡议,以加强联盟的天基监视和情报收集。美国等少数国家的倒行逆施,必然引起国际社会的强烈不满。国际社会期待中国在全球太空治理中发挥建设性作用,"一带一路"太空治理共同体以数据共享为发力点,以卫星合作为着力点,以共同体建设为切合点,为太空治理作出新的贡献。首先,建设"一带一路"太空治理共同体,有助于为其他共建国家发展太空产业提供经验借鉴。进入新时代,中国的航天深空探测取得系列重大科技成果(成功登陆月球、登陆火星),天宫空间站已全面进入运行状态,北斗卫星导航系统已正式投入使用,标志中国已经迈向了航天强国。中国航天发展经验对"一带一路"共建国家具有重要启发意义。共建国家航天发展水平参差不

---

① CLAUDETTE R. Space force to become sixth branch of armed forces[EB/OL].(2018-08-09)[2023-06-01]. https://www.defense.gov/News/News-Stories/Article/Article/1598071/space-force-to-become-sixth-branch-of-armed-forces.

② NATO. NATO's approach to space[EB/OL].[2023-06-01]. https://www.nato.int/cps/en/natohq/topics_175419.htm.

齐,有像俄罗斯、印度及欧洲国家这样的航天大国、强国,也有像埃塞俄比亚、苏丹这样的刚刚起步的航天小国,还有像不丹、蒙古国这样没有自身的航天规划、靠租用别国卫星的航天空白区。在西方主导的全球太空治理体系中,发达国家依靠自身的资本和技术优势获得了相应权力,掌握着发展中国家太空发展的命脉。因此,中国在"一带一路"太空治理共同体建设中自觉坚持对后发国家既要"授人以鱼",也要"授人以渔"。

其次,建设"一带一路"太空治理共同体,有助于推动太空治理秩序改革。原有的太空治理规则,像《外空条约》《月球条约》《登月条约》《责任公约》等均产生于 20 世纪 70—80 年代,规则老旧且被少数西方国家牢牢把握解释权,一些条约和规则将大部分发展中国家排除在外,甚至拒绝其他国家所提出的方案。像美国拒绝了中俄提出的《禁止太空武器化条约》,转而与欧洲少数盟友国家共同制定《外太空活动的国际行为准则》,"企图用不具备法律约束力的、自愿遵守的太空行为准则,作为新太空条约的替代方案,确立太空安全治理机制"[①]。在"一带一路"太空治理共同体中,各国不再以航天科技实力的强弱作为分配权力的地位依据,所有共建国家以平等身份共同参与太空治理,共同讨论全球太空治理规则,共同承担治理责任,共同分享治理成果。2018 年,中国参加联合国外空会议 50 周年高级别会议,在最终的决议中提出"需要通过联合国和平利用外层空间委员会加强国际合作,从而推动实现命运共同体"[②]。命运共同体理念首次进入外太空决议,太空治理共同体理念也将逐渐深入人心。

总之,共建"一带一路"国家平等参与太空合作治理有助于打破西方大国主导的太空治理格局,推动国际太空治理朝着更加开放、包容、公正、平等的太空命运共同体方向发展。建设"一带一路"太空治理共同体,是中国积累全球太空治理经验,推动构建太空命运共同体的先行实践。

---

① 程群,何奇松.国际太空行为准则:博弈与前景[J].国际展望,2013,26(5):100.

② "纪念第一次联合国探索及和平利用外层空间会议五十周年:空间作为可持续发展的驱动因素"的决议草案[EB/OL].(2018-05-16)[2023-06-01].https://documents-dds-ny.un.org/doc/UNDOC/LTD/V18/033/09/PDF/V1803309.pdf? OpenElement.

第五章　构建"一带一路"性别平等命运共同体的理念与实践[*]

　　构建性别平等命运共同体是构建人类命运共同体的性别维度,也是加强全球妇女事业合作、促进男女平等发展的现实课题。作为推动构建人类命运共同体的重要平台,"一带一路"建设以理念和实践生动诠释了性别平等命运共同体的真义。理念上,以性别平等为核心,以妇女发展为基础,以命运与共为关键;实践上,通过发展合作构筑妇女发展权的基本保障,通过经贸合作突破妇女收入贫困的瓶颈障碍,通过人文交流激发妇女减贫主体意识和自觉行动。在"一带一路"的建设中补充性别视角,有助于加速推进沿线妇女减贫和共建沿线性别平等命运共同体的进程。

　　构建性别平等命运共同体是构建人类命运共同体的一个重要组成部分。习近平指出:"面对层出不穷的全球性挑战,各国除了加强多边合作,没有更好的选择。我提出构建人类命运共同体,倡议共建'一带一路',就是在反复思考世界各国应如何在千差万别的利益和诉求中实现共商共享、和而不同、合作共赢。"[①]实现共商共享、和而不同、合作共赢既需要世界各国的合作,也需要男女两性的合作。建设性别平等命运共同体是打造人类命运共同体的题中应有之义。两性是相互依存、命运与共的共同体,两性平等互助、共商共享才能实现人类合作共赢。作为联合国安理会常任理事国、全球减贫发展的模范生和"一带一路"倡议的提出者、推进者,中国倡导促进性别平等,切实推进"一带一路"沿线妇女减贫发展,开拓了共建性别平等命运共同体的丝路实践路径。

---

　　*　本章部分内容发表于李丹的《后疫情时代构建性别平等命运共同体的理念与实践》,收录于《妇女/性别研究》,厦门大学出版社 2021 年卷;李丹、敖杏林的《构建性别平等的人类命运共同体:"一带一路"沿线国家妇女减贫实践探索》,载《理论月刊》2022 年第 8 期。
　　①　习近平会见联合国秘书长古特雷斯[N].人民日报,2018-12-02(2).

一、构建"一带一路"性别平等命运共同体的理论内涵

在应对日益严峻的全球性挑战时,人类是一家,男女都有责,构建性别平等的人类命运共同体是构建人类命运共同体的内在应有之要义。性别平等的人类命运共同体是男女两性拥有平等机会,基于平等规则,承担相应责任,享受同等权利,实现共同发展,相互依赖帮助的男女协同发展的有机统一体。"一带一路"构建性别平等命运共同体,既要在人类命运共同体的总体建设中全面融入性别视角,又要结合共建国家妇女实际状况制定深化性别平等的具体方案。"一带一路"构建性别平等命运共同体以性别平等为核心,以妇女发展为基础,以命运与共为关键。

(一)男女平等是性别平等命运共同体的核心

妇女是"一带一路"建设的参与者、贡献者,是促进政策沟通、设施联通、贸易畅通、资金融通和民心相通的重要力量。"一带一路"建设重视妇女在政治、经济、社会、文化等领域的参与和发展,积极为妇女平等参与消除障碍、提供条件。"一带一路"建设秉持性别平等理念,尊重男女不同维度的平等,既重视过程平等也强调结果平等,兼顾权利平等和责任平等。

第一,男女平等是多维度平等。性别平等包括机会、规则、权利、义务各方面的平等。1975 年,第一次世界妇女大会在通过的《墨西哥宣言》中对男女平等下了一个定义,"男女平等是指男女的人的尊严和价值的平等以及男女权利、机会和责任的平等"。这个解释得到了与会各国代表的一致认同。《中国性别平等与妇女发展评估报告》中强调性别平等,是男女两性在权利、机会、责任和评价上的平等。性别平等在内涵上指尊严、价值、权利、机会和责任等五个层面上的平等,包括两性个体在人格上的平等,在两性关系和家庭生活中的权利和义务的平等,在社会生活中的机遇、竞争和选择面前的平等。在外延上,男女平等包括政治、经济、文化、社会和家庭生活五个领域的平等。2020年 10 月 1 日,习近平在联合国讲坛上高度评价妇女的地位和作用,"妇女是人类文明的开创者、社会进步的推动者,在各行各业书写着不平凡的成就","世

界的发展需要进入更加平等、包容、可持续的轨道,妇女事业是衡量的重要标尺"。[①] 2021 年《中华人民共和国国民经济和社会发展第十四个五年规划和2035 年远景目标纲要》将密切妇女交流置于推动"一带一路"高质量发展的重要地位,指出妇女是"一带一路"高质量发展的推动者和贡献者。[②] 男女平等是中国妇女事业建设的重要经验,在推进"一带一路"建设的进程中,中国贯彻了自身对性别平等的深刻理解,坚持以具体的、发展的眼光带动共建国家共建性别平等命运共同体。

第二,男女平等是过程平等也是结果平等。不少国家把男女平等上升到了宪法的高度,法律上的平等地位为男女平等提供了最基本的保障。但由于社会、经济、文化种种因素的制约,由法律上的男女平等,达到事实上的男女平等是一项长期而艰巨的任务,实际生活中的男女平等,还要很长的一个过程。权利平等不一定保证机会平等,即两性在政治、经济、文化、社会、家庭等各个领域、各项事务上具有平等的参与资格,而机会平等也未必能带来结果平等,即两性在社会、家庭中具有事实上的同等地位。而且要实现机会平等和结果平等比实现权利平等更复杂和艰难得多。权利平等是机会、结果平等的前提,机会、结果平等又是对权利平等的反馈和检验,以测出权利平等的合理程度。只有当权利平等和机会平等、结果平等的差异缩小到可以忽略不计时,实际生活中的男女平等才能真正实现。"一带一路"建设着眼于妇女对安全、医疗健康、教育、就业等领域的实际需求,致力于将法律文本中的权利平等转化为现实中的机会平等和结果平等。在构建性别平等命运共同体的过程中,共建国家妇女对清洁水源、充足食物、妇幼健康、基础教育等资源的需求受到了广泛的关注。

第三,男女平等是权利平等也是责任平等。两性享有权利平等的同时,还承担着同等的与权利相应的责任。责任是多方面的,有对国家应尽的责任、对社会的责任、对家庭的责任。不能用某些方面多尽的责任去抵消在其他方面应尽的责任。女人在要求权利平等的同时,也要有责任平等意识,尤其是对国家对社会的责任感要加强;男人也应该平衡各方面责任,多承担家庭责任。在

---

① 习近平.在联合国大会纪念北京世界妇女大会 25 周年高级别会议上的讲话[N].人民日报,2020-10-02(1).

② 中华人民共和国国民经济和社会发展第十四个五年规划和 2035 年远景目标纲要[EB/OL].(2021-03-12)[2023-11-06].http://www.xinhuanet.com/2021/03/13/c_1127205564.htm.

实施公共政策的过程中,男人和女人都应成为公共领域的参与者,而不是将男人和女人分离在两个不同的领域:男人为了工作而放弃家庭,女人为了家庭而放弃事业——男女被分开在公共与私人领域中,从而抑制女人参与公共领域的活动,削弱了她们对公共领域的责任。只有这样,平等才不会给男女任何一方带来负担,才不会在公共和私人领域任何方面造成偏颇和疏漏。"一带一路"沿线不少发展中国家深受历史文化传统的影响,不同程度地存在着"性别隔离"现象,如何为男女双方平等参与公共领域事务创造条件成为共同面临的问题。

(二)妇女发展是性别平等命运共同体的基础

对"一带一路"共建国家的妇女而言,享有发展权益是实现性别平等的首要任务。妇女发展权益包括妇女自主发展、全面发展两个方面。自主发展指妇女作为主体的自觉、自愿、自主的发展,全面发展是指妇女在社会、政治、经济、文化、资源、环境等各领域的发展。

第一,妇女发展的主体是妇女。妇女作为"人""与男人一样的人""自觉活动着的人",要通过自身努力摆脱奴役、压迫、歧视,消除贫困、无知、不公,获得独立、自尊、平等。长久以来,妇女作为物质生产者、社会进步推动者的角色被忽视和低估,这不仅抑制了妇女在经济发展和社会进步中的积极性、创造性的发挥,也极大地影响了经济发展和社会进步的进程。没有妇女的参与,人类发展将受到很大局限,也是不完整的。我国十分重视发挥妇女的能动性,中国领导人强调要"推动妇女走在时代前列,最大限度调动广大妇女积极性、主动性、创造性"。① 同时,妇女发展是妇女自身的事情,妇女有责任、有义务、有条件为自身的发展作出更大的努力和贡献。"一带一路"建设充分尊重妇女的主体地位,鼓励妇女通过自身努力创造价值,并以多样化的行动助力妇女发挥主体力量。

第二,妇女发展是指妇女全面的发展。《中国妇女发展纲要(2021—2030年)》以妇女发展为主题,确定了妇女优先发展的八大领域,即妇女与健康、妇女与教育、妇女与经济、妇女参与决策和管理、妇女与社会保障、妇女与家庭建设、妇女与环境、妇女与法律,并指出总目标是"男女平等基本国策得到深入贯

---

① 习近平.在联合国大会纪念北京世界妇女大会25周年高级别会议上的讲话[N].人民日报,2020-10-02(1).

彻落实,促进男女平等和妇女全面发展的制度机制创新完善"①。可见,妇女发展的含义极广,包括妇女在经济、政治、教育、法律、健康、环境各个方面和领域的发展。需要强调的是,妇女在经济领域的发展,对妇女的发展起着更具决定性的作用。妇女减贫是实现妇女发展的首要条件和重要基础。结合"一带一路"共建国家妇女发展的实际,重点通过消除贫困保障妇女的生存权和发展权,使共建国家妇女获得更大的发展空间,是推动沿线妇女全面发展的基本要义。

(三)命运与共是性别平等命运共同体的关键

"一带一路"构建性别平等命运共同体是构建人类命运共同体的重要组成部分,始终坚持命运与共的理念。性别平等的人类命运共同体是男女两性休戚相关、生死相连、命运与共的共同体,不仅男女发展相互依赖、互为条件,而且妇女发展还与社会发展密切相关。

第一,妇女发展与男子发展互为条件。妇女发展与男子发展是相互促进、相互制约、互为条件、浑然一体的,二者共同推动人类发展、社会发展。正如南希·史密斯(Nancy R. Smith)在 *For Every Woman* 这首诗中所说:"只要有一个女人,觉得自己为儿女所累,定有一个男人,没有享受为人之父的全部滋味。""只要有一个女人,向自身的解放迈进一步,定有一个男人,发现自己也更接近自由之路。"男女任何一方不发展就是对另一方发展的制约。马克思在《共产党宣言》中把人的发展概括为"每个人的自由发展是一切人自由发展的条件"。我们可以套用这句话说,"妇女(男子)的自由发展是男子(妇女)及全人类自由发展的条件"。因此男女平等、性别协同发展十分重要。一方面,性别平等是妇女发展的基础和前提。没有平等,妇女不可能实现与男子一样的发展,妇女发展就是有局限性的、不充分的。中国妇女在漫长的封建社会深受王权、神权、族权、夫权这四种代表中国全部封建宗法思想和制度的权力的压迫,丧失人格尊严、独立、自由,成为男子驯服的工具,在身心各个方面都得不到发展。另一方面,妇女发展也是性别平等的实现条件。妇女发展较好,经济

---

① 中华人民共和国中央人民政府.中国妇女发展纲要(2021—2030 年)[EB/OL].(2021-09-08)[2023-06-11]. http://www. gov. cn/gongbao/content/2021/content_5643 262.htm.

增长速度往往较快,贫困人口脱贫速度较快,男人、妇女和儿童的福利都有所提高。①"一带一路"建设重视男女两性的权利和利益,积极为男女发展创造条件,不仅为妇女的发展创造条件,还致力于实现男女双方的共同发展。

第二,妇女发展与社会发展相辅相成。"男女平等基本国策是促进妇女与经济社会同步发展,男女两性平等发展、妇女自身全面发展的一项带有长远性和根本性的总政策。"②从中可见,妇女发展的含义包括妇女与经济社会同步发展、男女两性平等发展、妇女自身全面发展。妇女发展是社会发展的一部分,社会越发展,就越能为妇女发展创造有利的条件,但妇女发展不是社会发展的必然产物,社会发展不会自然推动妇女发展,妇女发展要在利用社会发展有利条件的基础上靠妇女自身的努力而实现。因此妇女发展不是发展的"自然结果",不必然与社会发展同步,妇女人为的努力,在妇女发展历程中起着巨大的能动作用。另外,妇女发展又是衡量社会发展进步的天然尺度,一个妇女不发展、男女不平等的社会不是真正充分发展、协调发展的社会。妇女长期贫困,是国家贫困的缩影;妇女减贫发展,是国家发展进步的标杆。不少"一带一路"共建国家妇女发展水平与所在国家社会发展水平相比,还存在滞后性。这说明国家发展成果在一定意义上并没有同等惠及妇女,妇女发展与男性发展的落差,将成为制约下一代发展,影响整个社会发展的重要因素。"推动摇篮的手也是推动世界的手。"只有在政治、经济、社会、文化等领域为妇女发展创造条件,才能推动妇女发展从而实现全社会的共同发展。从这个意义上看,"一带一路"性别平等命运共同体的建设,既是促进妇女发展的全面布局,也是推动社会发展的全新方案。

二、构建"一带一路"性别平等命运共同体的现实基础

"一带一路"建设是推动构建人类命运共同体的重要实践平台,也是推动

---

① 妇女与金融[EB/OL].[2023-06-12].https://www.un.org/chinese/esa/women/finance.htm.

② 平等 发展 共享:新中国 70 年妇女事业的发展与进步[N].人民日报,2019-09-20(10).

构建性别平等命运共同体的试金之石。"一带一路"建设通过一系列实践生动诠释了性别平等命运共同体的真义,为构建性别平等命运共同体提供了方案、作出了贡献。在众多实践方案中,消除贫困、实现发展最能契合性别平等、妇女发展和命运与共理念,也符合共建国家的实际情况和广大女性的迫切需求。"一带一路"共建国家绝大多数是发展中国家,共建国家人口总数约 52 亿,占全球 65%。[①] 从目前全球极端贫困人口的国别分布来看,撒哈拉以南非洲国家占了近 60%,南亚国家约占 30%,几乎都属于共建"一带一路"国家,[②]因此在构建性别平等命运共同体的乐章中,发展是主旋律。在这一语境下,性别平等命运共同体是基于男女两性平等实现共同发展的有机统一体,消除贫困成为"一带一路"构建性别平等命运共同体的首要选择。

"消除贫困是人类的共同使命"[③],也是"一带一路"建设的初心使命,开展扶贫开发,"促进沿线贫困地区生产生活条件改善"早已写入《愿景与行动》之中。探索沿线减贫脱困方案,对于实现联合国全球减贫目标,共建一个普遍发展、共同繁荣的人类命运共同体至关重要。然而,"妇女不脱贫,人类就不可能消除贫困"[④]。妇女占贫困人口的 2/3,"一带一路"沿线性别发展指数普遍较低,"女性贫困化"依然是现实。在此背景下,消除妇女贫困,是消除人类贫困和构建人类命运共同体进程的核心难题,中国与共建国家在共建人类命运共同体的过程中面临着深刻的性别考量。作为沿线最大的发展中国家、"一带一路"倡议的发起者,中国在 2020 年如期消除了现行标准下(包括贫困妇女在内的)农村贫困人口的绝对贫困,成为唯一一个提前十年完成联合国 2030 年可持续发展议程减贫目标的国家。中国因此进入了后脱贫时代。国内贫困治理研究的焦点也随之转移到缓解相对贫困这一"新问题"上。然而,"一带一路"沿线其他发展中国家仍然面临着如何解决绝对贫困的"老问题"。尤其在如今地区冲突频发、国际局势动荡的情况下,由于性别劳动分工和性别等级秩序的作用,妇女面临着比男性更严重的健康风险、失业危机和性别暴力,发展中国

① 相关数据根据世界银行人口总数数据计算得出。参见 The World Bank. Population, total[R/OL].[2023-12-15].https://data.worldbank.org/indicator/SP.POP.TOTL.

② 翟东升.将"一带一路"建设成为"减贫之路"[J].红旗文稿,2022(17):1,13-16.

③ 习近平.携手消除贫困 促进共同发展[N].人民日报,2015-10-17(2).

④ 彭丽媛在 21 世纪人类消除贫困事业与妇女的作用:纪念北京世界妇女大会 25 周年暨全球妇女峰会 5 周年座谈会上发表致辞[N].人民日报,2020-09-17(3).

家贫困妇女的处境比任何时候都更为脆弱。[①] 消除妇女贫困,是共建国家减贫必须解决的重大现实问题。中国妇女减贫经验和共建国家妇女减贫需求相结合,使得中国与共建国家开展妇女减贫合作具有深厚的现实基础。

(一)共建国家妇女贫困现状呼唤新的妇女减贫合作路径

根据联合国开发计划署人类发展数据库(2023/2024 Human Development Data)提供的经济、教育和健康三个维度的数据,[②]共建国家存在显著的贫困女性化、女性贫困化问题:一是妇女的收入贫困最为严峻(见表5-1)。所有共建国家妇女平均国民收入都显著低于男性,有23%左右的国家妇女平均国民收入不及男性一半。不仅如此,妇女在劳动力市场中的参与率显著低于男性,64个国家的妇女劳动力市场参与率不足50%,妇女更难获得稳定的、有保障的正式工作;妇女普遍陷入长时间的无偿劳动,很难依靠自身力量改善收入问题。二是共建国家妇女受教育程度显著低于男性。目前一些共建国家女性的中学入学率逐渐普及,但高等教育仍然存在性别比失衡的问题,导致女性被限制在职场"金字塔"底端,收入更低、抗风险能力更弱。三是共建国家妇女普遍面临生殖健康风险,孕产妇生育死亡风险指数高,避孕措施尚未普及、少女生育现象十分常见。

表 5-1　"一带一路"共建国家妇女经济状况

国家	女性人均国民收入($)	男性人均国民收入($)	平均国民收入性别比	女性劳动力市场参与率	男性劳动力市场参与率	劳动力市场参与率性别比
阿富汗	396	2256	0.18	23.3	77.1	0.30
安哥拉	4696	5974	0.79	74.7	78.2	0.96
阿尔巴尼亚	13199	17398	0.76	56.1	69.9	0.80

---

① Unlocking the lockdown:the gendered effects of covid-19 on achieving the SDGs in Asia and the Pacific[R].UN Women Survey Report,2020:10.

② 本章使用的经济维度数据包括男性和女性人均国民收入(SDG 8.5)、劳动力市场参与率;教育维度为平均受教育年限(SDG 4.4);健康维度为孕产妇死亡数(SDG 3.1)、青少年生育率(SDG 3.7)等,其中 SDG 全称 Sustainable Development Goals,是指联合国通过的《2030 年可持续发展议程》中的可持续发展目标。本部分数据如无特殊说明都出自 2023—2024 年联合国开发计划署人类发展数据库(http://hdr.undp.org/en/data.)。

续表

国家	女性人均国民收入（$）	男性人均国民收入（$）	平均国民收入性别比	女性劳动力市场参与率	男性劳动力市场参与率	劳动力市场参与率性别比
阿联酋	51510	84088	0.61	55.3	89.5	0.62
阿根廷	16933	27265	0.62	52.1	71.7	0.73
亚美尼亚	13443	17770	0.76	62.8	71.8	0.87
奥地利	41899	71616	0.59	56.6	66.7	0.85
阿塞拜疆	11526	18603	0.62	61.9	69.6	0.89
布隆迪	636	789	0.81	78	79.1	0.99
贝宁	2604	4205	0.62	51.6	67.8	0.76
布基纳法索	1454	2624	0.55	27.5	41	0.67
孟加拉国	3684	9387	0.39	39.2	81.4	0.48
保加利亚	20700	31466	0.66	50.6	63.1	0.80
巴林	22722	64700	0.35	42.4	85.8	0.49
波黑	12420	20853	0.60	41.1	61.8	0.67
白俄罗斯	14502	23022	0.63	65.8	75.3	0.87
玻利维亚	6727	9243	0.73	71.8	85	0.84
巴巴多斯	12595	17214	0.73	58.2	65.1	0.89
文莱	44703	72823	0.61	54.9	71.7	0.77
博茨瓦纳	13676	16037	0.85	60.1	69.7	0.86
智利	18612	30337	0.61	50.1	70.6	0.71
科特迪瓦	4063	6665	0.61	54.5	71.2	0.77
喀麦隆	3048	4318	0.71	66.8	76.8	0.87
刚果（金）	917	1246	0.74	60	66.4	0.90
刚果（布）	2085	3722	0.56	44.1	63.9	0.69
科摩罗	2338	4174	0.56	41.1	59.4	0.69
佛得角	5732	9491	0.60	46.7	62.8	0.74
哥斯达黎加	16531	23965	0.69	50.1	72.9	0.69
古巴	5571	10373	0.54	55.5	84	0.66
塞浦路斯	31777	48470	0.66	59.6	71.1	0.84
捷克	30761	49404	0.62	52.2	67.9	0.77

续表

国家	女性人均国民收入（$）	男性人均国民收入（$）	平均国民收入性别比	女性劳动力市场参与率	男性劳动力市场参与率	劳动力市场参与率性别比
吉布提	2307	7481	0.31	18.2	48.1	0.38
多米尼加共和国	14773	22506	0.66	50.9	76.9	0.66
阿尔及利亚	3842	17859	0.22	17.6	65.5	0.27
厄瓜多尔	9147	12245	0.75	53.6	76.9	0.70
埃及	3739	20790	0.18	15.3	69.1	0.22
爱沙尼亚	31199	43737	0.71	60.6	71.4	0.85
埃塞俄比亚	1762	2970	0.59	57.6	79.2	0.73
斐济	6282	16158	0.39	37.3	77.7	0.48
密克罗尼西亚联邦	2652	4756	0.56	45	66	0.68
加蓬	7296	14958	0.49	34.7	56.2	0.62
加纳	4794	5970	0.80	72.1	73.1	0.99
几内亚	1719	3104	0.55	44.6	67	0.67
冈比亚	1792	2390	0.75	59	64.5	0.91
几内亚比绍	1487	2282	0.65	52.1	66.1	0.79
希腊	24821	38227	0.65	44.7	60.4	0.74
格林纳达	9775	17412	0.56	37.7	54.3	0.69
圭亚那	26505	45454	0.58	37.8	53.4	0.71
洪都拉斯	4695	5837	0.80	49.6	81.1	0.61
克罗地亚	27573	41433	0.67	46.9	58.2	0.81
匈牙利	27203	41768	0.65	53.7	67.8	0.79
印度尼西亚	8111	15926	0.51	52.5	81.5	0.64
伊朗	4140	25192	0.16	13.6	67.5	0.20
伊拉克	2087	16070	0.13	10.8	68.2	0.16
意大利	31413	57808	0.54	40.7	58.1	0.70
约旦	2753	15380	0.18	13.8	60.7	0.23
牙买加	7647	11775	0.65	56	69.9	0.80
哈萨克斯坦	18595	26890	0.69	63.3	74.6	0.85

续表

国家	女性人均国民收入（$）	男性人均国民收入（$）	平均国民收入性别比	女性劳动力市场参与率	男性劳动力市场参与率	劳动力市场参与率性别比
肯尼亚	3977	5654	0.70	62.9	72.6	0.87
吉尔吉斯斯坦	3442	6170	0.56	52.5	78	0.67
柬埔寨	3563	5034	0.71	73.7	85.8	0.86
基里巴斯	1100	5903	0.19	16.1	73	0.22
韩国	31063	61037	0.51	55	73.7	0.75
科威特	28018	75232	0.37	44.4	88.5	0.50
老挝	6380	9088	0.70	61.5	70.8	0.87
黎巴嫩	6546	18439	0.36	29.8	70.2	0.42
利比里亚	1163	1499	0.78	43.5	50.1	0.87
利比亚	12073	27248	0.44	32.8	59.9	0.55
斯里兰卡	6241	17990	0.35	29.7	70.7	0.42
莱索托	2129	3304	0.64	51.6	65	0.79
立陶宛	33012	43912	0.75	58.8	67.7	0.87
卢森堡	66697	90256	0.74	58	65.1	0.89
拉脱维亚	26345	38716	0.68	55.6	67.9	0.82
摩洛哥	2968	12876	0.23	19.8	69.6	0.28
摩尔多瓦	12272	13725	0.89	71.5	73.7	0.97
马达加斯加	1224	1702	0.72	78.8	88.9	0.89
马尔代夫	12161	23783	0.51	53.3	78.2	0.68
北马其顿	11526	21296	0.54	42.2	64.1	0.66
马里	1333	2741	0.49	51.5	85	0.61
马耳他	33971	54099	0.63	56.1	71.2	0.79
缅甸	2545	5544	0.46	44.2	78.6	0.56
黑山	17543	27750	0.63	44.4	57.8	0.77
蒙古国	8099	12640	0.64	53.5	68.4	0.78
莫桑比克	1060	1385	0.77	73.9	80.1	0.92
毛里塔尼亚	3053	7727	0.40	31	65.7	0.47
马拉维	1191	1687	0.71	63.1	74.6	0.85

续表

国家	女性人均国民收入（$）	男性人均国民收入（$）	平均国民收入性别比	女性劳动力市场参与率	男性劳动力市场参与率	劳动力市场参与率性别比
马来西亚	19262	34983	0.55	55.1	80.5	0.68
纳米比亚	7827	10673	0.73	54.1	61.2	0.88
尼日尔	893	1663	0.54	64.6	96.5	0.67
尼日利亚	4110	5386	0.76	77	85.7	0.90
尼加拉瓜	3596	7311	0.49	48.6	81.1	0.60
尼泊尔	2609	5564	0.47	27.9	55	0.51
瑙鲁	11558	18213	0.63	56.8	73.6	0.77
新西兰	34940	52542	0.66	66.9	75.9	0.88
阿曼	13055	45769	0.29	35	83.8	0.42
巴基斯坦	2120	8571	0.25	24.5	80.7	0.30
巴拿马	27611	36447	0.76	49.7	77	0.65
秘鲁	9515	14365	0.66	66.7	82.4	0.81
菲律宾	6179	11851	0.52	44.1	68.8	0.64
格鲁吉亚	12237	20141	0.61	55.5	73.5	0.76
巴布亚新几内亚	3219	4171	0.77	46	48	0.96
波兰	27366	43446	0.63	50.1	65.5	0.76
葡萄牙	31845	39199	0.81	54.7	63.1	0.87
巴勒斯坦	2134	11759	0.18	18.6	70.7	0.26
卡塔尔	47964	114135	0.42	61.7	95.3	0.65
罗马尼亚	22595	41297	0.55	42.3	62	0.68
俄罗斯	21781	33001	0.66	55.5	70.3	0.79
卢旺达	1662	3000	0.55	54.8	66.2	0.83
沙特阿拉伯	24647	69723	0.35	34.5	79.6	0.43
苏丹	1750	5282	0.33	28	69.1	0.41
塞内加尔	2256	4712	0.48	39.3	68.4	0.57
新加坡	76611	99844	0.77	63.4	77	0.82
所罗门群岛	1998	2537	0.79	82.9	86	0.96
塞拉利昂	1326	1898	0.70	48.3	55.9	0.86

续表

国家	女性人均国民收入（$）	男性人均国民收入（$）	平均国民收入性别比	女性劳动力市场参与率	男性劳动力市场参与率	劳动力市场参与率性别比
萨尔瓦多	6244	11794	0.53	46.4	77.7	0.60
索马里	578	1563	0.37	22.3	49.3	0.45
塞尔维亚	15909	23388	0.68	51	66.1	0.77
苏里南	8820	15832	0.56	42.3	61.7	0.69
斯洛伐克	26634	37967	0.70	56.2	67.3	0.84
斯洛文尼亚	35264	47843	0.74	54.3	63.6	0.85
塞舌尔	24756	31651	0.78	65.2	65.3	1.00
叙利亚	1049	6132	0.17	14.4	68.9	0.21
乍得	991	1783	0.56	51.1	75	0.68
多哥	1744	2679	0.65	79.8	98.6	0.81
泰国	15289	18580	0.82	59.9	76	0.79
塔吉克斯坦	3295	6300	0.52	33.3	52.1	0.64
东帝汶	1145	2094	0.55	27.9	41.4	0.67
汤加	5051	7698	0.66	43	54.9	0.78
特立尼达和多巴哥	17088	28007	0.61	47.3	62.4	0.76
突尼斯	5198	15528	0.33	29.3	71.8	0.41
土耳其	20538	45077	0.46	35.1	71.4	0.49
坦桑尼亚	2195	2970	0.74	75.5	84.5	0.89
乌干达	1890	2597	0.73	74.5	84.2	0.88
乌克兰	9025	14233	0.63	47.8	62.9	0.76
乌拉圭	17426	27294	0.64	55.7	71.4	0.78
乌兹别克斯坦	4390	11716	0.37	39.9	73.1	0.55
委内瑞拉	4285	8126	0.53	45.2	70.6	0.64
越南	9615	12042	0.80	68.5	77.8	0.88
瓦努阿图	2445	4033	0.61	26.7	36.4	0.73
萨摩亚	3314	6562	0.51	49.8	80.6	0.62
也门	150	2042	0.07	5.8	64.7	0.09

续表

国家	女性人均国民收入（$）	男性人均国民收入（$）	平均国民收入性别比	女性劳动力市场参与率	男性劳动力市场参与率	劳动力市场参与率性别比
南非	10423	16095	0.65	50.8	63.5	0.80
赞比亚	2531	3800	0.67	54.2	66.4	0.82
津巴布韦	1762	2433	0.72	60	71.6	0.84

数据来源：2023—2024 年联合国开发计划署人类发展数据库（http://hdr.undp.org/en/data）。

注：平均国民收入性别比＝女性平均国民收入÷男性平均国民收入，劳动力市场参与率性别比＝女性劳动力市场参与率÷男性劳动力市场参与率。

可见，共建国家妇女的就业权、受教育权、健康权等发展权利得不到保障，妇女获得稳定收入的可行能力低下，妇女贫困问题十分严峻，共建国家面临着消除妇女贫困的深刻现实需求。然而，沿线贫穷国家缺乏足够的资金和治理能力跨越贫困陷阱[①]，消除沿线妇女贫困需要加强沿线妇女减贫合作。但长期以来，共建国家的妇女减贫依赖于西方国家提供的国际妇女发展援助。但西方妇女发展援助项目主要建立在西方妇女发展的经验上，在沿线发展中国家的减贫实践中并未发挥预期的效果，[②]存在与当地社会文化结构不相容带来的价值冲突和低执行效率等问题。[③] 因此，共建国家需要开展妇女减贫合作，而当下沿线妇女减贫合作的困境破局，需要探寻新的、更有效的妇女减贫合作经验和路径。

（二）中国在沿线妇女减贫合作中具有重要地位

西方妇女发展援助项目效果的局限性，呼唤新的、更适合于发展中国家的妇女发展思路。在发展中国家现代化转型的过程中，中国是唯一一个成功消除妇女贫困的发展中国家。与此同时，中国成功的妇女减贫经验是中国妇女

---

① 杰弗里·萨克斯.贫穷的终结[M].邹光，译.上海：上海人民出版社，2010：54-55.

② JAQUETTE S J. Women/Gender and development：the growing gap between theory and practice[J].Studies in comparative international development，2017(52)：242-260.

③ KIM E，MYRZABEKOVA A，MOLCHANOVA E. Making the "empowered woman"：exploring contradictions in gender and development programming in Kyrgyzstan[J].Central Asian survey，2018，37(2)：228-246.

基于自身发展历程探索形成的独创经验,而非对西方妇女发展模式的照搬。由于中国妇女与其他发展中国家妇女在发展过程中具有相似的被压迫历史、面临着相似的发展困境、共享相似的发展目标,都试图探寻适合本国妇女的发展道路,都试图摆脱西方将第三世界妇女作为"客体""弱者""受害者"的身份标签。中国的妇女减贫经验更容易引起沿线发展中国家的共鸣,更具有可借鉴性。

其一,中国具备与共建国家开展妇女减贫合作的强劲意愿。推动男女平等、实现妇女解放一直是中国共产党和中国政府治国理政的重要目标与使命职责。党的十八大后,中国政府提出"一带一路"倡议和构建人类命运共同体的伟大理想。"一带一路"为沿线妇女减贫合作方案探索和成果落地提供了重要的平台基础。共建人类命运共同体的理念则为中国与沿线妇女减贫合作提供了方向指引,中国将与沿线共建、共享妇女发展蓝图,构建一个性别平等的沿线命运共同体。与西方妇女发展范式试图构造的性别平等世界不同,在性别平等命运共同体中,两性并非二元对立,妇女发展与男性发展互为条件;西方妇女亦非妇女发展的理想模板,各国将独立探寻自身妇女发展道路;南北不存在等级差异,各国妇女息息相关、命运与共。总之,消除共建国家妇女贫困、实现沿线共同富裕,内化于中国与沿线共建人类命运共同体的理念之中,是"一带一路"共建共享的应有之义。

其二,中国与共建国家开展妇女减贫合作是各方所需。从举办 1995 年的北京世妇会到召开 2015 年的全球妇女峰会,中国在全球妇女事业中的引领者角色日益突出。其中,中国成功的妇女减贫经验尤其得到国际社会的高度称赞。如联合国就多次表达希望中国在妇女减贫事业中发挥领导、示范作用。联合国工业发展组织总干事李勇表示,希望目前在中国实施的提升少数民族妇女创新设计能力、推广文化遗产产品的项目能在其他国家的贫困县得到复制。[①] 联合国副秘书长、妇女署执行主任弗姆齐莉·姆兰博·努卡(Phumzile Mlambo-Ngcuka)则认为,中国在消除贫困领域发挥着领导作用,妇女署和联合国系统作为中国减贫事业的合作伙伴,将继续鼓励中国发挥领导作用。[②] 总之,中国妇女减贫经验的可借鉴性、中国引领共建国家妇女减贫合作的意愿、能力以及国际支持,意味着中国在共建国家妇女减贫合作中具有引领性地位。

---

① 郭一梅."丝绸之路中国非物质文化遗产和民族地区扶贫成果展"亮相联合国维也纳办事处[J].中国民族,2019(7):26-27.

② 叶晓楠.中国妇女事业发展取得重大成就[N].人民日报(海外版),2019-09-19.

（三）中国为共建国家妇女减贫合作提供了新的选择

中国成功的妇女减贫经验为共建国家妇女减贫提供了新的选择，但并非所有中国妇女减贫经验都适用于其他共建国家。中国减贫成功是中国经济的长期益贫性增长、大规模的政府干预，以及精准脱贫阶段全党、全国、全社会合力作用的结果。[①] 在此基础上，中国妇女减贫是由政府主导、以妇联为轴心凝聚各方力量，高强度精准施策的妇女脱贫实践。然而，并非所有国家都具备向贫困人口进行高强度扶贫资源供给的治理能力和文化土壤，或拥有在妇女减贫实践中动员、协调和凝聚各方力量的全国性组织网络。因此，中国与共建国家妇女减贫合作，并非对中国妇女减贫模式的简单复制照搬。中国妇女减贫经验中可供共建国家吸取的，在于中国的妇女赋权（women's empowerment）减贫思路。所谓妇女赋权，指的是"以自上而下方式提高妇女个体或群体的意识并增强其挑战从属地位的能力，来改变社会性别权力关系的过程，主要活动包括增强弱势妇女获取知识、资源、网络及决策的机会，以便使她们能够控制自己的生活，自主决策与资源控制"[②]。中国妇女赋权减贫重点围绕权利、能力和主体性展开。

首先，将维护妇女发展权作为妇女赋权减贫的基础。贫困是一种发展问题，贫困的本质是权利被剥夺。[③] 中国从基本人权、基础公共设施和基础公共服务等方面切实保障妇女发展权。一方面，中国构建了以《中华人民共和国宪法》为基础、《妇女权益保障法》为主体的全方位保障妇女权利的法律政策体系，以《中国妇女发展纲要》《国家人权行动计划》《中国性别平等与妇女发展》为标志的妇女人权保障政策框架。另一方面，中国积极开展如"母亲水窖""母亲安居工程"等妇女专项的基础设施改善项目，并着手消除信息基础设施建设的性别鸿沟，充分改善农村贫困妇女的生产生活条件以及与信息、资源和机会的联通状况，夯实妇女发展权的物质基础。中国同时还展开"农村贫困母亲两癌救助专项基金"等帮助特殊困难妇女的专项救助项目，通过"输血式"的兜底

---

①　李小云,徐进,等.中国减贫四十年:基于历史与社会学的尝试性解释[J].社会学研究,2018(6):35-61.

②　章立明.性别与发展[M].北京:知识产权出版社,2016:68.

③　阿马蒂亚·森.以自由看待发展[M].任赜,于真,译.北京:中国人民大学出版社,2012:85.

保障维护特殊困难妇女的发展权。

其次,将解决妇女收入贫困作为妇女赋权减贫的重要抓手。收入贫困是妇女贫困最直观的表现,也是沿线妇女贫困最突出的问题。中国的专项妇女减贫行动——"巾帼脱贫行动",重点针对妇女收入贫困这一现实问题。一是通过打造性别友好型扶贫产业为妇女就业创业提供更多机会;二是通过加强对妇女的技能培训、提供金融扶持(如小额信贷等)以及模范引领等配套性支持,增强妇女参与经济发展的能力;三是通过创新经济分配方式,如帮助贫困妇女以带资入股、参股分红或就业分红等方式参与产业发展,提高利益分配机制的性别公正度和益贫性,从而达到促进贫困妇女增收的效果。此外,中国各地开展了一系列妇女帮扶计划,积极促进妇女就业和妇女增收,如贵州的"锦绣计划",甘肃的"陇原妹"走出去、"陇原巧手"干起来,新疆的"靓发屋"等,让妇女在特色种养、农产品加工、休闲农业等多元业态中大展身手。①

最后,将培育妇女主体性作为妇女赋权减贫的重要动力。将贫困者视为被动、无知的援助接受者将难以达到预期的减贫效果,只有尊重贫困者的主体性,即让妇女从自身利益的角度发挥她们的经验、知识和潜能,才能为减贫提供可持续的动力。② 中国扶贫开发的顶层设计《中国农村扶贫开发纲要(2011—2020)》明确提出"尊重扶贫对象的主体地位";"巾帼脱贫行动"亦将激励妇女"立志脱贫"置于首位,其次才是能力脱贫、创业脱贫、巧手脱贫、互助脱贫等妇女脱贫任务。激发贫困妇女自觉脱贫的意识并增强妇女可行能力,正是基于妇女主体性觉醒和能力提升的妇女自主脱贫。③ 如中国妇女减贫案例中频繁出现的农村致富女能手、脱贫致富带头人的示范带动,以及基层妇联干部、民间妇女组织等在妇女减贫事业中做出的积极贡献,都充分体现了妇女主体性觉醒所产生的持续减贫动力。④

可见,中国并不预设妇女发展的路径或规范,不将贫困妇女视为无能的弱者,而着重强调妇女对于社会发展的重要推动作用,从而促进妇女与男性平等地参与社会共建共治共享。这与试图构建一种西方经验至上的妇女发展普世路径,试图将第三世界贫困妇女视为被拯救对象的西方妇女发展援助模式截

---

① 中共全国妇联党组.新时代妇女扶贫减贫的中国经验[EB/OL].(2020-12-16)[2023-11-07].http://www.qstheory.cn/dukan/qs/2020-12/16/c_1126857517.htm.

② 赵群.尊重妇女的主体性是实现精准扶贫的关键[J].妇女研究论丛,2016(6):14-16.

③ 钱宁,王肖静.主体性赋权策略下的少数民族地区妇女扶贫研究:以云南省三个苗族村寨为例[J].社会工作,2020(2):10-22.

④ 关于这一点《中国妇运》刊发的妇女减贫事迹报道提供了丰富的例证。

然不同。① 因此,当中国坐拥这些妇女减贫的新经验却失声或惜声,都将造成西方经验模式定型化;而当这些新理念、新做法更符合实际、更有效果时,我们没有理由保持沉默,更有责任去践行。总之,沿线妇女贫困现状与西方妇女发展援助模式的失灵、中国在沿线妇女减贫合作中的重要地位以及更具借鉴意义的中国妇女赋权减贫经验,呼唤着新的妇女减贫合作模式,正是在这一意义上,中国与共建国家的妇女减贫合作有了深厚的现实基础。

三、构建"一带一路"性别平等命运共同体的实践路径

基于以消除贫困为重点的现实选择,中国积极与"一带一路"共建国家开展减贫合作,为"一带一路"性别平等命运共同体的实现提供了实践路径。中国以妇女发展权为基本保障、以消除妇女收入贫困为关键抓手、以激发妇女主体性为可持续动力的妇女赋权减贫经验,已经通过中国与共建国家的发展合作、经贸合作和人文交流等路径嵌入"一带一路"建设的诸多方面,共建国家妇女发展和性别平等格局正在形成。

(一)发展合作:构筑妇女发展权的基本保障

中国与共建国家的发展合作延续了国内注重妇女发展权保障和落实的策略。一方面,通过专项妇女发展合作项目维护沿线妇女发展权。在与共建国家开展国际发展合作的过程中,中国继续采取本土强调保障妇女发展权的做法,不仅在一般的发展合作项目中将妇女作为重点援助对象,而且发起了一系列专门以妇女为对象的务实合作项目。如在 2015 年全球妇女峰会上,习近平承诺实施帮助发展中国家提高妇女儿童健康水平的 100 个"妇幼健康工程"和向贫困女童提供就学资助的 100 个"快乐校园工程",并邀请 3 万名发展中国家妇女来华培训,以及在当地培训 10 万名女性职业技术人员等。到 2020 年,这些承诺全部如期实现。2017 年,习近平在"一带一路"国际合作高峰论坛开

---

① 徐进,李小云,武晋.妇女和发展的范式:全球性与地方性的实践张力:基于中国和坦桑尼亚实践的反思[J].妇女研究论丛,2021(2):14-26.

幕式上再次承诺,将面向沿线发展中国家开展"3个100"小微型民生援助项目,并仍将妇女作为重点援助群体,通过教育培训、特殊救助和医疗保健等帮助妇女增权赋能。① 为了保证中国与沿线妇女发展合作的效果,中国重点在妇幼保健等本土妇女发展先进领域加大合作力度。如中国将"提升'一带一路'各国妇女儿童健康水平"纳入"一带一路"卫生合作十项重点领域,并划拨6.82%(截至2019年)的南南合作援助基金专门用于妇幼健康项目。② 与此同时,随着"一带一路"倡议的推动,全国妇联、地方妇联、中国扶贫基金会、中国妇女发展基金会、中国和平发展基金会、新丝路智慧女性俱乐部等社会组织,也在沿线开展了诸多妇女发展合作项目(见表5-2)。

表5-2　中国社会组织发起的专项妇女发展援助项目

援助单位	援助项目
全国妇联	向蒙古国、老挝、斯里兰卡、土库曼斯坦、南非、赞比亚等国家提供小额物资援助,支持当地妇女开展技能培训、送去生产生活物资;建立中国—东盟妇女培训中心,开展面向越南、老挝、缅甸、柬埔寨、泰国、新加坡、马来西亚、印尼等东盟国家的妇女技术培训。
地方妇联	如瑞丽市妇联、妇女儿童发展中心实施的缅甸妇女儿童健康促进、金色缅桂花等6个项目,项目资金356万元,受益人口达12万余人;广西妇联依托"边境妇女儿童之家""边境妇女禁毒宣传教育基地""边境妇女维权工作站"等,组织开展对越南妇女的关心关爱、妇女儿童维权知识宣传等活动。
中国扶贫基金会	为尼泊尔数百名农村妇女提供医疗体检;通过尼泊尔贫困妇女职业支持项目向尼泊尔贫困妇女提供资金支持,培训养种植技术及市场技能等;在埃塞俄比亚开展家庭水窖项目、妇女手工艺技能培训项目、妇女农业技能培训项目;开展国际爱心包裹项目;开展非洲微笑儿童供餐项目。

① 为什么要花这些钱?怎么花这些钱?:商务部援外司负责人详解"一带一路"合作发展项目[EB/OL].(2017-05-15)[2023-07-01].http://www.xinhuanet.com/politics/2017-05/15/c_1120976471.htm.

② 中华人民共和国国务院新闻办公室.新时代的中国国际发展合作[N].人民日报,2021-01-10.

续表

援助单位	援助项目
中国妇女发展基金会	为菲律宾宿务唇腭裂儿童开展"母亲微笑行动"项目； 为突尼斯妇女开展刺绣技术培训； 与非洲大使夫人协会开展中非妇女发展基金慈善义卖活动； 向非洲大使夫人协会捐赠 5 万元人民币，用于非洲妇女发展项目。
中国和平发展基金会	在缅甸援建首家中缅友好医院杜庆芝医院(高级妇产医院)； 通过"健康爱心包"计划向非洲新生儿和学生提供捐赠。
中国西藏善缘基金会	针对尼泊尔妇女和青年群体开展一系列技能培训和扶贫公益项目。
云南腾冲女企业家协会	在缅甸开展捐资助学等公益行动。
新丝路智慧女性俱乐部	招募各国志愿者从事关爱留守儿童等公益活动。
爱德基金会	向缅甸、尼泊尔、斯里兰卡、肯尼亚和埃塞俄比亚等亚非国家的困境儿童发放学习用品和生活物资； 在埃塞俄比亚开展贫困单亲妈妈培训项目。
"木兰 POWER"爱心公益基金	开展尼泊尔贫困女童助学计划，支持家庭贫困、成绩优异的女孩继续高中学业。

资料来源：作者根据"一带一路"官网、各社会组织官网新闻报道整理。

另一方面，通过基础设施建设落实沿线妇女发展权。在"一带一路"建设过程中，中国延续了国内大力开展基础设施建设的开发式扶贫策略，积极推动沿线国家基础设施建设，产生了显著的减贫效应。[①] 据世界银行测算，到 2030年，仅"一带一路"交通项目就将使 760 万人口摆脱极端贫困、3200 万人口脱离中度贫困，[②]获益人群中便包含大量妇女。基础设施建设对于落实妇女发展权有着特殊的意义。这是因为性别机制导致妇女更易陷入时间贫困、健康风险和经济社会权力不足等多维贫困状况，而加大和改善基础设施供应，能够帮助妇女建立与教育、就业、健康等设施、资源和信息的连接，帮助妇女发展权落地。一是电力、水务、天然气等项目，能够显著降低妇女因集水、取火等家庭照料工作导致的人身安全风险和时间贫困状况；二是道路和交通设施优化项

[①]　张原.中国对"一带一路"援助及投资的减贫效应："授人以鱼"还是"授人以渔"[J].财贸经济,2018(12):111-125.

[②]　Asian Infrastructure Investment Bank. Environmental and social framework[R].Amended Version,2019:5.

目能够提高贫困妇女对学校、工作场所和医疗机构的可获得性；三是电网改造等项目能够加快电网普及至贫困地区，帮助贫困妇女通过使用电话、收音机、电视等，建立起与外界知识和信息的连接，改变她们对健康、教育等问题的认识。① 此外，为了确保基建项目具有性别敏感，沿线基建援助项目的主要融资平台——由中国发起的亚洲基础设施投资银行，作为国际性别平等条约的签署方，制定了基金援助项目贷款申请的性别敏感和回应性规范，要求基建项目在公共服务可获得性和安全性、卫生设施需求、就业（失业）影响以及技能培训等方面推动性别平等。②

（二）经贸合作：解决妇女收入贫困的突破口

中国激励妇女广泛参与经济生产、优先消除妇女收入贫困的战略思路，同样渗透在中国与共建国家经贸合作的过程中。一方面，"一带一路"经贸合作为沿线贫困妇女带来大量就业创业机会。中国与共建国家的经贸合作，尤其是一些具有益贫性的国际产能合作项目，能够加大共建国家对低技能劳动要素的需求，大幅提升低收入者的工资水平，是促进沿线发展中国家减贫的重要手段。③ 经贸合作产生的"涓滴效应"（Trickle-down effect）同样惠及沿线贫困妇女。例如，中巴经济走廊被认为是中巴产能合作的理想平台，巴基斯坦项目主管哈桑·达乌德·巴特（Hassan Daud Butt）曾言，"2016—2017 财年走廊对巴国民生产总值贡献约 20.9%，并为巴基斯坦提供了 22.6% 的就业机会"。④ 巴基斯坦人权部长希琳·马扎里（Shireen Mazari）则表示："越来越多的妇女将在走廊项目中找到工作机会。"⑤此外，中国政府在沿线创建的境外经贸合作区，亦有利于当地贫困妇女解决生计问题。截至 2022 年年底，中国企业在沿线国

---

① Asian Development Bank. Balancing the burden? desk review of women's time poverty and infrastructure in Asia and the Pacific[R].Manila:ADB,2015:9-23.

② Asian Infrastructure Investment Bank. Environmental and social framework [R].Amended Version,2019:4.

③ 王原雪,张晓磊,张二震."一带一路"倡议的泛区域脱贫效应:基于 GTAP 的模拟分析[J].财经研究,2020,46(3):80-93.

④ 中国巴媒:中巴经济走廊项目对巴经济推动作用明显[EB/OL].(2018-08-18)[2023-11-08].https://www.yidaiyilu.gov.cn/p/63173.html.

⑤ 中国巴基斯坦官员:中巴经济走廊有效提升巴女性就业水平[EB/OL].(2018-10-23)[2023-11-08].https://www.yidaiyilu.gov.cn/p/69414.html.

家建设的境外经贸合作区累计投资达 571.3 亿美元,为当地创造了 42.1 万个就业岗位。[①] 其中农业产业园最多,约占 1/3,在共建国家农业女性化现象突出的情况下,中国建设的农业产业园能够有效促进沿线贫困妇女就业。

另一方面,中国强调海外中企等投资主体的社会责任,以改善贫困妇女参与经济生产的能力和环境。与中国妇女赋权减贫方案注重调动社会力量相似,中国与沿线国家在开展经贸合作的过程中也十分强调社会力量的减贫责任。根据"一带一路"倡议的顶层设计《愿景与行动》,中国企业在海外投资过程中需要"积极帮助当地发展经济、增加就业、改善民生,主动承担社会责任",广泛开展"青年和妇女交往"。据此,海外中资企业、行业协会等采取了一系列行动改善妇女生产生活状况。如中国纺织工业联合会积极推动"海外中资企业推动'性别平等'项目",要求柬埔寨、孟加拉国和越南等国的中资纺织服装企业建立性别友好的企业制度、营造性别平等的企业文化环境,从而影响、改善当地社区的性别意识与行为。[②] 在妇女就业比例较高的农业中,中国农业海外投资企业不仅为当地妇女提供了就业创业和技术培训的机会,而且通过医院、学校等小型基础设施建设,改善当地的医疗卫生条件和教育水平,帮助缓解当地贫困女性农户的健康风险,增强她们获得经济收入的可行能力。[③]

(三)人文交流:激发妇女主体性的重要动力

中国重视激发贫困妇女主体性的赋权减贫思路,同样融入中国与沿线人文交流互鉴的过程中。中国与共建国家妇女领域的人文交流,以妇女为主体、以妇女经验为中心、以提升妇女能力为目标,已经超越了感化人心、增强互信的意义,具有帮助沿线妇女增强信心、提高技能的重要作用,是激发妇女减贫主体性的重要动力。一方面,中国借助多边、双边合作机制与平台为发挥妇女经验和提升知识层次提供了重要空间。在中国的倡导下,中国—东盟"10＋1"、亚欧会议、中阿合作论坛、大湄公河次区域经济合作等多边合作机制,以及博鳌亚洲论坛、中国—东盟博览会、中国—亚欧博览会、中国—阿拉伯国家博

① 中国商务部:中国企业为"一带一路"沿线国家创造 42.1 万个就业岗位[EB/OL].(2023-03-30)[2023-07-03].https://scocsp.com/article/34/10030203165358396.

② 海外中资企业推动"性别平等"项目[EB/OL].(2018-08-18)[2021-07-03].http://www.csc9000.org.cn/People.php? lm=海外性别平等项目.

③ 黄思然,刘皓雪,周璇,等.中国农业海外投资性别影响调研报告[R].商道纵横,2018.

览会等合作平台,基本都在主论坛中开设了妇女分论坛,在主会展中开办了妇女分展(参见表 5-3)。此外,中欧、中法高级别人文交流对话机制也将促进性别平等和维护妇女权益写入会议公报。中欧、中法均已在妇女发展、就业创业、反家庭暴力等领域展开系列经验交流和务实合作项目。[①] 与中国本土强调发挥妇女经验和智慧来激发妇女主体性的做法相似,这些多边、双边交流平台和机制均将"一带一路"建设中的妇女经验和妇女贡献等作为交流主题,彰显了妇女在社会经济发展中的主体性地位。

表 5-3 双边、多边合作框架中的妇女交流合作

论坛名称	时间	主题/主要内容
"一带一路"女性论坛	2017 年 3 月	全球化背景下的"一带一路"建设:女性贡献与发展
	2017 年 9 月	全球化背景下女性的作用与贡献
	2018 年 4 月	她力量:共建共享美好世界
	2018 年 9 月	女性发展与领导力、女性全面可持续发展、"一带一路"女性民心相通,推进文明互鉴
	2023 年 12 月	她力量:共建·共享美好生活
中国—阿拉伯国家妇女论坛	2015 年 4 月	中阿妇女与可持续发展、女性领导力的机遇与挑战、支持女企业家和创业者的措施和做法、妇女在企业中的经验
	2017 年 9 月	妇女赋权与政策支持、"一带一路"建设中的女性贡献、妇女与文化传承
	2022 年 7 月	妇女教育与科技创新
中阿博览会妇女论坛	2015 年 9 月	凝聚女性力量,共建丝绸之路
上海合作组织妇女论坛	2018 年 5 月	妇女与创新发展、妇女与美丽世界、妇女与互利合作
	2019 年 5 月	成员国性别问题合作,女性参与区域包容性经济发展、医疗教育投资、数字化时代的能力平等
	2021 年 6 月	加强上合组织内部在性别问题上的互动与合作,增强妇女权能以发展企业活动
	2022 年 8 月	进一步加强上合组织成员国在性别平等和妇女赋权领域的相互协作

[①] 妇女交流:中欧高级别人文交流对话机制新亮点[N].中国妇女报,2015-09-29(A2).

续表

论坛名称	时间	主题/主要内容
上海合作组织妇女教育与减贫论坛	2021 年 7 月	妇女教育、扶贫减贫与全面发展
中国—中亚妇女论坛	2019 年 10 月	发挥妇女在社会和家庭生活中的独特作用
中国—中亚妇女发展论坛	2021 年 10 月	妇女减贫、教育、就业与全面发展
	2023 年 9 月	妇女与可持续发展
中国—东盟妇女创业创新论坛	2017 年 9 月	凝聚女性力量、促进合作共赢
	2019 年 9 月	凝聚女性力量共建"一带一路"
	2021 年 9 月	新形势下妇女与可持续发展
	2023 年 9 月	科技创新与妇女发展
"指尖上的丝绸之路"——2023 丝路妇女论坛	2021 年 5 月	妇女与减贫、妇女与丝路合作、妇女与家庭
	2022 年 8 月	妇女与丝路文化、妇女与生态文明
	2023 年 11 月	凝聚女性力量 共建"一带一路"
丝路沿线国家妇女论坛	2016 年 9 月	妇女创业就业的机遇与挑战
"一带一路"亚太女性高峰论坛	2016 年 7 月	助力女性创新创业、助推亚太经济进一步发展
	2017 年 9 月	推动"一带一路"倡议向更深入的领域发展,增进女性福祉及全面可持续发展,促进国际文化交流,加强经贸合作,实现亚太地区各个国家间的互利共赢
"一带一路"她消费·她经济·她出彩合作论坛	2019 年 4 月	围绕服装服饰、电子商务、现代生活开展项目对接洽谈,举办"她消费·她经济——现代生活"商品经贸展览展示
中巴妇女论坛	2021 年 5 月	促进妇女减贫赋能,深化中巴友谊合作
纪念中国同中亚五国建交三十周年妇女发展论坛	2022 年 7 月	凝聚女性力量,共创中国中亚美好未来

资料来源:作者根据《人民日报》《中国妇女报》和"一带一路"官网等官方报道制作。

另一方面,中国还借助多边、双边合作机制与平台促进妇女能力建设。中国妇女赋权减贫思路将妇女能力建设作为妇女参与发展、获得主体性地位的重要前提,这一点不仅贯穿在中国与共建国家的妇女发展合作和经贸合作中,同样融入并成为中国与共建国家在妇女领域人文交流的重要内容。借助上述多边、双边合作机制与平台(表 5-3),中国政府和社会组织针对共建国家妇女开展了一系列技能培训和研修交流项目。如在党的十八大期间,全国妇联就为包括沿线国家在内的 98 个发展中国家 2000 多名妇女组织/机构人员举办了100多期研修及技能培训班,在13个国家挂牌成立中外妇女培训或交流中心等。① 与此同时,中国着重与共建国家分享国内先进、成熟的妇女减贫发展经验。以澜湄合作框架下中国与沿线的妇女交流合作为例,中国不仅与澜湄国家针对"消除贫困与妇女经济赋权"召开了三届妇女干部研修班,还开办了澜湄国家妇女实用技术培训班,帮助东南亚妇女提高手工编织技能,系统介绍中国妇女就业创业的经验和做法。中国还为尼泊尔、缅甸等国妇女提供小额信贷和配套的手工技能培训,帮助当地妇女提高可行能力,实现脱贫致富。

综上,中国与共建国家妇女减贫合作的实践探索,一方面充分吸收了以妇女发展权为基本保障、以突破妇女收入贫困为关键抓手和以激发妇女主体性为可持续动力的中国妇女赋权减贫思路;另一方面则通过发挥人文交流的作用,激发妇女减贫的积极主动性,拓展"一带一路"减贫合作的可能路径。以中国妇女赋权减贫为模板的沿线妇女减贫合作模式,有助于加速推进沿线妇女减贫和"一带一路"共建性别平等命运共同体的进程。但目前中国与共建国家妇女减贫合作尚存在顶层设计不健全、配套机制不完善、合作知识体系薄弱等问题,为了让中国妇女减贫经验发挥更大作用,让妇女享有发展权落到实处,让性别平等命运共同体的愿景变为现实,还需作出以下努力:第一,在"一带一路"政策、设施、贸易、资金、民心互联互通等各个环节的政策顶层设计中纳入性别主流化机制,编制《"一带一路"妇女发展五年规划》等总领性的性别平等和妇女发展政策,同时加强"一带一路"建设与共建各国妇女发展政策、规划的对接。第二,建构并完善支撑"一带一路"性别主流化机制的配套制度,设置妇女与性别事务职位和机制;在"一带一路"投资和援助资金预算编制中实施社会性别预算(gender budgeting);建立"一带一路"分性别统计的就业、医疗、教育等数据库;提供性别主流化的知识、信息和数据支持。第三,构建性别敏感的南南新型减贫合作知识体系,在现有中国减贫知识及中外减贫合作知识中补充性别视角,立足中国等发展中国家的妇女减贫发展经验,发展、修正和创新(而不是完全抛弃)国际妇女发展理论的概念内涵、分析工具和理论框架等。

总之,中国与共建国家妇女合作有力地推动了沿线妇女发展,为共建一个男女平等、共同发展的人类命运共同体进行了有益的实践探索,为推动落实联合国2030年人类可持续发展目标和共建各国妇女发展作出了中国贡献。"我们支持联合国把妇女工作放在优先位置,在消除暴力、歧视、贫困等老问题上

---

① 杨娜.推动国家关系发展 展现中国妇女风采:追寻新中国70年妇女事业进步发展的足迹[N].中国妇女报,2019-11-11(3).

加大投入,在解决性别数字鸿沟等新挑战上有所作为,使妇女目标成为 2030 年议程的早期收获。"[1]这些均在"一带一路"共建国家合作共建中得以体现。中国与"一带一路"共建国家合作推动妇女发展的过程,就是构建性别平等人类命运共同体的过程。人类命运共同体必然是一个男女和谐共处、共同发展、共同富裕的共同体,它内含着两性发展差距不断缩小的未来趋势。作为"一带一路"倡议的提出者、推进者,中国倡导促进性别领域国际合作交流,并结合自身推进男女平等和妇女发展的重要经验,积极开展共建性别平等命运共同体的丝路实践,为全球妇女事业作出了重要贡献。

---

① 习近平.在联合国大会纪念北京世界妇女大会 25 周年高级别会议上的讲话[N].人民日报,2020-10-02(1).

第六章　构建中国—东盟命运共同体的理念与实践*

中国—东盟命运共同体是人类命运共同体的重要组成部分。从逻辑思路上来看,构建中国—东盟命运共同体是世界大变局下应对全球化与全球治理转型的区域合作方案,是实现人类命运共同体伟大构想的先行先试,是中国与东盟国家共同促进区域繁荣、推动构建周边共同体的重中之重,也是中国实施大国特色外交、建设"21世纪海上丝绸之路"的现实之需。从现实实践来看,基础设施联通夯实了构建中国—东盟命运共同体的坚实根基,经济贸易合作、政治安全互信、社会文化交流形成了中国—东盟命运共同体的三维架构。从各个方面来看,中国与东盟的合作都走在了前列,成就可圈可点。东盟是中国构建周边命运共同体基础好、起步早、成效快,且很有可能取得实质突破的地区,中国—东盟命运共同体建设正在成为人类命运共同体建设的先导和样板。

构建人类命运共同体是引领时代潮流和人类前进方向的鲜明旗帜。中国—东盟命运共同体是人类命运共同体的重要组成。中国—东盟关系自1991年开启对话进程以来,经历了从对话关系、全面对话伙伴关系、睦邻互信伙伴关系到战略伙伴关系、全面战略伙伴关系的演进升级,"成为亚太区域合作中最为成功和最具活力的典范,成为推动构建人类命运共同体的生动例证"①,走出了一条"睦邻友好、合作共赢的光明大道,迈向日益紧密的命运共同体,为推动人类进步事业作出了重要贡献"②。中国—东盟命运共同体日益

---

　*　本章部分内容发表于李丹、李龙龙的《以"一带一路"推动共建中国—东盟命运共同体》,载《一带一路舆情报告》2023年第11期。

　①　习近平.在第十七届中国—东盟博览会和中国—东盟商务与投资峰会开幕式上的致辞[N].人民日报,2020-11-28(2).

　②　习近平谈治国理政:第4卷[M].北京:外文出版社,2022:439.

紧密的理论逻辑何在？现实路径如何？本章尝试从时代背景、发展需求、经贸利益、互信安全、人文认同等不同维度进行系统阐释，以此解释中国—东盟命运共同体建设既有外在机遇，又兼内在契合；既有经贸基础，又有安全互信；既有历史基础，又富现实保障；既是我方所愿，又是东盟所需。中国—东盟命运共同体建设正在成为人类命运共同体建设的先导和样板。

一、构建中国—东盟命运共同体的逻辑思路

近年来，由于全球化受到贸易保护主义、民粹主义、大国博弈、新冠疫情等因素的交叠影响，全球主义向区域主义和国家主义回退的趋势越来越明显。区域化盖过全球化成为后疫情时代新的发展趋势，对中国的周边区域合作提出了新的要求。构建周边命运共同体是周边区域合作治理的中国方案。中国—东盟命运共同体是人类命运共同体的重要组成部分，是周边命运共同体、亚洲命运共同体、亚太命运共同体几个同心圆的中心与重心所在。构建中国—东盟命运共同体是后危机时代、后疫情时代中国与东盟国家携手应对全球挑战的需要，是双方共同发展、区域繁荣稳定的需要。

(一) 应对世界变局与美国印太战略的必要之举

与 20 世纪 90 年代高歌猛进的全球化相比，21 世纪的全球化遭遇了一连串挫折："9·11"恐怖袭击揭开了冷战后全球化天下一统"历史终结"的面纱，"文明的冲突与世界秩序的重建"成为现实；金融危机重创经济全球化，世界生产陷入低迷，贸易投资增长乏力；难民移民危机引发西方国家的严重撕裂，民粹主义盛行、排外主义当道昭告了全球化在社会维度上的不堪一击；英国脱欧、特朗普"退群"则进一步侵蚀着区域化、全球化的政治成果；突如其来的新冠疫情使得本已举步维艰的全球化再遭重创。美国印太战略的新布局和俄乌冲突的大爆发，又使得全球化陷入了不同以往的分裂危机。在经济贸易层面，美国于 2022 年 5 月推出了具有强烈排他性、封闭性色彩的"印太经济框架"(Indo-Pacific Economic Framework for Prosperity，IPEF)，其本质就是"美国优先"战略在印太经济合作领域的具体表现，目的在于搞"脱钩断链""小院高

墙",形成一个排除中国的"新经济宗藩体系"①。中国外交和"一带一路"建设正在经受风高浪急的重大考验。美国战略焦虑加剧,反华制华成为朝野一致议题。除了"印太经济框架",美国还在G7峰会上组建对冲中国"一带一路"倡议的"重建美好世界"计划,召开全球供应链韧性峰会,通过"芯片法案",构建"矿产安全伙伴关系",成立"供应链中断工作组",加紧"友岸外包""近岸外包",寻求"替代性关键矿",加紧构建贸易新网络。俄乌冲突爆发后,美国等西方国家借助金融霸权对俄进行大规模制裁,严重阻碍了国际贸易的正常流动,破坏全球经济秩序的稳定根基,导致全球地缘经济东西分裂、南北分化。美国的印太战略不仅停留在经贸层面,在政治安全层面,美国也加紧设点布局,打着"自由开放"旗号,热衷于拉帮结伙搞"小圈子"打俄压华,使印太地区安全局势进一步复杂化。另外,美国等西方国家还凭借国际舆论霸权,将俄乌冲突塑造为全球层面的"民主与专制、自由与镇压、基于规则的秩序与暴力统治之间的斗争"②,进一步加剧全球地缘政治的阵营化与对抗化态势。

(二)全球化遇挫下区域一体化建设的重中之重

当今时代,全球化正遭受重大挫折已是不争事实。有学者认为新冠疫情之后的全球化将裹足不前,成为"受约束的全球化"③。俄乌冲突之后,有关全球化"彻底终结"抑或"暂时后退"的论断更是十分激烈。④ 代表时代进步潮流与历史发展趋势的全球化进程,绝不会因为一场疫情或局部冲突风波而终止。但在一系列外部压力的冲击下,全球化向区域层面回撤的趋势越来越明显。新冠疫情与俄乌冲突的爆发在某种程度上为全球区域一体化的推进注入了外生性动力。在全球公共卫生治理机制失灵的情况下,东盟、非盟、南亚区域合

① 王卓.介于TPP和CPTPP之间的印太经济框架:美国的另起炉灶、日本的追随与中国的应对[J].东北亚经济研究,2022(5):103-120.

② The White House. Remarks by president Biden announcing response to Russian actions in Ukraine[EB/OL]. (2022-02-22)[2023-06-01]. https://www. whitehouse. gov/ briefing-room/speeches-remarks/2022/ 02/22/remarks-by-president-biden-announcing-response-to-russian-actions-in-ukraine/.

③ FARRELL H, NEWMAN A. Chained to globalization:why it's too late to decouple[J].Foreign affairs,2020(99):70-80.

④ POSEN A S. The end of globalization? what Russia's war in Ukraine means for the world economy[J].Foreign affairs,2022(17).

作联盟、海湾合作委员会等区域组织纷纷采取"抱团取暖"的方式加强本地区的抗疫合作。而且,在新冠疫情和俄乌冲突的交叠影响下,各国产业链的短板问题不容回避。疫情催生的全球化"熔断"效应迫使部分国家"主动或被动地选择一种'条形化'的全球供应链与产业链,或者采取区域一体化模式的'块型'的全球化',以规避各种潜藏'熔断点'的全球化风险"。① 俄乌冲突导致的金融、技术、粮食、能源"武器化"趋势和全球产业链安全化重构趋势难以避免,"各国建立贸易'防火墙'和产业'隔离带'的需求急剧上升,被动'脱钩'和主动'筑墙'的尝试或更加频繁"②。有学者甚至预测未来经济区域化极有可能取代现有的全球产业布局,成为全球化的经济基础和形态。③ 全球化在经济、政治、社会、文化等各个维度都出现了危机,急需全球治理保驾护航、校正纠偏。但此刻的全球治理却面临窘境,全球范围内的各种分歧、分裂、分化、分散、分野为全球治理制造了重重困难和障碍。"当国家间相互依赖日益密切的世界遭遇逆全球化危机时,作为国家主义和全球主义的妥协,旨在解决国家层次和全球层次难以解决的问题的区域主义模式就成为了全球治理的重要路径。"④从全球各区域的治理和发展现状来看,在欧美国家受到金融危机、难民冲击、脱欧纷争和新冠疫情接连打击后,亚太成为世界经济最有活力、社会最有秩序、安全最有保障的地区。中国作为该地区首屈一指的大国,应在区域治理和地区一体化建设中有所作为,构建中国—东盟命运共同体自然是应有之义和其中重点。

(三)构建周边共同体、人类命运共同体的起点

周边是中国安身立命之所,发展繁荣之基。"中国如要实现战略崛起,一定不能没有一个可资为战略依托的周边依托带。"⑤从时代背景来看,在百年变局加速演进和东西方权力转移的大势下,"中美之间的战略竞争、欧洲等西方国家的殖民情结以及中国与周边地区的历史纠葛,都使得西方大国将中国

① 刘贞晔.全球化"熔断"及其历史大转折[J].国际政治研究,2020(3):138-146.
② 赵隆.俄乌冲突中的大国博弈及对未来世界格局的影响[J].国际展望,2022(3):56-78.
③ 崔洪建.疫情对世界格局变化的双重作用[J].国际问题研究,2020(5):50-56.
④ 郑先武.全球治理的区域路径[J].探索与争鸣,2020(3):50-60.
⑤ 李永辉.积极打造周边战略依托带,托升中国崛起之翼[J].现代国际关系,2013(10):35-37.

周边地区作为遏制中国发展的前沿地带",这直接决定了"周边外交应成为中国新时代大国外交总体布局中的核心和关键"。① 习近平对人类命运共同体理念的阐述始于周边,对人类命运共同体建设的部署也强调周边。2013 年10 月,习近平主持召开了 1949 年以来的首次周边外交工作座谈会,强调要更加奋发有为地推进周边外交,打造周边命运共同体。习近平强调,"无论从地理方位、自然环境还是相互关系看,周边对我国都具有极为重要的战略意义","要努力使周边同我国政治关系更加友好、经济纽带更加牢固、安全合作更加深化、人文联系更加紧密"。② 在 2014 年 11 月底的中央外事工作会议上,习近平提出,"要切实抓好周边外交工作,打造周边命运共同体,秉持亲诚惠容周边外交理念,坚持与邻为善、以邻为伴,坚持睦邻、安邻、富邻,深化同周边国家的互利合作和互联互通"③。2015 年 11 月,习近平开启周边外交之旅,在新加坡国立大学演讲中再次强调,中国始终将周边置于外交全局的首要位置,"中国坚持与邻为善、以邻为伴,坚持奉行睦邻、安邻、富邻的周边外交政策,坚持践行亲诚惠容的周边外交理念,坚持共同、综合、合作、可持续的亚洲安全观,致力于构建更为紧密的中国—东盟命运共同体,推动建设亚洲命运共同体"④。这次讲话明确提出推动建设人类命运共同体要从周边先行起步,构建更为紧密的中国—东盟命运共同体是打造亚洲命运共同体的路径和步骤。可以说,周边国家和地区是"人类命运共同体倡议和建设的始发之地、重点之地、关键之地、示范之地,也是决定兴衰成败之地"。⑤ 建设人类命运共同体的现实路径,是由周边到大周边或泛周边(亚洲、亚太、亚欧),最终走向全球。亚洲基础设施投资银行、丝路基金、经济走廊、互联互通工程等具体项目都基于周边、面向周边、围绕周边发展,积极推进周边命运共同体建设,有助于使其成为构建人类命运共同体的"奠基石"和"试验田"。⑥ 中国的持续努力也得到了东盟的积极回应,他们对于和中国共建命运共同体的认知态度,也从最初的"注

① 王健.区域化趋势与周边优先的外交创新[J].探索与争鸣,2022(1):25-27.

② 习近平.论坚持推动构建人类命运共同体[M].北京:中央文献出版社,2018:65.

③ 习近平.论坚持推动构建人类命运共同体[M].北京:中央文献出版社,2018:201.

④ 习近平.论坚持推动构建人类命运共同体[M].北京:中央文献出版社,2018:276.

⑤ 石源华.中国周边学与周边命运共同体构建[J].世界知识,2020(4):72.

⑥ 卢光盛,别梦婕."命运共同体"视角下的周边外交理论探索和实践创新:以澜湄合作为例[J].国际展望,2018(1):14-30.

意到并赞赏"①,逐渐升华为"认同中国为推动建立更紧密的中国—东盟合作所作积极努力,包括构建更为紧密的中国—东盟命运共同体的愿景"②。

(四)推动共建21世纪海上丝绸之路的核心区

东盟地区是推动共建"21世纪海上丝绸之路"的核心区域。目前,东南亚11个国家全部与中国签署了不同形式的"一带一路"共建协议。2016年9月,中国与老挝签署《共同推进"一带一路"建设合作规划纲要的谅解备忘录》;10月,与柬埔寨签署《共建"一带一路"合作文件》。2017年5月,中国与新加坡、东帝汶、马来西亚、缅甸签署了《"一带一路"合作谅解备忘录》;9月,中国与文莱签署"一带一路"合作规划等双边合作文件,与泰国签署"一带一路"建设和铁路等双边合作文件;11月,中国与越南签署《共建"一带一路"和"两廊一圈"合作备忘录》。2018年11月,中国与印尼签署《推进"一带一路"和"全球海洋支点"建设谅解备忘录》,与菲律宾签署《共建"一带一路"合作谅解备忘录》。在"中国—中南半岛经济走廊"合作建设的框架内,中国与多个东南亚国家共建双边经济走廊:中国西南与东南亚南亚经济走廊、中越"两廊一圈"走廊、中缅"人字形"经济走廊、中老柬经济走廊、中泰东部经济走廊、中印尼"区域综合经济走廊"、中国(南宁)新加坡经济走廊等共建项目正蓬勃兴起。这些不同形式的经济走廊正如一根根血脉,为中国与东南亚国家的深度合作注入源源不断的新鲜血液,为构建人类命运共同体不断增添动力与活力。2019年4月28日,《中柬构建命运共同体行动计划》在北京正式签署,柬埔寨成为第一个与中国正式签订双边命运共同体协议的国家。2019年4月30日,习近平与老挝人民革命党中央总书记、国家主席本扬·沃拉吉在北京签署《中国共产党和老挝人民革命党关于构建中老命运共同体行动计划》。这是我国首份以党的名义签署的构建人类命运共同体的双边合作文件。2020年1月,习近平访问缅甸,两国一致同意共建"中缅命运共同体"。这是继"中柬命运共同体"和"中老命运共同体"之后,中国与东南亚国家构建的第三个命运共同体。2023年3月,马来西亚总理安瓦尔访华,两国宣布共建"中马命运共同体"。2013年,习

①　第十七次中国—东盟领导人会议主席声明[EB/OL].(2014-12-01)[2023-06-10].https://www.mfa.gov.cn/web/zyxw/201412/t20141201_330847.shtml.

②　中国—东盟建立对话关系30周年纪念峰会联合声明:面向和平、安全、繁荣和可持续发展的全面战略伙伴关系[N].人民日报,2021-11-23(2).

近平在印尼国会发表《携手建设中国—东盟命运共同体》演讲,其中说道,"愿同印尼和其他东盟国家共同努力,使双方成为兴衰相伴、安危与共、同舟共济的好邻居、好朋友、好伙伴,携手建设更为紧密的中国—东盟命运共同体,为双方和本地区人民带来更多福祉","一个更加紧密的中国—东盟命运共同体,符合求和平、谋发展、促合作、图共赢的时代潮流,符合亚洲和世界各国人民共同利益,具有广阔发展空间和巨大发展潜力"。[①] 在习近平新时代中国特色大国外交的大棋局中,构建人类命运共同体是战略目标,共建"一带一路"是实践平台,经营周边命运共同体是开篇布局,打造中国—东盟命运共同体则是关键重点,这几个方面是环环相扣的有机整体。十年来,中国通过与东盟国家共同建设"21世纪海上丝绸之路",打造中国—东盟自由贸易区升级版,建设中国—中南半岛经济走廊,设立中国—东盟海上合作基金等倡导和安排,切实发挥了"一带一路"核心区的优势和潜能。

概而论之,从全球化的现实态势看,加强区域一体化是应对西方阵营化、对抗化的必要之举,也契合疫情后全球产业分工体系调整的趋势方向;从全球治理的总体方案看,周边是构建人类命运共同体的起步地区,构建中国—东盟命运共同体是重中之重;从"一带一路"的整体布局看,东盟是海上丝绸之路建设的核心区域,是共建"一带一路"的先行之地。构建中国—东盟命运共同体既为我方所愿,也是东盟所需。

二、构建中国—东盟命运共同体的基建之路

共建"一带一路"为促进世界经济共同发展提供了重要途径,其核心内涵"就是促进基础设施建设和互联互通,加强经济政策协调和发展战略对接,促进协同联动发展,实现共同繁荣"。[②] 世界银行的估算数据显示,"一带一路"基础设施网络有望使走廊沿线经济体与世界其他地区的货运时间平均减少3.2%,与走廊内其他经济体的货运时间平均减少4%。走廊经济体与世界其他地区的贸易总成本将平均减少2.8%,与走廊内其他经济体的贸易总成本将平均减少3.5%。这将为走廊经济体带来2.8%至9.7%的贸易增长,为全球带

---

① 习近平.论坚持推动构建人类命运共同体[M].北京:中央文献出版社,2018:51,54.

② 习近平谈"一带一路"[M].北京:中央文献出版社,2018:209.

来 1.7% 至 6.2% 的贸易增长,为低收入和中低收入经济体分别带来 7.6% 和 6.0% 的外国直接投资增长。① 美国兰德公司的研究报告也表明,"一带一路"构筑的多式联运基础设施互联互通网络,有助于促进沿线国家贸易往来,吸引外国直接投资,加速工业化进程。② 质言之,基础设施联通突破了物理空间阻隔形成的自然壁垒,便利了国家间人员往来,降低了国际贸易成本,激发了相关国家市场潜力,极大提升了这些国家融入经济全球化的效率和水平。东盟地区是"六廊六路多国多港"互联互通架构的重要组成部分,并且中国和东盟在设施联通方面有良好的合作基础,2002 年建立了交通运输部长会议机制,2019 年又联合发布了《中国—东盟关于"一带一路"倡议同〈东盟互联互通总体规划 2025〉对接合作的联合声明》,2021 年 11 月第 20 次交通部长会议还通过了《中国—东盟交通合作战略规划(修订版)行动计划(2021—2025 年)》。在"一带一路"倡议驱动之下,双方的基础设施合作突飞猛进。

(一)港口海运合作

中国与东盟的贸易 90% 以上依赖海洋运输,双方于 2007 年签署了《中国—东盟海运协定》全面启动了港口合作,并先后搭建了中国—东盟港口发展与合作论坛、中国—东盟海洋合作中心、中国—东盟海上合作基金等机制平台,积极推进海上互联互通。在港口联通方面,中国港口至东盟国家港口的班轮航线超过了 150 条。中国—东盟港口城市合作网络发展到了 39 家,实现了中国和东盟国家主要港口的全覆盖。其中,广西的北部湾港得益于优越的地理位置,被国家确定为面向东盟国际大通道的门户港。截至 2022 年,该港口已经开通 47 条外贸航线,与全球 113 个国家和地区的 335 个港口实现通航,主要覆盖东南亚和日韩。③ 在港口合建方面,中国通过投资、承建、援建、扩建、租赁等方式在东盟国家参与建设的海港多达 17 个。其中,柬埔寨 4 个:金

① The World Bank Group. Belt and Road economics: opportunities and risks of transport corridors[R/OL].(2023-06-01)[2023-07-01].https://openknowledge. world bank.org/handle/10986/31878.

② LU H, ROHR C, HAFNER M, et al. China Belt and Road Initiative: measuring the impact of improving transportation connectivity on trade in the region[R/OL].(2018-08-21)[2023-06-01].https://www.rand.org/pubs/ research_reports/RR2625.html.

③ 北部湾港 2023 年新增综合吞吐能力将超过 3000 万吨[EB/OL].(2023-02-28)[2023-11-09]. https://gx.cnr.cn/cnrgx/yaowen/20230228/t20230228_526167225.shtml.

边港新建集装箱码头项目、西哈努克港西港特区工程、南部国公岛港口、贡布港 2 万吨码头港池及航道疏浚项目。马来西亚 3 个：马六甲皇京港项目、马六甲州瓜拉宁宜国际港项目、关丹深水港码头项目一期工程。缅甸两个：皎漂特别经济区深水港一期工程、马德岛深水港原油管道工程。印尼 2 个：丹戎不碌港卡里布鲁扩建项目、占碑钢铁工业园综合性国际港口。菲律宾 2 个：马尼拉港集装箱 7 号泊位堆场(南)扩建工程、达沃市海港 208 公顷填海造地项目。新加坡 1 个：巴西班让港区新泊位项目。越南 1 个：西贡国际码头工程。泰国 1 个：和黄兰查邦港 D 区码头。文莱 1 个：摩拉港集装箱码头。①

(二)泛亚铁路合作

1996 年,中国就与东盟国家探讨过昆明—新加坡铁路的建设方案。"十三五"期间,泛亚铁路中国段建设规模为 749 公里,投资 275 亿元人民币。② 从目前情况看,泛亚铁路建设从中线起步,东、西两线正在积极筹备中。中线起始工程中老铁路已全线通车运营,中泰铁路项目一期曼谷至呵叻段土建工程正在稳步推进,预计 2026 年竣工通车,二期呵叻至廊开段正规划设计,有望于 2029 年建成并投入使用,马来西亚东海岸铁路项目建设已完成超过 40%,进入加速建设期,计划于 2026 年年底实现 A、B 段完工,2027 年年底实现 C 段完工。在未来,中老铁路向南延伸与泰国、马来西亚、新加坡境内的铁路相互贯通。通过中新铁路连接中欧班列,中国与东南亚乃至欧洲的互联互通网络逐渐成形。"泛亚铁路"中线工程取得巨大进展的同时,东、西线也在积极筹备中。中缅铁路昆明到大理段的改造升级已经完成,大理到瑞丽段正在建设中,从缅甸木姐到曼德勒段的铁路项目也在积极谋划之中。2022 年 11 月,中越双方发表《关于进一步加强和深化中越全面战略合作伙伴关系的联合声明》指出,"开展基础设施建设与互联互通合作,尽快完成老街—河内—海防标准轨铁路规划评审";"推动跨境基础设施建设,重点推动就老街(越南)—河口

---

① 李祜梅,郐明权,牛铮,等.中国在海外建设的港口项目数据分析[J].全球变化数据学报,2019(3):234-243;孙德刚.中国港口外交的理论与实践[J].世界经济与政治,2018(5):4-32.

② 中国国家铁路局规划与标准研究院.中国泛亚铁路网项目实施进展情况报告[R/OL].(2023-06-01)[2023-07-02].https://www.unescap.org/sites/default/files/Item5_China_0.pdf.

(中国)铁路对接方案商谈一致"①,两国积极推进中越铁路车同轨,泛亚铁路的宏伟构想渐行渐近。

(三)跨境公路合作

沟通云南与东盟的国际公路通道主要有三条:分别是从昆明出发经老挝至曼谷的昆曼公路、从昆明出发经河口(老街)至越南河内(内排)的昆河公路、从昆明出发经瑞丽(畹町)至缅甸腊戍的昆瑞公路(滇缅公路)。这三条公路与东盟高速公路网络(AHN)实现了连接,是中国—东盟公路联运大通道的关键环节。广西南宁至友谊关、防城至东兴、靖西至龙邦、崇左至水口、大新经龙州至凭祥等5条连接东盟国家的边境高速公路相继建成并通车。起于四川成都公路口岸的南向跨境公路分为3条主线路:东线(成都—凭祥—河内—岘港—胡志明市)、中线(成都—昆明—磨憨—会晒—清莱—曼谷)、西线(成都—瑞丽—曼德勒—仰光/皎漂)。从重庆出发连接东盟国家的跨境公路多达6条:东线(南彭—凭祥/龙邦—河内—胡志明市—金边)、东复线(南彭—钦州港—新加坡)、中线(南彭—磨憨—万象—曼谷)、连接中欧班列(重庆)的亚欧线(欧洲—团结村—南彭—越南)、西线(南彭—瑞丽—仰光)、重庆—新加坡线(南彭—凭祥—越南—老挝—泰国—马来西亚—新加坡)。

(四)航空运输合作

在区域层面,中国和东盟于2007年签署了《航空合作框架》。在2010年第9届中国—东盟交通部长会议上,双方签订了航空运输协议,开创了国家—区域航空自由化的新型制度安排。2017年,中国与东盟又签署了《中国—东盟航空安全事故/事件调查合作谅解备忘录》,旨在加强双方航空安全技术合作。2020年,中国民航局将包括"中国—东盟航空区域合作平台"在内的多个区域民航合作机制整合,成立了中国民航"一带一路"合作平台。在此区域层面,为促进澜沧江—湄公河区域交流合作,中柬合资设立了澜湄航空(柬埔寨)股份有限公司,并于2017年10月9日在金边开航。2021年1月,澜湄航空

---

① 中华人民共和国中央人民政府.关于进一步加强和深化中越全面战略合作伙伴关系的联合声明[EB/OL].(2022-11-01)[2023-11-09].https://www.gov.cn/xinwen/2022-11/01/content_5723205.htm.

"空中高速路"正式入驻甘肃兰州民航,为中柬战略对接和澜湄六国航空联通注入了新动力。在双边层面,东盟十国全部与中国实现了直航,覆盖双方主要通航点的国际航空网基本形成,疫情前平均每周约4500个航班往返于中国和东盟之间。

设施联通对东盟经济社会发展有着显著的带动作用。中老铁路的通车帮助老挝摆脱了"陆锁国"困境,"在中南半岛开辟了一条辐射缅甸、柬埔寨、越南、泰国、马来西亚等国的经济繁荣之路,为加强中国与东盟的经济联系提供动能"①。世界银行发布的报告显示,中老铁路的贯通可以将昆明至万象的货运成本降低40%至50%,老挝国内铁路运输成本将降低20%至40%,若完成了所有"一带一路"基础设施并采取补充性改革减少边境延误,还能使老挝的GDP增加21%。② 中老铁路的建成还在东盟起到了重要的示范效应。得益于中老铁路强大的运输能力,与万象一桥之隔的泰国廊开府边境货物贸易量从2020年12月的116552吨,增长至2021年12月的304119吨,运输额从46.4亿泰铢增长至69.1亿泰铢,货物运输成本降低了25%左右。③ 2022年1月,巴育内阁成立了由副总理和交通部长担任主席的"泰国、老挝和中国互联互通委员会",专门负责推进三国铁路联通建设。④ 便捷高效的基础设施联通网络有助于促进经济增长和区域一体化,形成了双方优势互补、协同发展的互惠机制。因此,设施联通成为共建"一带一路"的优先领域,也是中国—东盟命运共同体建设的奠基工程。

---

① 史冬冬.超越西式全球化:"一带一路"与全球化再造[J].厦门大学学报(哲学社会科学版),2022(2):99-108.

② The World Bank. From landlocked to land-linked: unlocking the potential of Lao-China rail connectivity [R/OL]. (2021-10-21) [2023-06-01]. https://openknowledge.worldbank.org/bitstream/handle/10986/33891/Main Report.pdf? sequence=5&isAllowed=y.

③ 中老铁路通车后,泰国廊开府边境进出口值大幅增长[EB/OL]. (2021-12-03) [2023-06-01]. http://www.taig-uo.com/thread-4358-1-1.html.

④ 总理设立中—老—泰互联互通委员会[EB/OL]. (2022-04-06) [2023-06-01]. https://www.matichon.co.th/polit-ics/ news_3145810.

三、构建中国—东盟命运共同体的三维支撑

基础设施联通夯实了中国—东盟命运共同体的基石,在此基础上构建中国—东盟命运共同体全面发力,通过经济贸易合作奠定中国—东盟命运共同体的利益基础,通过政治安全机制加固中国—东盟命运共同体的抗险能力,通过人文交流对话强化中国—东盟命运共同体的身份认同,多管齐下、三位一体搭起了共建中国—东盟命运共同体的支撑骨架。

(一)构建中国—东盟命运共同体的经济理路

经济基础是中国—东盟命运共同体的坚实底座。"利益共享、责任共担,为打造命运共同体提供重要基础和必由之路,打造命运共同体则是构建利益共同体和责任共同体的结合和升华。"① "'财富'是世界政治的终极目标之一,也是任何国家开展对外交往的核心动力之一。"② 经济利益是国家利益的最基本内容,经济联系是影响国际合作的关键因素。托马斯·迪兹(Thomas Diez)在研究欧洲一体化进程时曾提出,经贸发展职能的实现强化了共同利益认知,构建了相互信任,使国际合作从经济领域外溢拓展至政治安全领域,增进国家间政治互信,深化共同体内部相互依赖程度。③ 中国—东盟命运共同体建设从经济这一惠民生、见效快、接地气的领域入手,显然更容易使各国达成合作共识。当前,中国—东盟命运共同体建设的经贸支撑主要体现在以下三个方面的合作上。

第一,跨境经济合作区建设方兴未艾。早在 1992 年,中国就在西南边境的瑞丽、凭祥、东兴等城市建立了面向东盟的边境经济合作区域。"一带一路"倡议提出后毗邻东盟的云南、广西等内陆边疆省份也成了对外开放前沿,中

---

① 王毅.携手打造人类命运共同体[N].人民日报,2016-05-31(7).

② 王缉思.世界政治的终极目标:安全、财富、信仰、公正、自由[M].北京:中信出版集团,2018:67.

③ DIEZ T. European integration theory[M].Oxford:Oxford University Press,2019:8.

国—东盟跨境经济合作区迎来了前所未有的发展机遇。2023年,商务部等17部门发布《关于服务构建新发展格局推动边(跨)境经济合作区高质量发展若干措施的通知》再次指出,"边境经济合作区、跨境经济合作区是我国深化与周边国家和地区合作、推动高质量共建'一带一路'的重要平台,也是沿线地区经济社会发展的重要支撑"①。中国老挝磨憨—磨丁经济合作区已于2016年3月4日经国务院批复后正式设立,这是中国与周边国家合作共建的第二个跨境经济合作区。为更好推动双边合作,合作区建立了由中国商务部副部长和老挝计划与投资部副部长担任主席,云南省副省长和南塔省副省长担任副主席的"中老联合协调理事会",协调解决合作区重大问题,力争2025年将其建设成中国—东盟深化合作区的先行区。此外,中缅瑞丽—木姐与中越红河—老街、凭祥—同登、东兴—芒街、龙邦—茶岭等多个跨境经济合作区也在加紧建设。跨境经济合作区已经成为兴边富民、畅通贸易的重要渠道。

第二,境外经贸合作区合作持续推进。中国—东盟共建经贸合作园的实践探索可以追溯到1994年新加坡在中国设立的苏州工业园。2011年,中国在东盟国家设立的首个经贸合作园钦州—关丹合作园在中马两国总理的见证下正式开园,开创了"两国双园"国际合作新模式。迄今为止,通过商务部、财政部考核的中国境外经贸合作区共计20个,东盟国家占了7个。作为一种企业"抱团走出去"的对外投资模式,境外经贸合作园的蓬勃发展为中国企业深度融入东盟市场提供了机遇,有效促进了东道国工业化进程,是中国—东盟共建利益共同体和命运共同体的重要载体。以柬埔寨西哈努克港经济特区为例,现已引入175家企业,创造就业岗位近3万个,全区企业已实现进出口总额25.07亿美元。②

第三,自由贸易区建设成就斐然。中国—东盟自由贸易区是中国与东盟加强贸易合作的主要制度平台。在这一制度框架内,中国已经与文莱、菲律宾、印度尼西亚、马来西亚、泰国、新加坡六国实现了91.9%以上产品零关税,其余东盟国家也在稳步实现零关税承诺。中国自东盟享惠进口已经占到全部享惠进口的一半左右。"在全球价值链下,中国—东盟自贸区内企业加快融入

---

① 商务部等17部门关于服务构建新发展格局推动边(跨)境经济合作区高质量发展若干措施的通知[EB/OL].(2023-02-07)[2023-11-10].https://www.gov.cn/zhengce/zhengceku/2023-03/17/5747124/files/eb0bfc02d4ce4df7868f8f8f8ae59bc6.pdf.

② 共建"一带一路"倡议十周年柬埔寨西港特区成果发布会在京举行[EB/OL].(2023-10-17)[2023-11-11].http://finance.people.com.cn/n1/2023/1017/c1004-4009 7241.html.

全球价值链,带动以中间产品为特征的价值链贸易,吸引区域生产网络型投资,由此成为'南南合作型'区域一体化形式的成功典范。"[①]"中国—东盟自贸区建设的终极目标,就是通过区域经济一体化建设构建命运共同体。"[②]随着中国—东盟自贸区 3.0 版的建设开启,双方还将继续努力削减关税和减少非关税贸易壁垒,并在数字经济、绿色经济、高端制造等新领域拓展合作,共建经贸创新发展示范园区。区域全面经济伙伴关系协定生效之后,中国与东盟国家的立即零关税比例超过 65%,区域全面经济伙伴关系协定的投资便利化和原产地规则将促进区域价值链建设,降低交易摩擦成本,带动区域内贸易和产业内贸易增加。

在全球化时代,"只有当国际经贸合作成为各自国内社会再生产和生活的必要环节,其经验和信心才能有效'外溢'到文化、政治和安全等各个领域,促进共同利益的扩大和相互利益的交融,为命运共同体奠定必要的物质基础"。[③] 中国和东盟兴衰相伴、安危与共,双方经济深度融合,彼此难以替代的"互为必要"特征愈发显著。从当前经贸关系看,中国自 2009 年以来,连续 14 年都是东盟第一大贸易伙伴。马来西亚、越南、新加坡、泰国、印尼、菲律宾、缅甸、柬埔寨等 8 个国家,当前最大的贸易伙伴都是中国。过往十多年,中国与东盟十国贸易规模快速壮大(见表 6-1),且中国与东盟的双边贸易在各自对外贸易中都发挥了重要支撑作用。在中国与 65 个"一带一路"沿线国家的贸易额中,东盟国家占据了前 10 位中的 6 席。[④] 再从未来发展趋势看,新冠疫情触发的全球产业链本地化、区域化重构,进一步强化了中国—东盟在经济层面的密切联系。东盟国家都是相对较小的经济体,对外依存度高,脆弱性特征明显,中国在其疫情防控和经济复苏中的作用举足轻重。在中国构建"双循环"新发展格局的形势下,东盟地区是实现国际大循环和高质量推动"一带一路"建设的首选示范区。中国在科技力量、经济实力等领域有较大的比较优势,东盟国家自然资源丰富,优质劳动力充足。双方的有效合作有助于形成更

---

① 王勤,赵雪菲.论中国—东盟自贸区与共建"一带一路"[J].厦门大学学报(哲学社会科学版),2020(5):99-106.

② 范祚军.中国—东盟区域经济一体化研究[M].北京:经济科学出版社,2016:519-526.

③ 阮建平,林一斋.人类命运共同体的历史逻辑、挑战与建设路径[J].中州学刊,2018(11):35-41.

④ 李文溥,王麒麟.从中国—东盟经贸关系发展看"一带一路"建设[J].经济研究参考,2022(1):50-66.

加公平合理的分工体系,从而打造一条互惠互利的区域间产业链,不断巩固中国—东盟相互依赖关系。相互依赖是命运与共的初级阶段,命运共同体是相互依赖的最高形态,通过经贸合作夯实利益根基,是通向中国—东盟命运共同体宏伟目标的基础支撑。2020至2022年,东盟连续三年保持中国第一大贸易伙伴的地位,有力强化了中国—东盟命运共同体的经济纽带(见表6-2)。

表6-1　中国与东盟十国贸易发展概况

单位:亿美元

国家	2013年	2014年	2015年	2016年	2017年	2018年	2019年	2020年	2021年	2022年	2023年
马来西亚	1060.8	1020.2	972.9	868.8	960.3	1086.3	1239.6	1311.6	1768.0	2062.9	1902.4
越南	654.8	836.4	959.6	982.3	1213.2	1478.6	1620.0	1922.9	2302.1	2349.2	2283.9
新加坡	759.2	797.0	795.7	704.2	792.4	828.8	899.4	890.9	941.2	1261.2	1251.1
泰国	712.6	726.7	754.6	758.7	802.9	875.2	917.5	986.3	1311.4	1399.9	1241.8
印尼	683.5	635.8	542.3	535.1	633.2	773.7	797.0	783.7	1244.4	1478.7	1293.2
菲律宾	380.7	444.5	456.5	472.1	512.7	556.7	609.5	611.5	821.1	884.1	718.1
缅甸	102.3	249.7	151.2	122.8	135.4	152.4	187.1	188.9	186.1	198.2	179.3
柬埔寨	37.7	37.6	44.3	47.6	57.9	73.9	94.3	95.6	136.2	170.2	148.2
老挝	27.4	36.2	27.8	23.4	30.2	34.7	39.2	35.5	43.5	56.8	71.1
文莱	17.9	19.4	15.1	7.2	10.0	18.4	11.0	19.1	28.1	30.8	28.1

数据来源:根据商务部、海关总署、中国驻东盟经济商务处、中国—东盟中心、中国—东盟商务理事会等相关数据整理换算而来。

表6-2　中国与主要贸易伙伴贸易额及贸易占比概况

单位:亿美元

贸易年份	东盟	欧盟	美国
2013年	4436.9(10.7%)	5590.4(13.0%)	5210.0(12.5%)
2014年	4803.5(11.2%)	6151.4(14.3%)	5551.2(12.9%)
2015年	4720.0(11.9%)	5647.5(14.3%)	5582.8(14.1%)
2016年	4522.2(12.4%)	5470.0(14.9%)	5240.0(14.3%)
2017年	5148.2(12.7%)	6169.0(15.1%)	5837.0(14.4%)
2018年	5878.7(12.8%)	6821.6(14.8%)	6335.2(13.8%)
2019年	6414.6(14.1%)	7053.0(15.4%)	5414.0(11.8%)
2020年	6846.0(14.7%)	6495.3(14.0%)	5867.2(12.6%)

续表

贸易年份	东盟	欧盟	美国
2021 年	8782.1(14.5％)	8286.5(13.7％)	7558.5(12.5％)
2022 年	9892.8(15.5％)	8473.2(13.3％)	7594.2(11.9％)
2023 年	9117.2(15.3％)	7837.1(13.2％)	6643.3(11.2％)

数据来源:根据商务部,中国驻美国大使馆、驻东盟使团经济商务处、驻欧盟使团经济商务处,海关总署,中国—东盟中心等相关数据整理换算而来。

(二)构建中国—东盟命运共同体的安全支撑

从相互依赖到命运与共只有共同利益的铺垫是不够的,在跨国界的重大挑战和威胁下,"人类必须结成共同体,才能以整体的力量应对威胁与挑战,以此保障生存与发展",外部安全挑战是"人类命运共同体形成的第一个必要条件"。[①] 齐格蒙特·鲍曼(Zygmunt Bauman)将共同体视为安全保障:"共同体是一个温馨而舒适的家,它的里面不会有任何危险,它的外面却处处潜伏着种种危险。"[②]亚历山大·温特(Alexander Wendt)从建构主义的视角出发,将共同的外部威胁视为命运与共的关键因素,"典型的共同命运就是由一个群体面临的外来威胁造就的"[③]。现阶段,中国和东盟面临的地区安全形势并不容乐观。首先,"印太战略"被以为是美国制衡"一带一路"的主要手段,东南亚是该战略实施的重要地缘方向。2021 年 12 月,美国邀请印尼、马来西亚、菲律宾等国家参与"民主峰会"。2022 年 2 月,拜登政府在首份《印太战略报告》中声明,要继续强化"四边安全机制"和东盟之间的联系。[④] 美国的行为严重冲击了以东盟为中心的区域安全合作架构,导致地缘政治回归,安全形势趋紧。其次,中国与部分东盟国家接壤毗邻,"毗邻对于安全来说影响较大,因为很多威

①　徐梦秋,朱彦瑾.人类命运共同体形成的基本条件探析[J].厦门大学学报(哲学社会科学版),2019(4):1-5.

②　齐格蒙特·鲍曼.共同体:在一个不确定的世界中寻找安全[M].欧阳景根,译.南京:江苏人民出版社,2007:2.

③　亚历山大·温特.国际政治的社会理论[M].秦亚青,译.上海:上海人民出版社,2014:339.

④　The White House. Indo-Pacific strategy of the United States[R/OL]. (2022-02-11)[2023-06-01]. https://www. whitehouse. gov/wp-content/uploads/2022/02/U. S.-Indo-Pacific-Strategy.pdf.

胁在近距离传播比在远距离传播更容易"。① 东盟内部各国家、民族、宗教之间普遍存在着历史和现实纠纷,由此导致的域内冲突不仅影响了东盟内部安全,还容易波及中国。再次,南海问题长期存在更是影响中国—东盟安全合作的核心变量。各种传统和非传统安全危机此起彼伏,严重威胁着中国—东盟地区的和平稳定。在缺乏战略互信和安全共识的情况下,战略误判导致冲突爆发,危机失控造成"救生艇"倾覆,都会给各国带来沉重灾难,构建安全共同体事关存亡。

为此,"对和平环境的珍视与对国家繁荣的渴望是中国与东盟之间最重要的共同点,也可以说是中国—东盟互信关系的首要基石"②。在制度建设层面,中国和东盟早在 1996 年就建立起全面对话伙伴关系,1997 年又建立起"面向 21 世纪的睦邻互信伙伴关系"。1998 年至 2000 年,中国分别与东盟十国达成了共建"面向 21 世纪的双边关系"的框架协议。进入 21 世纪以来,中国先后成为第一个签订《东南亚友好合作条约》的对话伙伴、第一个与东盟建立战略伙伴关系的国家、第一个表示愿意签署《东南亚无核武器区条约》的国家、第一个明确表态支持东盟在区域合作架构中中心地位的国家。2008 年,中国首次任命驻东盟大使一职。2012 年,中国又设立了常驻东盟使团,着力推进双方政治关系的拓展深化。中国坚定支持东盟在推进东亚一体化进程中的主导作用,积极推动以东盟为中心的地区政治安全合作机制建构(如表 6-3)。中国还不断致力于打造与东盟政治安全合作的新平台,推动《中国—东盟睦邻友好合作条约》商签、中国—东盟防长非正式会晤机制化进程以及中国—东盟执法安全合作部长级对话机制务实化发展。在多维合作机制的框架下,中国与东盟及其成员国建立起了类型多样的伙伴关系网络。中国与东盟建立了全面战略伙伴关系;与越南、柬埔寨、缅甸、老挝、泰国建立了全面战略合作伙伴关系;与印尼、马来西亚建立了全面战略伙伴关系;与新加坡建立了全方位合作伙伴关系;与菲律宾建立了全面战略合作关系;与文莱建立了战略合作伙伴关系。命运共同体建设就是伙伴外交关系的新升级。

① 巴里·布赞,奥利·维夫.地区安全复合体与国际安全结构[M].潘忠岐,等译.上海:上海人民出版社,2009:45.

② 翁诗杰,王鹏.构建中国—东盟命运共同体的四梁八柱[N].中国社会科学报,2021-05-13(4).

表 6-3　中国—东盟政治安全合作主要制度平台

名称及其起始时间	功能定位
中国—东盟外长会议 （1991 年）	1991 年 7 月,中国—东盟对话关系正式启动。自此,中国外长每年都会参与东盟外长会议的后续会议。
东盟地区论坛 （1994 年）	在军事交流等传统安全领域和禁毒、反恐、难民治理、气候安全、海洋安全等非传统安全领域全面加强成员国合作,是中国和东盟之间乃至整个亚太地区最为重要的政府间安全合作平台。
中国—东盟高官磋商机制 （1995 年）	该机制是中国与东盟十国外交部门东盟事务高官重要的合作机制,旨在从高层（副部级）就双方共同关心的政治与外交问题进行年度磋商。
东盟北京委员会 （1996 年）	该委员会由东盟国家的驻华大使组成,其宗旨在于促进东盟驻华机构与我国政府部门的交流与合作。
中国—东盟领导人会议 （1997 年）	该会议以经济合作为重点,逐步拓展至包括外交、防务、商务、文化、教育、交通、海关署长、总检察长、卫生、电信、新闻、质检、执法安全等 10 余个部长级会议机制。
中国—东盟联合合作委员会 （1997 年）	该委员会参与者包括东盟常驻代表委员会和中国驻东盟大使,旨在推动中国和东盟各领域的务实合作,加强双方战略伙伴关系。
东亚峰会 （2005 年）	通过外长及高官会晤加强沟通交流,平衡推进政治安全合作与经济社会发展,致力于推进东亚一体化进程和东亚共同体建设。
东盟防长扩大会议 （2010 年）	该机制是亚太地区目前级别最高、规模最大的防务安全对话合作机制。旨在通过防长会晤,加强各国在人道主义援助和救灾、海上安全、军事医学、反恐、维和、扫雷等安全领域的合作。
中国—东盟国防部长 非正式会晤机制 （2011 年）	通过各国防长的会晤交流,凝聚安全共识,深化务实合作,夯实中国—东盟命运共同体的安全基础,维护东亚和平安全。
东盟海事论坛扩大会议 （2012 年）	聚焦海洋安全合作,致力于增进政治安全互信,促进共同发展。
澜沧江—湄公河合作机制 （2015 年）	坚持政治安全、经济和可持续发展、社会人文三大领域协调发展,推动构建澜湄国家命运共同体。
中国—东盟执法安全合作 部长级对话机制 （2015 年）	该机制的核心理念是"以安全促发展",其主要功能是为各国联合执法提供合作平台,促进各国执法安全合作从理念制度落地到具体实践。

续表

名称及其起始时间	功能定位
澜沧江—湄公河综合执法安全合作中心 （2017 年）	该中心是澜沧江—湄公河流域第一个综合性执法安全合作类政府间国际组织。其宗旨是为澜湄国家的联合执法提供制度平台。
中国—东盟关系雅加达论坛 （2019 年）	通过"雅加达渠道"为各方提供一个信息交流、思想碰撞与探索合作的平台,捍卫东亚特色的多边主义。

数据来源:根据中国外交部网站、新华网新闻资料自行整理而成。

在传统安全领域,双方在南海问题磋商进程中,逐步建立起了机制化的纠纷解决模式。在多边层面,2002 年中国与东盟签署了《南海各方行为宣言》,作为多边协商解决南海问题的纲领性文件。在 2016 年中国—东盟领导人会议上,双方审议通过了《中国与东盟国家关于在南海适用〈海上意外相遇规则〉的联合声明》,为各国海军舰艇和航空器在南海意外相遇时的应急处置与操作提供了处理规范。双方还通过《中国与东盟国家应对海上紧急事态外交高官热线平台指导方针》,设立了冲突应急管理热线电话。2017 年,中国与东盟国家在落实《南海各方行为宣言》第 14 次高官会上审议通过了"南海行为准则"框架。目前,该准则已经进行到第二轮文本审读,进入了实质性磋商阶段。在双边层面,2017 年 5 月,中国和菲律宾启动了副部长级南海问题双边磋商机制。2019 年 9 月,中国与马来西亚建立了海上问题双边磋商机制。再加上中国和越南之间已有的边界谈判代表团定期会晤机制,中国已经和除文莱之外的所有"声索国"都建立了南海争端双边磋商机制。2018 年和 2019 年,中国和东盟还连续两年举办了海上联合军事演习。此外,2023 年,中国与东盟五国举行了以"联合反恐与维护海上安全军事行动"为课题的"和平友谊—2023"多国联合演习。这些都充分表明,南海问题虽有波折但总体可控,中国—东盟的友好合作更不会因此停滞。

在非传统安全领域,双方的卫生健康合作日益加强。在多边层面,中国倡导建立了中国—东盟合作基金,与东盟合作实施了"中国—东盟公共卫生合作"和"中国—东盟健康之盾"倡议,建立了"中国—东盟疫苗之友"平台,促进抗疫信息和经验的分享,为共建卫生健康命运共同体奠定基础。在双边层面,中国与新加坡、印尼、缅甸等国家开辟了便利人员往来的"快捷通道"和促进货物流通的"绿色通道",帮助菲律宾和缅甸建立了病毒检测实验室,协助印尼建设东南亚疫苗中心。截至 2021 年年底,中国为东盟十国提供的新冠疫苗超过5 亿剂,约占中国对外援助疫苗总数的 1/4。新加坡尤索夫·伊萨东南亚研究院发布的数据显示,超过 1000 名调查对象中,44.2%认为中国是对东盟抗疫帮助最大的国家,其比例远高于日本(18.2%)、欧盟(10.3%)等国家和地区。①

　　从西方主流国际关系理论视角看,现实主义的均势安全观,以及自由主义的集体安全观都无法解决当今世界复杂多变的安全难题。强调力量均衡、权力平衡的均势安全观容易导致权力竞争、军备竞赛、阵营对立。倡导共同防御的集体安全机制,也时常沦为某些大国霸权持护的工具。相比之下,人类命运共同体理念秉持的是一种"共同、综合、合作、可持续"的普遍安全观,主张通过协同治理打造责任分担、红利共享、均衡有效的安全共同体。中国和东盟共同肩负着维护地区和平稳定的责任。中国在地区安全治理实践中从不恃强凌弱,而是充分考虑东盟的诉求关切。比如在马六甲海域海盗治理中,中国就选择了与东盟国家群策群力、共担责任。中国是《亚洲反海盗及武装劫船协定》的创始成员国,早在 2006 年召开的马六甲和新加坡海峡安全会议上,中国就明确表示愿意为维护海峡安全向东盟提供支持。2011 年,中国和东盟签署了《关于落实〈非传统安全领域合作谅解备忘录〉的行动计划》。中国积极承担地区安全责任的行为受到了东盟国家的普遍赞赏,杜特尔特总统还曾邀请中国在通往马六甲海峡和苏禄海的国际水域与菲律宾联合巡逻。广泛深入的政治安全合作,有效缓和了中国和东盟之间的战略猜疑。美国战略与国际问题研究中心(CSIS)2020 年 6 月发布的报告显示,53%的东南亚受访者对中国在地区的作用持积极态度。② 印尼外交政策共同体(FPCI)2021 年 11 月发布的调查数据也表明,超过一半的受访者认为当前的中国—东盟关系有利于地区和平稳定,期待中国在地区事务中发挥更积极的作用,帮助东盟国家应对地区挑战。③ 正如东盟前秘书长鲁道夫·塞韦里诺(Rodolfo Severino)所说的那样,"东盟已经接受了一个令人满意的中国崛起"。在政治交往中增进战略互信,

①　The ASEAN Studies Center at ISEAS-Yusof Ishak Institute. The state of Southeast Asia: 2021 survey report[R/OL].(2022-06-16)[2023-06-01].uploads/2021/01/The-State-of-SEA-2021-v2.pdf.

②　Center for Strategic & International Studies. Powers, norms, and institutions: the future of the Indo-Pacific from a Southeast Asia perspective. Results of a CSIS survey of strategic elites[EB/OL].[2023-06-01].https://csis-website-prod.s3.amazonaws.com/s3fs-public/publication/20624 _ Green _ PowersNormsandInstitutions _ WEB% 20FINAL% 20UPDATED.pdf.

③　Foreign Policy Community of Indonesia. ASEAN-China relations after 30 years: changing perceptions, remaining anxieties, and new opportunities[EB/OL].(2022-06-16)[2023-06-01].https://www.aseanchinasurvey.com/.

在安全合作中培育安危与共意识,这是中国—东盟命运共同体建设的重要保障。

(三)构建中国—东盟命运共同体的人文底蕴

身份认同(identity)是影响国际合作的核心要素,也是人类命运共同体的重要标志。彼得·卡赞斯坦(Peter J. Katzenstein)等学者在对比欧洲与东亚区域合作时就明确提出,"国际多边合作除了要有共同利益之外,还需要强烈的集体认同感"①。布鲁斯·克罗宁(Bruce Cronin)指出,在理论意义上共同体形成的度量标准就是"共同体感"的确立。② 巴里·布赞(Barry Buzan)等人也认为,共同体是一种以情感和传统所激发的以"我们—感觉"(we-feeling)为基础,联结而成的拥有共同身份认同的社会关系。③ 作为人类社会共同体演进的最高形态,"人类命运共同体源自利益又超越利益,本质上是高度认同的文化共同体"。④ 认同并不是预先设定的因素,而是行为体在互动过程中构建而来的。在共同体建构的过程中,共同情感是促进个体对集体身份认同的关键因素。积极的情感共鸣可以激励个体协调一致维护集体利益,减少"搭便车"现象,克服集体行动的困境,从而转化为共同体构建的情感冲动。在维护共同利益、应对共同威胁、追求共同发展的进程中,行为体会逐渐对彼此的利益观、价值观、发展观、区域观、全球观,产生相互理解包容的认知和认同。随着"熟悉感"的强化和"陌生感"的弱化,国家之间的相互认同即"我们感"也会由此增强。这种"我们感"经过长期酝酿发酵,就会逐渐萌生出"我们是一体"(we are one)的集体身份意识。在此过程中,"我们"和"他们"之间的界限就会逐渐模糊消解,"自我"和"他者"将会共享同一身份。拥有共同身份认同的国家就会倾向于把"他者"的利益也视为自己利益的一部分,其对外行为自然

---

① HEMMER C, KATZENSTEIN P J. Why is there no NATO in Asia? collective identity, regionalism, and the origins of multilateralism[J]. International organization, 2002,56(3):575-607.

② CRONIN B. Community under anarchy: transnational identity and the evolution of cooperation[M].New York: Columbia University Press,1999:4.

③ 巴里·布赞,安娜·冈萨雷斯·佩莱兹."国际共同体"意味着什么?[J].任东波,蒋晓宇,译.史学集刊,2005(2):1-6.

④ 李丹.构建"一带一路"文化共同体的基础条件与现实路径[J].中国人民大学学报,2021(6):165-175.

具有"利他性"。作为对西方国际关系理论的批判创新,人类命运共同体理念的重大贡献就是超越了狭隘的"利己"观,实现"利己""利他""利集体"的有机统一。从地区合作实践来看,"集体认同是一体化的关键变量,缺乏认同的一体化只能算暂时合作,不能算形成了共同体"①。欧洲国家集体身份就一直被认为是塑造"欧洲共同体"的有利因素,文化共通在其中扮演着核心角色。尽管政治版图长期支离破碎,"但共同的文化和价值观把生活在西欧和西北欧地域上的族群凝聚在一起,在上千年的历史进程中孕育出了欧洲意识,产生了欧洲人的身份认同"②。

就东南亚地区而言,东南亚自古就是海上丝绸之路的核心区域。中国与多数东盟国家同属儒家文化圈,儒家文化在越南、老挝、柬埔寨、缅甸、泰国等中南半岛国家有深远影响,并随着郑和下西洋和华人移民传播到了印度尼西亚、马来西亚、菲律宾、新加坡、文莱等国家。各国在 2000 多年的互学互鉴中衍生出了别具一格的"海丝文化"集体记忆。比如,东南亚国家至今广泛存在着郑和遗迹,马来西亚有三宝山、三宝井,印度尼西亚有三宝庙、三宝垄,泰国有三宝港,菲律宾有三宝颜,这些均源自海上丝绸之路沿线对郑和造福当地功绩的旌表纪念。再比如,起源于中国福建的妈祖信仰和"送王船"禳灾祈安仪式,就是通过海上丝路传播到东南亚各国,至今仍是各国人民共同的精神文化纽带。这些共同的文化拥有对塑造"儒家文化圈""亚洲价值观"产生了非常重要的作用。与此同时,几个世纪的"下南洋"移民大潮使华人社区遍布东盟各国。华侨华人在积极融入住在国社会生活的同时,也大多保持着中国传统,成为联结中华文明与东盟国家文化的中介桥梁。比如,分布于新加坡、马来西亚、印度尼西亚等东盟国家的"峇峇娘惹族群"传承了中华民族在婚俗、饮食、服饰、建筑、语言、宗教、伦理道德等方面的文化习俗,在与当地人民上千年的交流互动中熔炼出了特色鲜明的"娘惹文化"。相似的文化习俗、共同的中华血脉、相通的语言造就了中国与东盟国家天然的亲近感,这也是建设"21 世纪海上丝绸之路"、构建中国—东盟地区身份认同的文化根脉。

进入新世纪之后,以 2005 年《中国—东盟文化合作谅解备忘录》签署为标志,人文交流成为中国和东盟合作的重点领域。自 2006 年起,中国—东盟文化论坛已成功举办 18 届。在《中国—东盟战略伙伴关系 2030 年愿景》中,双

---

① ALEXANDER W.Collective identity formation and the international state[J].American political science review,1994,88(2):384.

② 俞金尧.欧洲:文化构建的利益共同体[N].中国社会科学报,2000-02-14(5).

方正式确认了以政治安全合作、经济合作、人文交流为支柱的命运共同体建设路径。目前,双方在教育、科技、人员往来等领域的交流正全面推进。

第一,教育合作卓有成效。中国与东盟十国建立了教育部长会议机制,签署了教育交流合作协议,与印尼、马来西亚、菲律宾、泰国、越南等国家签署了学历学位互认协议,仅 2023 年一年,双方互派留学生超过 17.5 万人。中国高校开设了东盟十国的官方语言专业。中国政府在曼谷、万象、新加坡、金边、仰光、河内等东盟城市建设了 6 个中国文化中心。东盟国家开办了 60 多家孔子学院和孔子课堂,数十万学员从中受益。① 在共建"一带一路"背景下,东盟各国的华文教育依托原有的地缘和文化优势,蓬勃发展起来。2013 年 4 月,泰国成为第一个将汉语纳入国民教育体系的国家,马来西亚、新加坡、印尼、越南、老挝等国也先后将汉语纳入其国民教育体系。目前,东南亚有华文学校上万所,华文教育从业者数十万,有数百万人学习和使用中文。马来西亚还拥有从小学到大学完整的华文教育体系,这在全世界绝无仅有。

第二,科技合作提质升级。中国和东盟科技合作的范围包括科技交流、技术转移、人才培养、实验室共建等,合作领域涵盖传统制造业、数字信息技术、空间技术、人工智能、生物医药、新能源等诸多领域。中国政府出资设立了"中国—东盟科技伙伴计划",与东盟科技委及东盟有关国家科技主管部门合建了"中国—东盟技术转移中心",与柬埔寨、缅甸、老挝、泰国、印尼、马来西亚、文莱、越南、菲律宾等九国共建了双边技术转移合作机制,与泰国共建了"中国—东盟北斗科技城",与马来西亚共建了"北斗东盟数据中心",连续举办了 9 届中国—东盟技术转移与创新合作大会。未来 3 至 5 年,中国还计划向东盟提供 15 亿美元发展援助金,以支持建立"中国—东盟发展知识网络",启动"科技创新提升计划",向东盟提供 1000 项先进适用技术,支持 300 名东盟青年科学家来华交流。②

第三,人员往来密切频繁。从历史上看,几个世纪的"下南洋"移民大潮使华人社区遍布东盟各国。当前,东南亚各国华侨华人总数有 4100 万左右,约占全球的 68.3%。③ 中新经济走廊沿线华侨华人更是占"一带一路"沿线华侨

---

① 李丹."一带一路"背景下孔子学院本土化发展路径研究[M].北京:中国社会科学出版社,2020:32.

② 张洁.中国东盟合作将继续共建和平绿洲发展高地[N].光明日报,2021-11-23(12).

③ 贾益民,张禹东,庄国土.华侨华人研究报告(2020)[M].北京:社会科学文献出版社,2020:14.

华人总数的 95% 以上。① 而且,东南亚华侨华人经济实力雄厚,世界华商 500 强中大约 1/3 在东盟。活跃于东盟国家各领域的华侨华人在与当地居民融合的过程中,形成了与中华传统文化紧密相连又有一定区别的华人文化。在旅游交流领域,中国与东盟已经建立起了多样化的旅游合作渠道,主要包括定期举办的"10+3"旅游部长会议和大湄公河次区域旅游部长会议等。中国是东盟最大的旅游客源国,东盟也是中国游客最喜爱的旅游目的地之一。2019 年,最受内地游客欢迎的 15 个出境旅游目的地有 7 个在东盟,②双方人员往来超过 6500 万人次。2023 年上半年,最受内地游客欢迎的 20 个出境旅游目的地有 8 个在东盟,超过四成的内地出国游客前往了东盟国家。③

相亲相近的文化传统、密切深入的社会互动,有利于缩小彼此心理距离,消弭身份认知隔阂,融通命运共同体建设的人文血脉。在构建集体身份方面,中国—东盟不仅有良好的人文基础,而且也进行了成功的实践创新。如果说中国—东盟命运共同体是人类命运共同体的先行起点,那么澜湄国家命运共同体就是中国—东盟命运共同体的先试样板。在 2017 年 12 月举办的澜湄合作第三次外长会议上,各方明确倡议要致力于培育"平等相待、真诚互助、亲如一家"的澜湄合作文化,提升六国民众的"澜湄意识"。所谓"澜湄意识"本质上就是一种命运共同体意识,培育"澜湄意识"就是要以澜沧江—湄公河这条"天然彩练"为依托,通过人文交流增进人民之间"同饮一江水"的亲近认同感,从而塑造出"命运紧相连"的身份归属感。2018 年 1 月,李克强总理在澜湄合作第二次领导人会议上倡议,将每年 3 月 23 日即首次澜湄合作领导人会议召开的那一周确定为"澜湄周",以提升六国民众的澜湄合作意识。迄今为止,已经连续举办了 6 次。2021 年是澜湄合作 5 周年,为了向各界展示澜湄六国的手足情,"澜湄旅游城市合作联盟大会暨澜湄市长文化旅游论坛""澜湄国家历史文化名城对话会""2021 澜湄万里行中外媒体大型采访活动""2021 年澜湄电视周"等一系列社会人文交流活动相继举办,为增进民心相通提供了重要平台,成为培育"我们是澜湄人"意识的有益探索。随着集体身份和文化认同的

① 贾益民,张禹东,庄国土.华侨华人研究报告(2019)[M].北京:社会科学文献出版社,2019:253.

② 《中国出境旅游发展报告 2020》在线发布[R/OL].(2020-11-12)[2023-06-01].http://www.ctaweb.org.cn/cta/ztyj/202103/87a492a44eda4038b7fe8f6428ed3d5d.shtml.

③ 中国旅游研究院.《2023 年上半年出境旅游大数据报告》在线发布[EB/OL].(2023-08-01)[2023-11-12]. https://www.ctaweb.org.cn/cta/gzdt/202308/d08d3bea0fbc4af99ac9873a5560a398.shtml.

构建与强化,澜湄合作的主要动力源也将从外部驱动转化为内在需求,进一步拉紧构建澜湄国家命运共同体的纽带。

总之,建构中国—东盟命运共同体是中国运筹帷幄构建人类命运共同体的先行起点和重点区域。第一个与中国正式签署构建双边命运共同体行动计划的国家柬埔寨、中国官方倡导的第一个区域间命运共同体——中国—东盟命运共同体、第一个大区域命运共同体——亚太命运共同体、第一个大洲命运共同体——亚洲命运共同体、第一个次区域命运共同体——澜湄命运共同体,都分布在东南亚或者与其直接相关。迄今为止,与中国正式达成“人类命运共同体双边协议”的3个国家都集中于东南亚。无论从历史还是从现实来看,中国和东盟在互联互通、共同利益、政治互信、身份认同几个方面都有着良好的根基与条件,“让命运共同体意识在周边国家落地生根”正在变为现实。当然,构建中国—东盟命运共同体是一个长期努力、久久为功的过程,在合作共建中难免出现疑虑、问题、矛盾,诸如形形色色“中国威胁论”的困扰、“一带一路”项目与东盟某些国家产业的竞争,以及政坛动荡、族群冲突因素对共建的影响,等等。“事要去做才能成就事业,路要去走才能开辟通途。构建人类命运共同体是一个历史过程,不可能一蹴而就,也不可能一帆风顺,需要付出长期艰苦的努力。”[①]通过基础设施联通,奠定中国—东盟命运共同体的坚实基础;通过经济贸易合作,架起中国—东盟命运共同体的主体骨架;通过政治安全机制,提升中国—东盟命运共同体的抗险能力;通过人文交流对话,强化中国—东盟命运共同体的身份认同,多管齐下共同谱写中国—东盟命运共同体建设的华彩篇章,中国—东盟命运共同体建设将会结出累累硕果,成为中国构建人类命运共同体、共建“一带一路”的首善之区。

---

① 习近平.论坚持推动构建人类命运共同体[M].北京:中央文献出版社,2018:513.

第七章　构建中非发展命运共同体的理念与实践

　　发展是人类社会的永恒追求,也是中非面临的共同任务。中非作为全球最大发展中国家和发展中国家最集中的大陆,其发展程度事关全球发展格局的塑造。中非作为命运共同体,其发展一直是双方密切关注的重点和共同努力的方向。构建中非发展命运共同体既是双方发展合作不断深入的必然要求,也是应对时代变局的中非答案。中非发展命运共同体以减贫发展为首要议题、以设施联通为合作基础、以科技教育为行动先导、以卫生健康为治理关键、以自主发展为内生动力,凝聚了富有中非特色的发展理念,其内在的理论逻辑、历史逻辑、现实逻辑与情感逻辑日益清晰。构建中非发展命运共同体是一项长期的系统工程,构建更加紧密的中非发展伙伴关系,以经济合作实现中非发展融合,以生态合作推进中非可持续发展,促进非洲实现跨越式发展,是推动中非发展共同体不断走深走实的切实路径。

　　发展是人类社会的永恒主题,是破解各种难题的关键钥匙。冷战结束后,发展越过和平成为第一世界主题。进入 21 世纪以来,发展更是成为联合国的首要议题。在 2000 年的千年首脑会议上,联合国各成员国商定了"千年发展目标",旨在从多个方面着手抗击贫困,推动全球合作促进发展。2015 年的联合国可持续发展峰会通过了 2030 年可持续发展议程,强调以包容性方式彻底解决社会、经济和环境三个维度的发展问题,实现所有人的可持续发展。2021年 9 月,习近平在第 76 届联合国大会一般性辩论上提出全球发展倡议,旨在秉持发展优先、以人民为中心等理念,构建全球发展共同体,致力实现更加强劲、绿色、健康的全球发展。

　　中国是世界上最大的发展中国家,非洲是发展中国家最集中的大陆,两者的发展事关全球的发展大局。2013 年,习近平在出访坦桑尼亚期间首次提出"中非从来都是命运共同体"的重要论断,使中非超 27 亿人口的命运与发展紧密联系在一起。2015年,在中非合作论坛约翰内斯堡峰会开幕式上他再次强调"中非历来是命运共同体"。2017年,在"一带一路"国际合作高峰论坛上,面对肯尼亚、埃塞俄比亚首脑和众多发展伙伴,习近平发表祝酒辞指出,"'一带一路'建设承载着我们对共同发展的追求,将帮助各国打破发展瓶颈,缩小发展差距,共享发展成果,打造甘苦与共、命运相连的发展共同体"①。这是习近平第一次提出"发展共同体"。他借助"一带一路"建设国际合作框架,指明了发展共同体的内容,指出要"开创发展新机遇,谋求发展新动力,拓展发展新空间,实现优势互补、互利共赢,不断朝着人类命运共同体方向迈进"。② 2023年,习近平主席在"金砖＋"领导人对话会上再次指出,"发展承载着人民对美好生活的向往,是发展中国家的第一要务,也是人类社会永恒主题","中国将同非洲国家开展更多合作,支持非洲增强自主发展能力,积极支持非洲实现可持续发展"。③ 作为人类命运共同体在地区层面的具体化、在合作领域的深入化,中非发展命运共同体无疑是人类命运共同体和发展共同体中的重中之重。习近平曾明确表示,"中非关系最大的'义',就是用中国发展助力非洲的发展,最终实现互利共赢、共同发展"④。对非洲大陆而言,其所有的政治、经济、社会及对外关系问题,本质上都与发展问题相关联。发展问题是这块大陆所有问题的纽结、焦点与源头。⑤ 在后危机时代、后疫情时代,全球发展赤字凸显,国际发展不平衡加剧,发展合作动能不足,发展成果倒退,中非双方应紧紧抓住发展这个"第一要务",不断寻找中非合作的契合点和增长点,将发展置于合作的优先位置,致力于构建新时代下的中非发展命运共同体,以推动中非关系实现新跨越,促进全球发展进程实现新突破。

一、构建中非发展命运共同体的基本理念

中非发展命运共同体是中非合作的升级,是南南合作的深化,是中非发展

① 习近平谈"一带一路"[M].北京:中央文献出版社,2018:190.
② 习近平谈"一带一路"[M].北京:中央文献出版社,2018:194.
③ 习近平.勠力同心 携手同行 迈向发展共同体:在"金砖＋"领导人对话会上的讲话[N].人民日报,2023-08-25(2).
④ 习近平.论坚持推动构建人类命运共同体[M].北京:中央文献出版社,2018:297.
⑤ 刘鸿武.国际思想竞争与非洲研究的中国学派[J].国际政治研究,2011,32(4):89-97.

的融合,它以发展为共识,以合作为纽带,以中非共同发展利益为核心,是在优势互补基础上、互利共赢过程中形成的利益交融、兴衰相伴、同舟共济、互促互进的有机联系整体。

(一)减贫发展是首要

贫困是中非面临的共同挑战。"消除贫困,自古以来就是人类梦寐以求的理想,是各国人民追求幸福生活的基本权利。第二次世界大战结束以来,消除贫困始终是广大发展中国家面临的重要任务","由于种种原因,贫富悬殊和南北差距扩大问题依然严重存在,贫困及其衍生出来的饥饿、疾病、社会冲突等一系列难题依然困扰着许多发展中国家"。[①] 因此,在未来 15 年内彻底消除极端贫困,是 2015 年后发展议程的首要目标。中国虽然经济总量已经跃升到世界第二位,发展成就举世公认,但中国仍是最大的发展中国家,人均国内生产总值 2022 年才首次超过世界平均水平。习近平曾在不同场合谈及中国的减贫发展问题:2014 年他在布鲁日欧洲学院面向欧盟发达国家演讲时说,"中国还有 2 亿多人口生活在贫困线以下,这差不多相当于法国、德国、英国人口的总和"[②];2015 年他在访美时说,"中国的人均国内生产总值仅相当于全球平均水平的三分之二、美国的七分之一……"[③]。这是中国领导人如此关注发展减贫问题并对非洲贫困感同身受的重要原因。如果说面对发达国家,中国以发展中国家自居是一种清醒,那么面对非洲等贫困国家,中国以发展中大国推进南南合作和国际发展援助则是一种责任。非洲是公认的世界上最贫穷落后的一个大洲,尤其是撒哈拉沙漠以南的国家和地区,有 4 亿左右人口长期无法脱贫。2023 年世界上最贫穷的 25 个国家中,非洲占了 21 个,最穷的前 11 个国家都在非洲。[④] 减贫是发展的核心要义,对非洲国家来说,发展的首要问题就是减贫,减贫是发展的第一步,舍此谈发展就是误导,撇开民生谈民主更是不负责任。中国一直是世界减贫事业的积极倡导者和中非减贫合作的有力推

---

①　习近平.携手消除贫困 促进共同发展:在 2015 减贫与发展高层论坛的主旨演讲[M].北京:人民出版社,2015:2.

②　习近平.出席第三届核安全峰会并访问欧洲四国和联合国教科文组织总部、欧盟总部时的演讲[M].北京:人民出版社,2014:44.

③　习近平在对美国进行国事访问时的讲话[M].北京:人民出版社,2015:11.

④　Poorest Countries in the World. Top 10 poorest countries in the world 2023[EB/OL].[2023-11-14]. https://poorest-countries-in-the-world.com.

动者,在中非合作论坛第一届部长级会议中,双方就将减贫发展列为重要议题。2014 年《中国和非洲联盟加强中非减贫合作纲要》出台,成为指导中非不断探寻新时代下减贫新形式与新内容的纲领。与此同时,中国还积极通过"中非合作论坛—减贫与发展会议""中非青年减贫和发展交流项目"等机制,推动中非开展形式多样的减贫经验交流和务实合作。无论是为了实现"中国梦"还是"非洲梦",终结贫困都是最基本要求。构建中非发展命运共同体首要内容是消除贫困,这是实现共同发展的前提条件。

(二)设施联通是基础

基础设施可以产生巨大的经济回报,是从贸易和全球化中获取收益的关键,[①]其重要性在中国发展崛起过程中得到充分验证。"道路通百业兴""要想富先修路""火车一响黄金万两"是中国脱贫致富的成功宝典。"要发挥交通先行作用,加大对贫困地区交通投入,让贫困地区经济民生因路而兴。要加强南北合作、南南合作,为最不发达国家、内陆发展中国家交通基础设施建设提供更多支持,促进共同繁荣。"[②]非洲经济发展滞后常被归因于基础设施薄弱。在中非合作领域,中国十分注重促进非洲基础设施的互联互通。"中国在非洲基础设施投资方面作出了巨大贡献,弥补了非洲公路、铁路、海运、能源和信息通信技术等各领域基础设施严重短缺的状况";"由于各自不同的殖民境遇,这些国家结构错位,地缘分割。这是导致非洲国家之间经济来往少、域内贸易不多的成因之一。中国大量投资于区域性基础设施项目,中非合作伙伴机制推动了非洲实际上的一体化"。[③] 事实证明,基础设施联通是国家贸易交流与产能合作发展的基础,可大大降低商品交易成本和使用成本,是未来可持续经济发展的关键,对有效配置资源、提高生产力具有积极意义。[④] 非洲是世界上面积第二大的大洲,总面积约为 3020 万平方公里,仅次于亚洲,对于这么大的一

---

① HUMMEL S D. Transportation costs and international trade in the second era of globalization[J].The journal of economic perspectives,2007,21(3):131-154.

② 习近平.与世界相交 与时代相通 在可持续发展道路上阔步前行:在第二届联合国全球可持续交通大会开幕式上的主旨讲话[M].北京:人民出版社,2021:3.

③ 克雷顿·哈兹纳内·胡木布奴,孙成功.坦赞铁路后的非洲:回顾中国参与区域基础设施开发而深化和拓展非洲一体化的经验[J].非洲研究,2016(1):219.

④ MLAMBO C,AUDREY K,SIMAWU M B. China-Africa relations:what lies beneath?[J].The Chinese economy,2016,49(4):262.

个发展"板块"来说,基础设施发展有助于改善各国经济与地区和全球市场的融合,减小区域社会经济发展的不平等,增加本地区对外来投资的吸引力,促进区域一体化建设。因此,无论从单一非洲国家看,还是从非洲整体看,基础设施建设的意义都非同凡响。但非洲国家依靠自身财政难以解决基建投入问题,西方国家没有予以充分重视,市场资本不愿意参与这种投资周期长、收益差的行业。非洲地区长期存在着基础设施建设的巨大缺口,严重制约了非洲自身发展潜力的释放,限制了其社会经济发展。^① 仅改善基础设施每年就可能使该地区的经济增长率至少增加 1.2%^②,因此,中国支持非洲将基础设施建设作为经济振兴的优先发展方向,鼓励和支持中国企业采取多种模式参与非洲基础设施建设、投资、运营和管理。中非合作论坛成立以来,中国企业利用各类资金帮助非洲国家新增和升级铁路超过 1 万公里、公路近 10 万公里、桥梁近千座、港口近百个、输变电线路 6.6 万公里、电力装机容量 1.2 亿千瓦、通信骨干网 15 万公里、网络服务覆盖近 7 亿用户终端。^③ 近年来,在"一带一路"合作带动下,中非互联互通加速发展。亚的斯亚贝巴—吉布提铁路、肯尼亚蒙巴萨—内罗毕铁路、刚果(布)国家 1 号公路、塞内加尔捷斯—图巴高速公路、加蓬让蒂尔港—翁布埃沿海路及博韦大桥、尼日利亚铁路现代化一期二期项目相继完工通车,吉布提多哈雷多功能港、尼日利亚莱基深水港、多哥洛美集装箱码头等有效提升了当地转口贸易能力。中非在交通、电力、能源和通信等基础设施领域的合作成效显著,为非洲各国的互联互通搭建了广泛平台,受到非洲国家政府和人民的广泛欢迎和支持,为非洲经济发展插上了"腾飞的翅膀"。

(三)科技教育是先导

习近平在党的二十大报告中强调:"教育、科技、人才是全面建设社会主义现代化国家的基础性、战略性支撑。必须坚持科技是第一生产力、人才是第一资源、创新是第一动力。"^④科教兴国是中国现代化的重大战略和成功经验,教

① 杨宝荣."一带一路"携手非洲共同发展[M].北京:中国社会科学出版社,2020:35.
② The World Bank Group. Africa's pulse[R].Washington,D.C.:World Bank,2017:67.
③ 中华人民共和国国务院新闻办公室.新时代的中非合作(2021 年 11 月)[M].北京:人民出版社,2021:21.
④ 习近平.习近平著作选读[M].北京:人民出版社,2023:27-28.

育是发展之本、强国之基,人才竞争已经成为综合国力竞争的核心。① 中国重
视科技和教育,将科技视为第一生产力,把教育置于优先位置,作为"国之大
计、党之大计",这是中国发展能持久、有后劲并成功实现突破超越的重要秘
诀。中国在深入实施科教兴国战略、人才强国战略、创新驱动发展战略的同
时,非盟《2063 年议程》也明确将培养非洲大陆可持续发展的变革者、新一代
非洲人作为重要目标,且制定了《非洲大陆教育战略(2016—2025)》,提出建立
有质量的教育和培训系统。② 中非对科教兴国、人才强国的共识,推动双方科
教合作不断深化。中非教育交流与合作呈现出规模日益扩大、领域不断拓展、
形式趋于多样、层次逐步提升等特点,在留学生教育、高校交流合作、职业技术
教育合作、教育领域援助等方面取得显著成果。③ 中国通过为非洲国家修建
中小学校舍、提供教学物资,为其量身打造本地教材,支持非洲基础教育;通过
援建大学图书馆、教学区,开展中非高校 20＋20 合作计划,成立中非大学联盟
交流机制,实施"中非高校百校合作计划",打造联合培养课程,加强科研合作
与师生互访,推动文凭和学位互认,发展高等教育;通过开设"鲁班工坊",援建
职业技术学校或职业培训中心,实施"未来非洲—中非职业教育合作计划",成
立中非职业教育联合会,提供实用技术培训,推动职业教育。2000 年至 2020
年,中国已为非洲援建了 170 多所学校,培训各领域人才共计 16 万余名,这些
不同层次的人才为帮助非洲将人口资源转化为人口红利作出了重要贡献。④
如中国热带农业科学院累计培养 38 个非洲国家留学生 278 名,为非洲国家举
办农业发展培训班 100 多期,培训非洲 40 多个国家近 6000 名学员。⑤ 中方在
联合国教科文组织设立的援非教育信托基金项目已顺利举办三期,成效显著。
中国还结合中非合作不断扩大的趋势与当地学习需求实际,积极开展汉语教
学和文化交流活动,使孔子学院成为中非教育合作的一个优质品牌,培养了一
批非洲的"中国通",为中非发展合作增添了新的助力。"授人以鱼,不如授人

① 中共中央文献研究室.习近平关于科技创新论述摘编[M].北京:中央文献出版社,
2016:112.

② 刘星喜.谱写中非教育交流合作交响曲[N].光明日报,2018-09-06(12).

③ 李新烽,吴传华,张春宇.新时代中非友好合作:新成就、新机遇、新愿景[M].北京:
中国社会科学出版社,2018:42.

④ 中华人民共和国国务院新闻办公室.新时代的中非合作[N].人民日报,2021-11-27
(6).

⑤ 中非农业合作如何成长为参天大树?[EB/OL].(2023-11-16)[2023-11-17].ht-
tps://www.chinanews.com.cn/gn/2023/11-16/10112955.shtml.

以渔""扶贫必扶智",中国这些扶贫开发的重要经验,也是帮助非洲实现发展的重要途径。

(四)卫生健康是关键

疾病不仅会阻碍个人发展,更会阻碍社会进步,因此健康成为经济社会发展的重要标志之一。新冠疫情不仅夺走了几百万人的生命,更是吞噬了经济发展成果,使人类发展领域出现严重倒退。据联合国开发计划署发布的《2022年人类发展报告》,新冠病毒使人类发展推迟了五年。人类发展指数自30年前被提出以来,首次在2020年和2021年连续两年内呈下降趋势,这意味着死亡率升高、受教育程度降低、收入下降。疫病对经济发展、社会进步的影响由此可见一斑。非洲由此受到的重创更是触目惊心。非洲拥有全球约17%的人口,但只有1%的医疗支出,其医疗设备、个人防护装备、医院床位、医护人员长期处于紧缺状态,疫情给非洲民众的健康和正常生活带来了巨大冲击。非洲是流行性疾病多发地区,艾滋病、疟疾、肺结核等传染病的长期肆虐,造成了非洲国家在人力和经济资源方面的重大损失。据世卫组织报告,2022年全球估计有2.49亿例疟疾病例,死亡人数为60多万人,非洲地区约占全球病例数量的93.6%,死亡人数的95.4%。[1]中国深知民众身体健康、医疗卫生事业发展的重要性,新中国成立后就建立健全了医疗卫生服务体系,用较少投入解决了全世界六分之一人口的看病就医问题,创造了70多年将人均预期寿命从35岁提高到78岁、居民主要健康指标优于中高收入国家平均水平的举世成就。作为中非合作长期关注的领域之一,中国一直以来都在积极帮助非洲国家应对疫病,建设公共卫生体系。早在1963年便已向阿尔及利亚派遣了医疗队,60年不曾间断。中非合作论坛成立后,中非卫生健康合作更是进入了"快车道"。从1963年到2023年60年来,中国已向40多个非洲国家累计派出医疗队员约2.3万人次,在非洲各国诊治病患约2.3亿人次,在非洲45个国家派有46支医疗队执行援外任务,队员有近千人,共100个工作点,同41个非洲国家的46家医院建立了对口合作的关系。[2]新冠疫情暴发后,中国向17个

---

①　World Health Organization. World malaria report 2023[R/OL].(2023-11-30)[2023-12-01]. https://cdn.who.int /media/docs/default-source/malaria/world-malaria-reports/world-malaria-report-2023-spreadview.pdf? sfvrsn=bb24c9f0_3.

②　李嘉宝.中国医疗援助造福非洲民众(专家解读)[N].人民日报,2023-02-20(10).

非洲国家派出抗疫医疗专家组或短期抗疫医疗队,并指导长期派驻在 40 多个非洲国家的援外医疗队,共同守护当地民众生命健康。[①] 习近平在 2018 年中非合作论坛北京峰会上宣布中国援建非洲疾控中心的旗舰项目,在 2020 年中非团结抗疫特别峰会上提出共同打造"中非卫生健康共同体",在 2023 年年初中国援非医疗队派遣 60 周年之际非洲疾控中心总部项目竣工。成立非洲疾控中心总部是中国疾控经验和技术发展的集中反映,竣工后中国将其转交给非盟全权经营管理。非洲疾控中心总部作为中非卫生合作的重点工程,将有效推动着非洲公共卫生体系建设,把中非关系中最大的"义"转化为切实的帮助,是构建中非发展命运共同体的标杆工程。

(五)自主发展是动力

在现行的国际发展体系下,国际发展领域出现了一个见怪不怪的悖论现象:发展中国家置身于发展事外,用于解决落后国家发展问题的理论、政策、实践、项目统统由发达国家、西方主流经济学家、西方大国建立的援助机构、发达国家主导的国际金融机构与发展体系炮制、出台、实施与推行,以至于有的学者发问:"国际发展的主体是发达国家还是发展中国家? 应该由谁掌握发言权、主导权并坐在发展这一国际号列车的驾驶座上?""发展中国家是否能置身发展事外? 它们的发展问题该不该由发达国家全盘操纵?"[②]发展中国家的发展是国际发展的核心,发展中国家理应享有优先发言权,成为掌握自己命运的主人。但从实践上看,国际发展一直都是发达国家为改变发展中国家贫困落后面貌而进行的国际干预,尽管这样的干预是低效的、无效的甚至是失败的。世界上没有一个国家是依靠外来力量拯救自己命运的,西方援助既非没有代价,也非国际发展的捷径,自主发展才是根本动力和切实路径。对于饱受外部干涉的非洲国家来说,发展更应该是从发展实际出发、创造发展条件、实现自主发展的过程。非洲学者莫约(Dambisa Moyo)在她的畅销书中明确提出,过去数十年西方主导下的国际社会对非洲的援助不仅无效,而且更是造成非洲发展失败的重要原因。这些居高临下的恩赐式支配性外援,给非洲发展带来

---

① 邹松.携手构建中非卫生健康共同体(新时代中非合作)[N].人民日报,2023-06-12 (3).

② 李丹.新理念、新模式:中国参与国际发展的贡献[J].厦门大学学报(哲学社会科学版),2014(4):56.

结构性障碍,并让非洲像吸食毒品一样产生了对援助的严重依赖,以至于非洲的公共财政、国内生产总值增长、政府运作,乃至社会心理与国家文化等都陷入灾难性的依赖泥潭,毁掉了非洲人的自立自强精神,既引发深重腐败,又断送了非洲自主发展的可能与机会。① 需要发展援助的非洲国家不是被医治的病人,而是有自主性与能动性的发展主体。中国将非洲的发展需要和愿望放在首位,一切合作围绕着非洲的所需所愿所能展开。中国领导人呼吁"发达国家要加大对发展中国家的发展援助,发展中国家要增强内生发展动力"②,其基本理念是"对接发展战略,推进工业、农业、人力资源开发、绿色能源、环保等各领域务实合作,帮助各发展中国家把资源优势转化为发展优势"③。21 世纪以来,随着非洲经济整体得到快速发展,自主发展意识显著增强,政治民主化进程稳步推进,日益以"希望的非洲"这一全新面貌展现在世人面前,④非洲发展内驱力随着双方合作形式与理念的深入而日渐形成。从"十大合作计划"到"八大行动"再到"九项工程",从"新型伙伴关系"到"新型战略伙伴关系"再到"全面战略合作伙伴关系",激发非洲自主发展潜力始终是中非合作的核心重点与目标方向。习近平在出任国家主席后首次出访非洲时就指出,"加强同非洲国家在农业、制造业等领域的互利合作,帮助非洲国家把资源优势转化为发展优势,实现自主发展和可持续发展"。⑤ 在中非合作论坛约翰内斯堡峰会开幕式上,习近平强调"着力支持非洲破解基础设施滞后、人才不足、资金短缺三大发展瓶颈,加快工业化和农业现代化进程,实现自主可持续发展"。⑥ 在2023 年中非领导人对话会上,习近平指出"什么样的发展道路最适合非洲,非洲人民最有发言权",并提出"支持非洲工业化倡议"、"中国助力非洲农业现代化计划"以及"中非人才培养合作计划"等三项举措以推动中非务实合作,助力非洲一体化和现代化事业步入快车道。⑦

---

① MOYO D. Dead aid:why aid is not working and how there is another way for Africa[M].New York:Farrar,Straus and Giroux,2009:49.

② 习近平.携手消除贫困 促进共同发展:在 2015 减贫与发展高层论坛的主旨演讲[M].北京:人民出版社,2015:8.

③ 习近平.携手消除贫困 促进共同发展:在 2015 减贫与发展高层论坛的主旨演讲[M].北京:人民出版社,2015:10.

④ 罗建波.中非关系与中国的大国责任[M].北京:中国社会科学出版社,2016:121.

⑤ 习近平谈治国理政:第 1 卷[M].2 版.北京:外文出版社,2018:307.

⑥ 习近平谈治国理政:第 2 卷[M].北京:外文出版社,2017:457.

⑦ 习近平.携手推进现代化事业 共创中非美好未来:在中非领导人对话会上的主旨讲话[N].人民日报,2023-08-26(2).

二、构建中非发展命运共同体的内在逻辑

中非发展命运共同体具有内在的理论逻辑、历史逻辑、现实逻辑与情感逻辑。

(一)构建中非发展命运共同体的理论逻辑

首先,构建中非发展命运共同体抓住了中非合作的核心和非洲利益的根本。发展是中非各自面临的大问题,也是双方合作的基本点。非洲谚语有云"独行快,众行远",中国亦讲求"众人拾柴火焰高""一个好汉三个帮"。发展合作是中非合作的核心和关键所在。2015 年,在中非合作论坛约翰内斯堡峰会开幕式上,习近平指出,"中非都肩负发展国家、改善民生的使命。非洲拥有丰富的自然和人力资源,正处于工业化的兴起阶段。中国经过三十多年改革开放,拥有助力非洲实现自主可持续发展的技术、装备、人才、资金等物质优势,更拥有支持非洲发展强大的政治优势。中非合作发展互有需要、优势互补,迎来了难得的历史性机遇"。[①] 中非发展全面战略合作伙伴关系、实现合作共赢体现在"五大支柱"[②]上,而减贫、稳定、发展是重中之重,"贫困是动荡的根源,和平是发展的保障,发展是解决一切问题的总钥匙。中方支持非洲人以非洲方式解决非洲问题,……支持非洲加快发展,消除贫困,实现持久和平"[③]。其次,构建中非发展命运共同体代表了中非合作的深化方向和发展趋势。习近平在 2015 年中非合作论坛中非企业家大会上号召,"中非双方应该坚持义利并举原则,从中非发展实际出发,相互考虑对方关切,寻找和扩大利益交集,共同打造中非命运共同体"[④]。在中非发展命运共同体中,增进民生福祉是"发

---

① 习近平.论坚持推动构建人类命运共同体[M].北京:中央文献出版社,2018:296.

② "五大支柱"包括:(1)坚持政治上平等互信;(2)坚持经济上合作共赢;(3)坚持文明上交流互鉴;(4)坚持安全上守望相助;(5)坚持国际事务中团结协作。相关论述参见习近平《论坚持推动构建人类命运共同体》,中央文献出版社 2018 年版,第 296~297 页.

③ 习近平.论坚持推动构建人类命运共同体[M].北京:中央文献出版社,2018:297.

④ 习近平.携手共进 谱写中非合作新篇章:在中非企业家大会上的讲话[N].人民日报,2015-12-05(3).

展中非关系的出发点和落脚点",促进共同发展是中非合作的一贯重点,也是未来方向,中非合作要给中非人民带来看得见、摸得着的成果和实惠。长期以来,中非一直互帮互助、同舟共济,中国将为非洲减贫发展、就业创收、安居乐业作出新的更大的努力。[1] 再次,构建中非发展命运共同体体现了中非互利共赢的智慧和南南合作的成果。中非发展战略高度契合,双方互有需要、互有优势,在互助合作中才能更好把握发展机遇,实现发展利益最大化。"发展理性""合作理性"都是"最优理性决策",是中非合作共识,也是南南合作共识。习近平在谈到亚非合作时曾说,"广大发展中国家都面临着加快发展、改善民生的共同使命,应该抱团取暖、扶携前行,积极开展各领域合作,实现我们各自的发展蓝图。搞好亚非合作,对南南合作具有重要示范带动作用"[2]。中非合作是亚非合作、南南合作的典范,命运与共是中非合作走深走实的必然,构建中非发展命运共同体是对中非合作的深化和升华。构建中非发展命运共同体理念与"真诚友好、平等相待""义利相兼、以义为先""发展为民、务实高效""开放包容、兼收并蓄"[3]的中国对非合作原则与"真实亲诚"对非政策方针是完全一致的。

(二)构建中非发展命运共同体的历史逻辑

中国与非洲都有着古老而灿烂的文明,中非双方有着相似的文化观念。中国传统文化强调兼容并蓄,反对"唯我独尊""唯利是图"的霸道,追求"协和万邦""世界大同"的思想。中华民族历来爱好和平,自古就崇尚"以和为贵""己所不欲,勿施于人""四海之内皆兄弟"等思想。[4] 非洲的乌班图思想着眼于人们之间的忠诚和联系,其含义是"天下共享的信念,连接起每个人",被视为非洲人的传统理念,与中国的文化思想不谋而合。中非之间的交往历史源远流长,公元前10世纪左右便有中国的丝织品输入埃及。《纽约时报》曾报道

---

[1]　习近平.携手共进 谱写中非合作新篇章:在中非企业家大会上的讲话[N].人民日报,2015-12-05(3).

[2]　习近平.论坚持推动构建人类命运共同体[M].北京:中央文献出版社,2018:219-220.

[3]　习近平.携手共命运 同心促发展:在2018年中非合作论坛北京峰会开幕式上的主旨讲话[N].人民日报,2018-09-04(2).

[4]　张忠祥.构建中非命运共同体和利益共同体:基础、挑战与路径[J].中国战略报告,2018(8):223.

说,1993 年 3 月,埃及在一个木乃伊的头发上发现了一束丝绸,其年代约为公元前 10 世纪。维也纳大学的科学家通过显微镜、红外线和化学分析,确认了这束丝绸出自中国。中国与非洲的贸易往来成为两国交往的开端。至汉朝,张骞出使西域,开启了丝绸之路,中非陆路通道被全程打通。随着中国造船与航海技术的发展,唐宋时期便已开辟了中非直达航线。元代中国与非洲的海上交通可分为至北非、至东非、至马达加斯加岛这三条航线,中国人对非洲南部的知识随之增加。明代郑和七下西洋,其中四访非洲,进一步增进了中非间的认识与了解。[①] 在随后的历史沉浮中,中非间的直接往来与贸易虽受到冲击,但间接贸易从未停止。

新中国成立后,毛泽东、周恩来等党和国家领导人与非洲老一辈政治家共同开启了中非关系新纪元。二战结束后,世界各地民族独立运动浪潮风起云涌,亚非拉受压迫民族纷纷独立。新中国一成立就站在亚非拉国家一边,全力支持亚非拉的民族解放与独立运动,坚定支持反帝反殖斗争,为弱小国家仗义执言。毛泽东说:"亚洲、非洲、拉丁美洲各国的民族独立解放运动,以及世界上一切国家的和平运动和正义斗争,我们都必须给以积极的支持。"[②]1955 年,由亚非自主举办的万隆会议召开,中国在和平共处五项原则基础上提出了万隆会议十项原则,得到与会亚非国家的认同,万隆精神后来也成为中非关系的核心原则。1956 年,新中国和埃及正式建立了外交关系,拉开了中非现代外交的序幕,标志着中非关系取得重要突破。20 世纪 60 年代以后,非洲民族解放运动高涨,1960 年至 1968 年非洲有 42 个国家宣布独立,其中大部分一独立就与新中国建立了外交关系。1963 年年底至 1964 年年初,周恩来率领中国代表团先后访问了 10 个非洲国家,即埃及、阿尔及利亚、摩洛哥、突尼斯、加纳、马里、几内亚、苏丹、埃塞俄比亚、索马里。周恩来在访问过程中提出了中国对外援助的"八项原则","八项原则"坚持平等互利、共同发展,不附带任何政治条件,这样迥异于西方国家的无私援助在非洲引起强烈反响,为中国赢得了广泛的国际赞誉和非洲的真诚友谊。改革开放后,中国对非友好合作变得更加务实,更加贴近双方发展实际,更加重视经济外交。中国适时调整了对非援助模式,从一开始多为不求回报的单方给予,逐渐探索出互利合作模式。在"援助+合作"的大援助观下,中国并不回避援助和合作中的经济利益,将援助

① 艾周昌,沐涛.中非关系史[M].上海:华东师范大学出版社,1996:51-72.
② 毛泽东文集:第 7 卷[M].北京:人民出版社,1999:116.

与贸易和投资结合为一体,推动双方经贸合作的不断扩大。[①] 1978年,邓小平在会见马达加斯加政府经贸代表团时说:"我们现在还很穷,在无产阶级国际主义义务方面,还不可能做得很多,贡献还很小。到实现了四个现代化,国民经济发展了,我们对人类特别是第三世界的贡献可能会多一点。"[②]1989年,邓小平在会见布隆迪总统布约亚时,许诺也许再过10年、20年,中国情况更好些,就能为包括非洲在内的朋友做更大贡献。1978年至1998年,42位非洲国家领导人访华,中国22位领导人对非洲国家多次进行友好访问。[③] 江泽民主席1996年访非时,提出了构筑中非关系面向21世纪长期稳定、全面合作的五点建议,即"真诚友好、平等相待、团结合作、共同发展、面向未来",中非友好关系掀开了新的篇章。

(三)构建中非发展命运共同体的现实逻辑

迈入21世纪,中非合作论坛的设立为加强中非伙伴关系提供了沟通渠道,成为协调中非关系的理想机构,[④]也成为推动中非合作不断向全方位、多层次、高质量发展的长效机制。论坛通过的一系列文件为中非发展合作提供了前瞻性指导,不断丰富中非发展命运共同体新的时代内涵。2006年1月,在中埃、中非建立外交关系50周年之际,中国发表《中国对非洲政策文件》,强调在和平共处五项原则基础上继续加强中非团结与合作,提出中国政府从中国人民和非洲人民的根本利益出发,致力于建立和发展中非间政治上平等互信、经济上合作共赢、文化上交流互鉴的新型战略伙伴关系。中国平等互利、相互尊重、互不干涉内政的主张,获得了非洲国家的认同和支持。2009年,中国成为非洲第一大贸易伙伴国,非洲也成为中国重要的进口来源地、第二大海外工程承包市场和第四大投资目的地。中非经贸合作的发展,"促进了非洲国家民生的改善和经济的多元化发展,为中国经济社会发展提供了有力支持,也为促进南南合作与世界经济的平衡发展作出了积极贡献"。[⑤]

进入新时代,习近平提出"真实亲诚"对非政策理念和正确义利观,为新时

---

① 黄梅波,唐露萍.南南合作与中国对外援助[J].国际经济合作,2013(5):71.

② 邓小平文选:第2卷[M].2版.北京:人民出版社,1994:112.

③ 戴严.邓小平外交思想与中非关系[N].中国经济时报,2006-08-21(1).

④ PLESSIS A D. The forum on China-Africa cooperation, ideas and aid: national interest(s) or strategic partnership? [J].Insight on Africa,2014,6(2):122.

⑤ 中国与非洲的经贸合作(2013)白皮书[N].人民日报,2013-08-30(23).

代对非合作指明了前进方向、提供了根本遵循。2015年、2018年、2021年,中非合作论坛先后成功举办,不断凝聚起中非27亿多人民的磅礴力量,推动构建高水平中非命运共同体。习近平在北京峰会上同非洲领导人一致决定,构建更加紧密的中非命运共同体,深入推进中非共建"一带一路"合作。非洲作为共建"一带一路"的关键伙伴,双方合作不断朝着高标准、可持续、惠民生的方向发展。2001—2019年,非洲的绝对贫困率下降了近14%,成为全球减贫速度最快的区域之一。中非之间存在着彼此补益和互惠的空间,使得双方在此长彼短的领域有形成优势互补的可能:一方面,中非关系的加强可为中国经济的可持续发展提供原料、市场和投资场所的后续保证;另一方面,非洲也可通过大力发展中非关系得到发展资金、技术和经验,并使其原料出口多元化,同时在开发自有资源的过程中有更多自主选择的权利。互利共赢原则作为中非在处理共同发展的问题上的基本遵循,推动双方在合作中不断寻找利益的"最大公约数"。在推动建构中非全面战略伙伴关系的过程中,中非积极将各个领域的互补优势转化为发展优势,在资源、技术、经贸等领域构建起了无数的利益交汇点,有力促使中非发展合作不断朝着构建中非发展命运共同体的方向深化。

(四)构建中非发展命运共同体的情感逻辑

中非发展命运共同体有强烈的情感底蕴和牢固的情感纽带。毛泽东、周恩来在非洲享有崇高威望,不仅是因为他们立场鲜明地把非洲民族解放事业看作人类社会进程中的一个"历史时代",是"伟大斗争",也是因为他们发自内心地把非洲人民当作"自己人",切实为他们的利益着想,既重视非洲,又不将自身意志强加给非洲国家,强调"非洲的事情非洲人自己去办,依靠非洲人自己的力量"。1960年在阿尔及利亚反法独立斗争中,毛泽东向该国临时政府代表团表示,我们是站在你们一边,不站在戴高乐一边的,我们不怕戴高乐生气。1964年周总理访问加纳时,亲自慰问遇刺的恩克鲁玛总统,并带去毛泽东的亲笔书信,表达了中国政府支持恩克鲁玛总统的决心。1965年,毛泽东会见来访的坦桑尼亚总统尼雷尔时,针对其提出的援建坦赞铁路请求,慷慨应允"你们有困难,我们也有困难,但你们的困难和我们的不同,我们仍可以不修铁路也要帮助你们修建这条铁路"。周恩来说:"坦赞铁路建成后,主权是属于你们和赞比亚，我们还教给你们技术。"①中国领导人的侠肝义胆和真挚情怀，赢得了非洲国家的拥戴，把中国抬进联合国成为他们对中国人民的真诚回报。利比亚总统卡翁达曾用"全天候朋友"形容中赞关系，1988年邓小平接见他时，卡翁达又说"中国是非洲真正的朋友"，"中国对非洲的帮助是真正无私的帮助，我们为有中国这样的朋友而骄傲"。坦桑尼亚总统尼雷尔也曾在一个内部指示中说"对华友好永远是坦桑尼亚对外政策的基石"。②

代代相传的手足之情、感同身受的发展境遇、相互支持的可靠伙伴成为培育中非发展命运共同体的丰沃土壤。正如习近平在他出任国家主席后首访非洲时所谈到的，"非洲人民对中国人民发自内心的友好情谊，就像非洲的阳光那样温暖热烈，让人难以忘怀"，"我们双方谈得来，觉得相互平等；我们不把自己的意志强加给你们，你们也不把自己的意志强加给我们。中国为非洲发展提供了力所能及的帮助，中国更感谢非洲国家和非洲人民长期以来给予中国的大力支持和无私帮助"。③　在中非合作论坛约翰内斯堡峰会开幕式上，习近平更加动情地提出，"中非历来是命运共同体。共同的历史遭遇、共同的奋斗历程，让中非人民结下了深厚的友谊。长期以来，我们始终风雨同舟、相互支持"④。无论是中国援建坦赞铁路和非盟会议中心、援非抗击埃博拉病毒、引领国际社会援非抗击新冠疫情，还是非洲国家无私支持中国重返联合国、在汶川和玉树地震灾害后踊跃向中方捐款，都体现了中非患难与共的兄弟情谊。习近平在解释中非友好历久弥坚、永葆活力时说，"其根本原因就在于双方始终坚持平等相待、真诚友好、合作共赢、共同发展。中非永远是好朋友、好伙伴、好兄弟"⑤。"中非关系为什么好？中非友谊为什么深？关键在于中非双方缔造了历久弥坚的中非友好合作精神，那就是'真诚友好、平等相待，互利共赢、共同发展，主持公道、捍卫正义，顺应时势、开放包容'。"⑥这样饱含深情的表述在中国对非文件和领导人讲话中比比皆是，充分体现了中国人民对非洲伙伴的特殊情感。"65年来，中非双方在反帝反殖的斗争中结下了牢不可破的兄弟情谊，在发展振兴的征程上走出了特色鲜明的合作之路，在纷繁复杂的

①　陆苗耕.毛泽东的非洲情怀[J].百年潮,2015(5):53-59.

②　戴严.邓小平外交思想与中非关系[N].中国经济时报,2006-08-21(1).

③　习近平.论坚持推动构建人类命运共同体[M].北京:中央文献出版社,2018:14-16.

④　习近平.开启中非合作共赢、共同发展的新时代[N].人民日报,2015-12-05(2).

⑤　习近平.论坚持推动构建人类命运共同体[M].北京:中央文献出版社,2018:295-296.

⑥　习近平谈治国理政:第4卷[M].北京:外文出版社,2022:445.

变局中谱写了守望相助的精彩篇章,为构建新型国际关系树立了光辉典范。"①这些由衷赞美是中非关系深情厚谊的真实写照,也是中国领导人真情实感的自然流露。而正确义利观是中国对非情谊的又一表达,正确义利观"讲求的是义利相兼、以义为先、情义为重,核心要义是把帮助非洲等发展中国家实现自主可持续发展同促进中国自身的发展紧密结合起来,实现合作共赢、共同发展"。② 情义无价,以义为先,友谊第一,这是中国对非合作的总方针,也体现了中国与非合作绝不走过去殖民者的老路、绝不以牺牲非洲换取本国利益的全新思维。中国以互帮互助、共同发展、真诚惠容、互利共赢的逻辑代替了以往国际关系中的零和思维、冷战思维、强权思维和势力范围思维,③将情感逻辑与和平共处五项原则、"四个坚持"、"五不原则"等国际关系规范有机结合在一起,开创了对非洲兄弟讲信义、重情义、扬正义、树道义的友谊外交。

三、构建中非发展命运共同体的实践路径

　　自 2013 年习近平访非时首次提出"中非从来都是命运共同体"至今已经 10 余年,自 2018 年中非合作论坛北京峰会发表《关于构建更加紧密的中非命运共同体的北京宣言》至今已有 5 年多,自 2021 年习近平在中非合作论坛第八届部长级会议上提出携手构建新时代中非命运共同体至今已经 2 年多。这些年间,几乎所有中非合作论坛非方成员都加入了共建"一带一路"合作大家庭,中非全面加强各领域务实合作取得丰硕成果,这些都为中非命运共同体建设注入了强劲动力。发展合作始终是中非合作的重点所在,无论是中非全面战略合作伙伴关系"五大支柱""十大合作计划",还是对非合作的"八大行动""九项工程",中非发展合作不断升级完善,中非发展命运共同体轮廓日益清晰。以习近平在中非合作论坛第八届部长级会议开幕式上提出的"九项工程"为例,与发展直接相关的就有七项,分别是:卫生健康、减贫惠农、贸易促进、投资驱动、数字创新、绿色发展、能力建设。可以说,中非发展命运共同体是中非命运共同体的核心、重点、起点与基础。在百年大变局加速演变下,全球发展

---

　　① 习近平谈治国理政:第 4 卷[M].北京:外文出版社,2022:445.
　　② 中国对非洲政策文件[N].经济日报,2015-12-05(5).
　　③ 吴传华.中非命运共同体:历史地位、典范作用与世界意义[J].西亚非洲,2020(2):19.

事业遭遇逆流、困境和挑战,非洲发展受到全球经济、新冠疫情、大国博弈、气候变化的影响更大。中国领导人提出全球发展倡议,呼吁"坚持发展优先""坚持行动导向","加大发展资源投入,重点推进减贫、粮食安全、抗疫和疫苗、发展筹资、气候变化和绿色发展、工业化、数字经济、互联互通等领域合作,加快落实联合国 2030 年可持续发展议程,构建全球发展命运共同体"。[①] 这些倡议对非洲发展具有很强的针对性,符合非洲所急、非洲所需。构建中非发展命运共同体更是构建全球发展命运共同体的重心所在,也是后危机时代推动实现全球发展的关键所在。

(一)构建更加紧密的中非发展伙伴关系

一是加强中非双边伙伴关系。据《新时代的中非合作》统计,中国同非洲 9 个国家建立了全面战略合作伙伴关系,同 3 个国家建立了全面战略伙伴关系,同 6 个国家建立了战略伙伴关系,同 7 个国家建立了全面合作伙伴关系。中国已同 21 个非洲国家和非盟委员会建立了双边委员会、外交磋商或战略对话机制,同 51 个非洲国家建立经贸联(混)合委员会机制。中方积极参与非洲农业综合发展计划(Comprehensive Africa Agriculture Development Programme,CAADP)、非洲基础设施发展计划(Programme for Infrastructure Development in Africa,PIDA)、非洲矿业愿景(Africa Mining Vision,AMV)、非洲科技创新战略(Science Technology and Innovation Strategy for Africa,STISA)、非洲内部增长计划(Boosting Intra-Africa Trade,BIAT)、非洲工业化发展加速计划(Accelerated Industrial Development for Africa,AIDA)、非洲发展署—非洲发展新伙伴计划(The Africa Union Development Agency-New Partnership for Africa's Development,AUDA-NEPAD)等全非计划的落实,推进非洲大陆一体化和次区域组织一体化建设的协调发展。非洲国家也是"一带一路"倡议、全球发展倡议、全球安全倡议、全球文明倡议的支持方。中非共建"一带一路"取得大量成果。截至 2023 年 6 月,53 个同中国建交的非洲国家中,有 52 个国家以及非盟委员会已经同中国签署了共建"一带一路"的合作文件,几乎在非洲实现了"一带一路"合作的全覆盖。非洲国家欢迎并支持中方提出的"全球发展倡议",认为完善全球发展伙伴关系是落实 2030 年可持续发展议程和非盟《2063 年议程》的关键所在,致力于推动实现更

---

① 习近平.坚定信心 共克时艰 共建更加美好的世界[M].北京:人民出版社,2021:5.

加强劲、绿色、健康的全球发展,构建全球发展命运共同体。[①]

二是加快发展多边关系和平台建设。除了中非合作论坛、"一带一路"国际合作高峰论坛等平台外,中非还设立了一系列更为专业化的平台进行深入合作与交流。中非企业家大会、中国—非洲联合工商会、中非民间投资促进平台、中非合作论坛—减贫与发展会议、中非地方政府论坛、中非青年领导人论坛、中非智库论坛等在不同领域搭建了中非对话平台;中非发展基金、中非产能合作基金、金砖国家新开发银行等成为促进中非投融资的重要平台;中非农业合作论坛、中非热带农业科技合作论坛、中国—非盟农业合作联委会成为促进中非农业合作、技术培训和交流的平台;中非交易所交易平台、跨境电商平台、中非青年减贫与发展交流项目等,有助于促进中非青年创业协作,为推动构建新时代中非发展命运共同体注入新鲜动力。在疾病防疫方面,推进中非合作论坛框架下的系列医疗"援非旗舰项目",利用非洲疾控中心开展公共卫生信息交流和技术合作,也是提升中非联合应对重大疾病疫情危害能力的重要机制。作为中非区域间合作机制,中非合作论坛是由中国面向一个大洲创设的第一个国际机制,虽然在推动中非关系发展方面发挥了巨大作用,但论坛机制的制度化建设还有待加强,如论坛后续机制的优化、论坛框架下现有分论坛的作用、设立新的分论坛或推动已有分论坛机制化等方面还需要提升和拓展。[②]

三是加强中非在发展议题上的对接合作。中国倡导的全球发展倡议与非盟《2063 年议程》高度契合。全球发展倡议聚焦减贫、粮食安全、抗疫和疫苗、发展筹资、气候变化和绿色发展、工业化、数字经济、互联互通八大重点领域。这八大重点领域正是非洲国家发展中面临的最迫切、最头疼的难题。非盟《2063 年议程》确定了非洲发展的核心框架,包括非洲农业综合发展计划、非洲基础设施发展计划、非洲矿业愿景、非洲科技创新战略、非洲工业化发展加速计划等。全球发展倡议提出的八大领域几乎囊括所有非洲亟须发展的优先领域,既强调民生需要,又着眼国家发展的长期驱动力,既强调传统领域的发展,又突出新兴领域的机会,完全吻合了非洲国家发展优先的关切。[③] 中非在具体议题上的对接合作也比比皆是。如在绿色发展议题上,建立中非生态合作多层级、多领域政策对话机制,聚焦非洲典型生态问题,共建中非生态合作

① 中非合作论坛第八届部长级会议达喀尔宣言[N].人民日报,2021-12-02(16).

② 郭佳.中非论坛:务实合作的长效机制[N].中国社会科学报,2015-12-10(863).

③ 马汉智.全球发展倡议为非洲发展提供机遇[N].光明日报,2022-08-01(12).

"绿色机制",继续践行"十百千"计划,构建和实施双碳"1+N"政策体系,并在中非合作论坛框架内实施上百个清洁能源和绿色发展项目。

(二)通过农工商贸合作促中非发展融合

一是深化农业合作。粮食安全是全球发展领域最紧迫的挑战之一,也是中非发展合作最重要的方向之一。由于受殖民历史的影响,干旱、洪灾、蝗灾等自然灾害的冲击,以及地区冲突的外溢,非洲长期面临粮食危机。根据联合国粮农组织最新统计,在 45 个需要粮食援助的国家中,非洲占 33 个。① 在撒哈拉以南非洲地区,农业增长带来的国内生产总值增长与由非农业增长带来的同等幅度的国内生产总值增长相比,在减轻贫困方面的作用要高 11 倍。② 农业作为中非合作的传统领域和重要利益交汇点,合作内容从粮食作物生产环节向全产业链扩展。双方依托在非各类经贸合作园区,推动涵盖农产品种植、加工、销售等环节的全产业链合作,共同提高非洲农产品本地化加工能力,提高农产品附加值。如中阳建设集团在赞比亚投资建设中阳生态农业产业园,打造集种植业、养殖业、食品加工、良种研发、农业科技教育交流和休闲观光于一体的现代化农业产业园,树立了中非农业合作领域的样板示范园。据《新时代的中非合作》白皮书,截至 2021 年 11 月,中国已与 23 个非洲国家及地区组织建立农业合作机制,签署了双多边农业合作文件 72 项,通过实施援非百名农业专家、援非农业专家组等项目,建成 23 个农业示范中心。中国—卢旺达农业技术示范中心推广的菌草种植技术,将菌草同果树、玉米和大豆等当地传统作物进行间作和套种,帮助当地人解决了健康食品来源和生计问题。

二是加快工业化合作。工业化是非洲实现持续性发展的前提,是创造就业、消除贫困、提高生活水平的关键。中国支持非洲国家根据自身国情和发展需求,改善投资软硬环境,进行产业对接与产能合作,助力非洲工业化和经济多元化进程。2015 年,非盟在《2063 年议程》中将实现工业化视为非洲经济转型的引擎。中国拥有门类齐全、独立完整的产业体系,双方开展工业化合作的各项条件均趋于成熟。中方支持有实力的中国企业在尊重东道国市场规则和工业化进程的基础上,赴非洲国家建设和运营境外经贸合作区、经济特区和工

---

① FAO. Crop prospects and food situation: quarterly global report no.1[R/OL]. (2023-03-09)[2023-06-15]. https://www.fao.org/documents/card/en/c/cc4665en.

② 安春英.中非减贫合作与经验分享[M].北京:中国社会科学出版社,2018:142-143.

业园区;鼓励中方劳动密集型产业向非洲转移,开展进口替代型和出口主导型合作;支持中国企业赴非投资,建立完整的工业链并开展本土化经营,助力非洲产业升级;帮助非洲企业学习更多的商业理念与管理模式,提升非洲国家经济多元化程度和自主发展能力。西电埃及是中国技术助推埃及本土制造业发展的缩影。该公司由中国西电集团所属的中国西电电气股份有限公司与埃及EGEMAC公司于2009年合资设立,自成立以来,西电埃及在埃及承建66千伏至500千伏的变电站成套工程项目26个,为当地35个变电站提供了66千伏至500千伏电力变压器、高压开关、避雷器等设备,提升了埃及本土电气设备的生产能力,使埃及成为中东北非地区第一个能够制造500千伏超高压电力变压器的国家。① 一批类似西电埃及的企业,不仅依托各自的核心技术与产品,在当地设立生产制造中心,布局和完善产业链,并且日渐聚集成工业园区,抱团发展,培强做大,成为加快当地工业化速度的有力举措。

三是优化贸易投资合作。就贸易而言,"一带一路"倡议提出10年来,中非贸易总额累计超2万亿美元,中国始终保持非洲第一大贸易伙伴国地位,近几年中非贸易更是屡创新高。2022年,中非贸易额达2820亿美元,同比增长10.9%。其中,对非出口1645亿美元,同比增长10.9%,自非进口1175亿美元,同比增长10.9%。② 中非贸易在实现数量增长的同时,也使质量得到同步优化。一是便利化水平进一步提升。中国和非洲有关国家建立贸易畅通工作组,及时解决双边贸易中出现的问题。中国对21个非洲最不发达国家98%输华产品实施零关税待遇,非洲为非洲农产品输华设立"绿色通道";与非方在标准、质检、互认等方面进行合作,加快非洲产品市场准入程序,帮助非洲农产品食品更好地进入中国市场。二是贸易渠道不断拓展。中方设立中非经贸博览会,组织贸易促进团去非洲采购,并通过电子商务平台,举办"非洲好物网购节"等活动,大力推介非洲优质特色产品。现在南非的红酒、埃塞俄比亚的咖啡、摩洛哥的护肤品、加纳的巧克力、坦桑尼亚的腰果等产品都打开了中国销路。三是贸易投资融合发展态势良好。积极鼓励有实力的企业投资非洲的农业、制造业、服务业,充分发挥在非洲经贸合作区作用,促进非洲产业升级,提

① 中国埃及十年,中国西电擦亮超高压名片[EB/OL].(2023-09-14)[2023-11-15]. https://www.yidaiyilu.gov.cn/p/0JPGT454.html.

② 商务部国际贸易经济合作研究院,等.中国与非洲经贸关系报告2023[R/OL]. (2023-06-29)[2023-11-16].https://www.caitec.org.cn/upfiles/file/2023/6/20230710163247545.pdf.

升非洲加工制造水平和产品附加值,助力非洲增强整体出口能力。就投资而言,中国企业几乎在所有非洲国家都进行了投资。2023年,中国对非新增直接投资39.6亿美元。截至2023年年底,中国对非洲直接投资存量超过400亿美元。中国是非洲第四大投资来源国,目前在非洲投资的中国企业有3000余家。中国对非洲投资不断提质增效:首先是投资领域正在不断拓宽,已经覆盖了建筑、采矿、制造、科技、批发零售、农业、房地产、金融、电子商务等行业。其次是投资方式更加多样灵活,除绿地投资以外,参股、并购等方式逐渐增多。再次是投资主体日益多元。民营企业占中国在非企业数量的七成以上,成为中国对非投资的生力军。最后是投资平台逐步升级。中国企业在非经贸合作区的带动作用正在持续增强,产业集聚效应不断显现。①

四是推动数字经济合作。21世纪是数字化的世纪,数字产业在促进社会发展和经济增长中发挥着重要作用,有助于推动产业升级,实现经济高质量增长,加快经济社会转型。中非双方对数字经贸发展十分重视,出台了相应的合作措施。中国积极帮助非洲国家消除"数字鸿沟",从数字基础设施建设到社会数字化转型,全领域合作成果丰硕。近年,超过15个非洲国家的17个城市、1500多家企业选择中国企业作为数字化转型伙伴,29个国家选择中国企业提供的智慧政务服务方案。② 中国企业积极参与非洲数字基础设施建设,推动非洲电子商务、移动支付等行业发展。中国已与非洲27个国家签署民用航空运输协定,成功为阿尔及利亚、尼日利亚等国建造、发射通信气象卫星。中国企业还通过数字化外贸的方式与非洲本土分销商结合,进一步拓宽了中国企业产品在非洲的销路。目前已经有数十家中国企业创建的跨境电子商务平台进入非洲的市场。其中,Amanbo构建了一个"线上+社交+线下"的全渠道营销体系,制定了一站式提供立体、融合的B2B2C全链条数字化解决方案,成为中非数字经贸的一大亮点。此外,中非还通过加快参与全球供应链结构体系优化,提升中国在非供应链管理能力,在快速布局非洲本土化、垂直化的跨境电商平台的同时,加强电商物流、金融结算、海外仓储等服务体系的建

---

① 国务院新闻办就第三届中非经贸博览会及中非经贸合作有关情况举行发布会[EB/OL].(2023-06-14)[2023-06-15].https://www.gov.cn/lianbo/fabu/202306/content_6886298.htm.

② 中华人民共和国国务院新闻办公室.新时代的中非合作[M].北京:人民出版社,2021:23.

设,加快布局"基地＋展贸＋营销"跨境电商供应链体系。①

(三)以生态合作推进中非可持续发展

一是对接绿色发展理念。非洲有着与中国相似的文化传统和伦理价值观,其孕育的"自然、和谐、人道、共有、共享"传统价值观与中国在历史进程中形成的"天人合一""和合包容"传统文化精髓高度契合。② 共同的思想理念为中非发展命运共同体的绿色因子提供了生长土壤。从 2015 年的"十大合作计划",到 2018 年的"八大行动",再到 2021 年的"九项工程",均包括绿色发展合作的内容,将打造绿色、低碳、循环、可持续的发展方式,实现经济发展与环境保护的有机结合,作为中非合作的重要方向。非洲联盟《2063 年议程》明确指出,具有气候适应能力的社区和经济是非洲一体化、繁荣与和平愿景的组成部分。党的十八大以来,中国坚定不移走生态优先、绿色低碳发展道路,着力推动经济社会发展全面绿色转型,在沙漠治理、水域资源开发过程中积累了丰富的实践经验,为非洲走上经济建设与生态保护相协调的绿色发展道路提供了有益启示。中非合作论坛第八届部长级会议通过的《中非应对气候变化合作宣言》明确表示"双方一致倡导创新、协调、绿色、开放、共享的可持续发展",实现绿色高质量发展是中非未来发展的大势所趋。

二是联合应对气候变化。气候变化是一种全球威胁,很可能导致更频繁和更强烈的极端天气事件,包括热浪、洪水、干旱和飓风,从而加剧传染病的传播。气候灾害和相关灾害对各国的影响程度不同,发展中国家遭受的损失最大,死亡人数最多,尤其是非洲。世界气象组织发布的《2022 年非洲气候状况》报告显示,非洲的二氧化碳排放量仅占世界的 2%～3%,但受到气候变化的严重影响。2022 年,非洲地区有超过 1.1 亿人直接受到气候灾害影响,气候相关自然灾害造成约 5000 人死亡,造成总计超过 85 亿美元的经济损失。农业是非洲国民经济和民众生计的支柱,但受气候变化影响,非洲地区农业生产率增长自 1961 年以来下降了 34%,预计到 2025 年非洲国家每年粮食进口量将增加约三倍,进口粮食资金将从 35 亿美元增加到 1100 亿美元。非洲仅占温室气体排放的 3%～4%,但每年在气候变化的刺激下损失 70 亿～150 亿美

---

① 肖瑾,徐薇,李雪冬,等."一带一路"与非洲大陆自贸区高质量发展的思考[J].非洲研究,2021(1):276.

② 季思.中非:从"天然"到"必然"[J].当代世界,2018(9):1.

元,目前估计有 500 万非洲人已经因气候变化而流离失所。气候变化还直接和间接地破坏了粮食的供应、获得、利用和稳定,预计到 2050 年,气候变化将使全球人均粮食供应减少 3.2%,而对非洲来说,其降幅将大于平均水平。[①]近年来,非洲国家平均已将其年国内生产总值的 5% 左右用于支持减缓气候变化的各项措施。[②] 2019 年,非洲国家已经花费了 GDP 的 2%～9% 来应对气候事件和与气候相关的环境退化问题。中国作为全球生态文明建设的重要参与者、贡献者、引领者,正在与非洲开展积极合作,共同推动经济绿色转型,坚持公平原则、共同但有区别的责任原则和各自能力原则,以积极姿态参与全球气候谈判议程,推动构建公平合理、合作共赢的全球气候治理体系改革。

三是注重清洁能源开发。世卫组织提供的数据显示,在非洲大陆每年 220 万例与环境有关的死亡病例中,约有 60 万人与室外空气污染有关,其中包括埃及、埃塞俄比亚、尼日利亚和南非在内的快速发展的非洲国家受到空气污染所造成的挑战尤其严峻。[③] 开发清洁能源,减少传统化石能源使用所带来的危害亟须提上发展日程。作为非洲可持续发展的坚定支持者,中国支持非洲国家实施"公正过渡"计划[④],完成从化石燃料特别是煤炭,到可再生能源的过渡(可再生能源现在比新煤便宜,每投资一美元便可创造更多的就业机会)。[⑤] 从埃塞俄比亚的阿达玛风电场与阿伊萨风电站,到乌干达的卡鲁玛水电站,再到肯尼亚的加里萨光伏电站,中非双方已在中非合作论坛框架内开展了上百个清洁能源和绿色发展项目的合作。中非发展命运共同体是绿色共同体,双方共同致力于建立健全绿色低碳循环发展经济体系,为从根本上解决传

---

① World Meteorological Organization. State of the Climate in Africa 2022 [R/OL]. (2023-09-04) [2023-11-16]. https://library. wmo. int/viewer/67761/download? file = 1330_State-of-the-Climate-in-Africa-2022_en. pdf&type=pdf&navigator=1.

② 黄培昭.携手非洲共同应对气候变化(国际视点)[N].人民日报,2022-07-14(17).

③ Economic Commission for Africa. Building forward for an African green recovery [R].Addis Ababa:ECA, 2021:2.

④ 对于非洲国家,特别是那些依赖将矿物燃料作为能源和外汇收入主要来源的国家来说,人们承认"公正过渡"是一个复杂和长期的进程,取决于国情、能力和提供足够的支助。在实施该方案时,必须考虑到每个非洲国家所面临的情况,以确保所提出的解决办法符合非洲的发展需求。

⑤ African Union. African Union green recovery action plan (2021—2027) [R]. Durban:AU,2021:14.

统发展路径所带来的环境污染和生态破坏提供了新方案。①

四是实施绿色科技发展。循环经济是解决好工业发展对资源和生态环境压力的关键，是实现可持续发展的重要途径。但循环经济需具备"硬件"和"软件"两个关键属性："硬件"方面包括生态创新技术和技术基础设施；"软件"方面包括生态创新技能、专业知识和商业模式。② 中非双方通过合作开发更为系统、高效的创新技术，将"资源困局"转变为"发展新局"，共享绿色发展机遇，实现合作共赢。中方帮助非洲构建生态环境监测网络，建立多种危险预警与早期行动计划，搭建非洲生态环境大数据平台，提升非洲国家对环境污染、生态破坏信息的采集与监管能力。如根据遥感监测数据精准锁定污染源，有效防止污染范围扩大；建立不同时间周期内的环境质量数据库，便于摸清历史、把握现状并预测未来③；继续为非洲国家提供风云气象卫星数据和产品以及必要的技术支持，支持非洲气象（天气和气候服务）战略的实施，提升非洲国家防灾减灾和应对气候变化的能力。

（四）赋能赋力促进非洲实现跨越式发展

构建中非发展命运共同体是中非的双向奔赴、共同努力，但中国作为最大发展中国家，作为在工业化、现代化中走在前列的国家，理应以更加积极主动、勇于担当的行动担负起援助者、倡导者、引领者、推动者的责任。

一是推动非洲减债进程。沉重的债务负担阻碍了非洲国家的发展，造成了日益严重的经济、社会等问题，使其陷入"拆东墙补西墙"的债务窘境，引发了外来投资者的顾虑，在一定程度上影响了国家建设。中国十分重视非洲国家的债务问题。新冠疫情暴发后，中国宣布免除15个非洲国家2020年年底到期的无息贷款债务。王毅在第八届部长级会议成果落实协调人会议上表示，中方将免除非洲17个国家截至2021年年底对华到期无息贷款债务23笔。根据中非合作论坛第八届部长级会议通过的《达喀尔行动计划（2022—2024年）》，中方承诺向非洲金融机构提供100亿美元授信额度，重点扶持非

① 薛鹏，管筱璞.首份《全球发展报告》说了什么[N].中国纪检监察报,2022-06-22(4).

② NICHOLAS O, NYAMBANE A. Eco-innovation policies for sustainable development in Africa[R]. Nairobi：ATPS,2021：12.

③ 张建珍，梁晓雨.环境科技合作助推中非生态文明建设[N].光明日报,2022-06-05(3).

洲中小企业发展;从国际货币基金组织增发的特别提款权中拿出100亿美元,转借给非洲国家。中方根据非方实际需求和情况,继续向非方提供无偿援助、无息贷款和优惠贷款,并积极参与国际多边框架下的对非减债行动,呼吁国际社会有关各方在减轻非洲国家债务负担方面采取更有力的行动,切实帮助非洲国家实现自主可持续发展。

二是助力非洲人才开发培训。劳动力拥有的体能和智力资源具有生产性的作用,它是决定贫困人口减贫能力的关键所在。非盟建立了泛非大学(Pan-African University,PAU),负责不同领域的科学研究,还出台了《非洲技术、专业、创业培训和青年就业十年计划(2019—2028)》《非洲数字化教学和学习政策指南》《非洲科学、技术和创新战略 2024》等一系列文件、报告,旨在重新调整非洲教育和培训系统的方向,助力解决非洲社会经济发展关键领域的重大问题。"扶贫必扶智,治贫先治愚"是中国打赢脱贫攻坚战的一项重要经验,在促进中非发展合作中,中方也将这一观念落实到了具体行动中。为满足近年来非洲产业的迅速发展以及对专业人才的需求,服务中非发展和"一带一路"倡议,中方院校向非洲多国开展了不同类型的培训班。如中国农业大学于2019 年启动"中非科技小院"项目,积极推动中非农业实践与技术交流,帮助非洲国家培养农业科技人才。截至目前,"中非科技小院"先后为12个非洲国家培养了60多名农学类学生。10年来,我国已在非洲建成24个农业技术示范中心,推广了玉米密植、蔬菜设施栽培、木薯快速繁育等300多项先进适用技术,农业农村部向非洲派出农业专家400多人次,并为非方累计培训管理及技术人员超过1万人次。[①] 新冠疫情后,中非都意识到了医卫人才培养的重要性。鉴于医卫人才培养具有成才周期长、知识更新快、实践性强等特点,双方正在致力于构建全方位、多层次、立体化的培养体系。

三是帮助非洲扩大就业市场。非洲是一个年轻且具发展潜力的大陆。据联合国统计,全球17%(13亿)的人口生活在非洲,其中15岁以下的比例为40%,30岁以下比例高达70%,这意味着非洲有着巨大的劳动力与消费市场。如何使非洲的"人口资源"转化为"人口红利"而不是"人口炸弹",扩大就业市场是双方解决这一问题的发展方向之一。随着大批中非合作项目的落地,中方鼓励中国企业同非洲伙伴开展合资合作,在基建项目执行和开发各环节雇

---

① 戴楷然."中非科技小院"助力非洲农业发展[N].人民日报,2023-02-07(3);我国300 多项先进农业技术惠及非洲 100 多万小农户[EB/OL].(2023-11-14)[2023-11-15].http://world.people.com.cn/n1/2023/1114/ c1002-40118135.html.

佣更多非洲工人,开拓其就业空间。《新时代的中非合作》白皮书指出,截至2020年年底,中国在非洲设立各类企业超过3500家,聘用非洲本地员工比例超过80%,直接和间接创造了数百万个就业机会。例如,中国广核集团在纳米比亚参建的湖山铀矿为当地社区创造了6000个临时职位和2000多个长期职位;中国在尼日利亚的沿海铁路建设创造了5万个直接就业岗位和15万个间接就业岗位,而铁路的运营过程也创造了2万~3万个稳定的就业岗位。①由中国企业参与投资开发的乌干达艾伯特湖油田项目中本地员工占比高达78%。2022年10月,尼日利亚莱基港一期工程竣工,作为第二届"一带一路"峰会成果项目,其建设运营将为当地约17万人提供直接和间接就业机会。

总之,构建中非发展命运共同体基于中非发展合作现状,契合中非发展优先关切,体现中非双方核心利益,是中非合作的深化、拓展与升级。中非早已结成休戚与共的命运共同体,无论是2018年北京峰会上协商一致通过的《关于构建更加紧密的中非命运共同体的北京宣言》,还是中国领导人呼吁、53个非洲国家和非盟广泛支持的旨在构建全球发展命运共同体的全球发展倡议,都是对中非共同发展、命运与共客观现实的反映,也是对中非共赢共享、同舟共济新型模式的引领。中非命运共同体是共建"一带一路"、构建人类命运共同体的示范之举;中非发展命运共同体是落实全球发展倡议、构建全球发展命运共同体的先行之为。始终走在时代前列的中非发展合作,正在开创国际发展合作的新型模式,引导着中国、非洲和全球发展走向更加美好的未来。当然,共筑更加紧密的中非命运共同体、构建中非发展命运共同体是一个系统的、长期的、复杂的工程,牵涉中国和非洲国家之间、中国与非盟及其他非洲组织之间、中非政企社会力量之间,以及中非联合应对全球问题、处理国际事务的方方面面。中非发展命运共同体不是中非发展的简单叠加与联合,而是结合中非发展特点、双方发展需求与时代发展大势的发展融合、合作升华;中非发展命运共同体不是一个巧于构思的纯理论的空洞概念,而是双方根据最新发展合作经验不断加以丰富的思想理念,更是需要将美好理念造福于人的落地实践;中非发展命运共同体不是一蹴而就、立竿见影的"花架子",而是需要久久为功、不懈努力的"马拉松"。在逆流涌动的全球发展态势下、在风高浪急

---

① WANG Z Z, ZHENG S Y. The realistic dilemma and countermeasures of anti-poverty industrial-capacity cooperation between China and Africa[J].Contemporary social sciences,2020,5(4):53.

的地缘政治博弈中,对于"发展依然是最大的政治,是国家利益的核心所在"①的中国和非洲而言,坚定支持彼此的发展利益,打造发展命运共同体,不仅是双方发展的福音,也为推动南南合作与全球发展提供了案例。正如南非总统拉马福萨曾说的"中非命运共同体基于平等,面向人民,具有很强的可行性、示范性"②,也如《新时代的中非合作》所言,"中非合作兴,则南南合作兴。中非双方发展好,世界会更好"。

---

① 刘鸿武.中非发展合作与人类现代文明的再塑造[J].国际问题研究,2010(5):19.

② 共同发展,为中非人民带来实实在在的利益:非洲国家领导人和国际组织负责人热议中非合作论坛北京峰会(上)[N].人民日报,2018-09-20(22).

第八章 构建上海合作组织安全 共同体的理念与实践

构建安全共同体是维护和平稳定的长远保障,也是构建人类命运共同体的重要内容。上海合作组织是新安全观的重要实践平台,具备建构安全共同体的外部动力、内部机制和价值基础。20多年来,上合组织虽然经受了内部分歧、外部风险、彼此认同与突发事件的重重考验,但走出了一条团结合作稳定社会安全、安危共担保护地区安全、开放融通巩固发展安全、互学互鉴达成安全共识、公平正义维护全球安全的新路径,开创了安全共同体建设的新理念、新范式。

构建安全共同体反映了中国人民对和平、和睦、和谐理念的一贯追求,也体现了世界各国对和平、稳定、安全的普遍渴望。上海合作组织(以下简称"上合组织")以"上海精神"为引领,以安全合作为起点,以机制建设为保障,为维护区域安全稳定大局发挥了重要作用,为全球安全治理开展了先行实践,为构建人类命运共同体作出了积极探索。2020 年 11 月 10 日,习近平在上合组织成员国元首理事会第二十次会议上提出,"加强抗疫合作,构建卫生健康共同体;维护安全和稳定,构建安全共同体;深化务实合作,构建发展共同体;促进民心相通,构建人文共同体"①,这是中国领导人第一次提出"安全共同体"概念。2022 年 4 月 21 日,习近平在博鳌亚洲论坛提出"安全是发展的前提,人类是不可分割的安全共同体"②,再次强调"安全共同体"理念,并首次提出全球安全倡议。2023 年 2 月,中国正式发布《全球安全倡议概念文件》,进一步阐释了倡议的核心理念与原则,明确了倡议的重点合作方向,并就倡议的合作

---

① 习近平.弘扬"上海精神" 深化团结协作 构建更加紧密的命运共同体:在上海合作组织成员国元首理事会第二十次会议上的讲话[N].人民日报,2020-11-11(2).
② 习近平谈治国理政:第 4 卷[M].北京:外文出版社,2022:451.

平台和机制提出了建设设想,是推进落实倡议的一项重要举措。① 当前,世界进入动荡变革期,大国竞争和地缘博弈升温,欧亚安全议题持续发酵。构建上合组织框架下的安全共同体,不仅为维护地区安全与稳定注入了新的活力,而且也可为全球安全治理提供新的思路。

上合组织安全共同体是为应对共同安全威胁而形成的相互依赖的地区安全体系。从国际公共产品视角看,安全性公共产品涉及国家和国际社会的生存和发展,是国际社会的刚性需求,具有优先供给性。② 上合组织成员通过安全合作的方式不断向区域提供公共产品,逐渐形成地区安全公共产品供给中心。首先,主要通过缔结条约、裁军、边境联合巡逻、协商对话等军事互信机制减少地区冲突,提供互信性公共产品,维护地区总体和平与稳定;其次,通过建立安全合作制度(安全合作协定、机制、条约)提供机制性公共产品,如地区反恐机制、禁毒机制、地区安全热点问题磋商机制、执法合作机制、司法合作机制、信息安全机制;最后,通过提供观念性公共安全产品,包括"上海精神""和谐地区"理念、新安全观、人类命运共同体意识、新型国际关系等理念,增强成员国互信,凝聚成员国共识。

上合组织框架下安全共同体建设主要集中在以下几个方面:一是在国家层面要保障成员国的国家安全,维护成员国的独立和主权,反对外部势力以任何借口干涉成员国内政。维护成员国政治安全和社会稳定,谨慎合理推进国家政治议程,加强合作促进国家发展。二是在双边、多边层面要维护成员国之间的相互安全,成员国之间要深化互信,通过协商和对话解决成员国之间的冲突与分歧,维护上合组织成员国之间的和平与安全。三是在区域层面要维护地区安全,支持上合组织区域内的和平繁荣、实现可持续发展、建立睦邻友好互信关系。一方面,在印巴加入、伊朗加入及俄乌冲突影响下将中亚、南亚、西亚、东亚安全连成一体,维护地区安全;另一方面,上合组织成员国要共同应对区域内的潜在安全威胁,提升安全协作水平。四是在全球层面要参与全球安全治理,共同应对核安全、信息安全、能源安全、粮食安全、生物安全、数据安全、外空安全、产业链安全等新领域的安全威胁。

---

① 中华人民共和国国务院新闻办公室.携手构建人类命运共同体:中国的倡议与行动[N].人民日报,2023-09-27(7).

② 曹德军.论全球公共产品的中国供给模式[J].战略决策研究,2019,10(3):9.

一、构建上海合作组织安全共同体的基本理念

上合组织正式成立于 2001 年 6 月 15 日,目前一共有 9 个成员国,3 个观察员国和 14 个对话伙伴。在安全理念上,上合组织成员国达成了一系列安全共识。从历届上合组织成员国元首宣言,成员国政府首脑(总理)理事会联合公报、(联合)声明、新闻公报中看,上合组织成员国在安全观上达成了一致看法。上合组织的宗旨是:加强各成员国之间的相互信任与睦邻友好;鼓励成员国在政治、经贸、科技、文化、教育、能源、交通、旅游、环保及其他领域的有效合作;共同致力于维护和保障地区的和平、安全与稳定;推动建立民主、公正、合理的国际政治经济新秩序。① 20 多年来,上合组织始终遵循"互信、互利、平等、协商、尊重多样文明、谋求共同发展"的"上海精神",致力于以平等、共同、综合、合作、可持续安全为基础构建更加公正、平衡的国际秩序,根据国际法准则和原则维护所有国家和每个国家的利益。②

(一)平等安全是首要原则

平等安全是上合组织建设安全共同体的基本原则。上合组织在成立之初就确立了平等的安全原则,"本组织建立于下列原则基础上,即:相互尊重主权、独立、领土完整及边界不可破坏,不干涉内政,不使用武力或以武力相威胁,所有成员国一律平等"③。上合组织的平等安全原则主要体现在以下四个方面:一是,上合组织内任何一个国家的安全都应该得到尊重和保障,倡导大小国家一律平等,奉行协商一致原则,成员国无论大小都拥有否决权。二是,上合组织摒弃"双重标准",主张在互谅基础上通过谈判解决争端,尊重各国维护国家统一和保障民族利益的权利,尊重各国独立自主选择发展道路和制定

---

① 上海合作组织宪章[EB/OL].(2002-06-07)[2023-06-17]. http://chn.sectsco.org/documents/.

② 上海合作组织成员国元首理事会青岛宣言[N].人民日报,2018-06-11(3).

③ 上海合作组织成员国元首宣言[N].人民日报,2002-06-08(2).

内外政策的权利,尊重各国平等参与国际事务的权利。[①] 三是,实现自身安全不能以损害其他国家的安全为代价。对此,上合组织成员国一致认可并多次确认。四是,上合组织倡导在平等互利基础上扩大同上合组织观察员国和对话伙伴的合作,扩大上合组织同联合国及其专门机构、其他国际和地区组织的交流合作,促进可持续发展的各项国际、地区和国别倡议对接合作。总之,上合组织致力于建立公开、透明、平等的安全与合作框架,支持和维护亚太地区和平、稳定和繁荣。[②]

(二)共同安全是基础要义

共同安全观是上合组织建设安全共同体的理念基础。2014 年 9 月,习近平在上合组织第十四次元首理事会上提出,"践行共同、综合、合作、可持续的亚洲安全观,以集体之力、团结之力、合作之力,携手应对威胁挑战,共同推动上海合作组织得到更大发展"。[③] 此后,习近平多次在上合组织元首峰会和其他重要国际场合阐述共同安全观。2005 年,上合组织元首共同签署的《上海合作组织成员国元首乌法宣言》中多次提及共同安全理念。共同安全理念主要包含以下四个方面的内容:首先,在平等和共同安全、兼顾相互利益和法治等原则基础上,巩固第二次世界大战后形成的全球治理机制。其次,维护共同安全的问题应由所有当事国参与,通过政治外交手段解决。再次,在各国同等安全和共同安全的条件下推动核裁军进程,促进在和平利用核能方面开展平等互利的国际合作。最后,防止外空武器化对确保平等和共同安全、维护全球稳定十分重要。[④] 2017 年,"构建人类命运共同体"首次在上合组织宣言、元首理事会会议新闻公报、首脑理事会联合公报中明确提出。人类命运共同体理念包括五个方面的内容,持久和平、普遍安全是其中的重要方面。共同安全是维护持久和平的必然选择,也是实现普遍安全的应有之义。随着人类命运共同体思想逐渐被上合组织成员国所认同,多次被写入上合组织联合声明和峰会宣言,共同安全观也逐渐成为上合组织安全共同体的共同理念和价值观念。

---

①　上海合作组织五周年宣言[N].人民日报,2006-06-16(4).

②　上海合作组织十周年阿斯塔纳宣言[N].人民日报,2011-06-16(3).

③　习近平.凝心聚力 精诚协作 推动上海合作组织再上新台阶:在上海合作组织成员国元首理事会第十四次会议上的讲话[N].人民日报,2014-09-13(3).

④　上海合作组织成员国元首乌法宣言[N].人民日报,2015-07-11(3).

(三)综合安全是现实之需

综合安全是上合组织安全共同体建设的关键。上合组织注重综合安全,既强调维护军事安全、政治安全、国土安全等传统安全,反对干涉内政,反对单边主义,反对霸权,反对战争,反对分裂势力,防范"颜色革命",又重视恐怖主义、跨国犯罪、环境安全、毒品威胁、重大疫情、自然灾害等除政治军事安全威胁以外对国家安全及人类生存与发展构成的威胁。2015年,乌法峰会发表《上海合作组织成员国元首理事会会议新闻公报》,正式在上合组织提出综合安全观,成员国元首们强调:"必须共同努力应对传统与非传统安全挑战与威胁,加强对话合作,维护综合安全,特别是打击恐怖主义、分裂主义、极端主义,非法贩运麻醉药品、精神药物及易制毒化学品,跨国有组织犯罪,加强国际信息安全,应对突发事件。"[①]上合组织始于传统安全领域合作,"上海五国"建立的目标是消除冷战时期遗留的边境争端问题,旨在以对话解决国家间争端。之后,随着成员国面临着越来越多的非传统安全威胁,上合组织安全合作范围也扩大到打击毒品走私、跨国犯罪、国际信息安全、非法移民、边防等领域。从2013年至今,上合组织面临的安全形势更加复杂,呈现多因性、复合性、联动性、跨界性、扩散性等特点和趋势,日益凸显出构建安全共同体的重要性与必要性。当前,上合组织所在地区的安全风险多点齐发,俄乌冲突作为国际军事安全领域的重大事件,使传统安全问题重回安全首要议程,成为人们关注的焦点,同时能源安全、信息安全、粮食安全、生物安全等新兴非传统安全问题纷至沓来,日益考验上合组织的应变能力和应对思路。

(四)合作安全是持续动力

以合作促安全是上合组织安全共同体建设的动力之源。上合组织成立20多年来,始终将安全合作视为第一要务,走出了一条安全优先的合作之路。1996年至2004年是上合组织的创建期。1996年,中、俄、哈、吉、塔五国元首在上海举行首次会晤,这是上合组织安全合作的源头。2001年,五国元首和乌兹别克斯坦元首共同签署《上海合作组织成立宣言》,将"上海五国"机制提升到更高的组织合作层次。2002年6月,圣彼得堡峰会正式签署了《上海合

---

① 上海合作组织成员国元首理事会会议新闻公报[N].人民日报,2015-07-11(2).

作组织宪章》,上合组织明确的首要任务是推动六国务实合作,同时致力于发展与其他国际组织和国家的交往、对话和合作。在这次的元首宣言中,各国重申了上合组织的"大合作观"。2005年至2012年是上合组织的全面合作时期,上合组织安全合作范围扩大到打击毒品走私、跨国犯罪、国际信息安全、非法移民、边防等领域,并签订相关安全合作协定。2007年,上合组织比什凯克峰会上六国元首签署《上海合作组织成员国长期睦邻友好合作条约》,从法律上明确了成员国开展安全合作的原则、权利和义务。2009年,《上海合作组织反恐怖主义公约》《上海合作组织成员国打击恐怖主义、分裂主义和极端主义2010年至2012年合作纲要》《上海合作组织成员国反恐专业人员培训协定》《保障国际信息安全合作协定》的签署加强了该组织安全合作的法律基础。2017年,《上海合作组织反极端主义公约》出台,进一步明确了上合组织安全合作的法律依据。2013年至今是上合组织框架下安全共同体建设时期。这个时期上合组织安全合作机制逐渐制度化和法律化,安全共同体建设目标逐渐明确,上合组织"朋友圈"越来越大。2013年9月,比什凯克峰会批准《〈上海合作组织成员国长期睦邻友好合作条约〉实施纲要》,这是推动各成员国共同应对问题向全方位、多领域、深层次合作发展的契机,也是推动构建安全共同体的基础。2015年7月,上合组织乌法峰会上成员国元首签署了《上海合作组织成员国边防合作协定》,这一协定是上合组织成员国在边防合作领域的重要条约,为上合组织成员国边防合作提供了法律基础。2020年11月,习近平在上合组织成员国元首理事会第二十次会议上发表了《弘扬"上海精神"深化团结协作 构建更加紧密的命运共同体》重要讲话,首次在上合组织框架内提出构建"安全共同体"的重大倡议,指明了上合组织安全合作的发展方向。对标《全球安全倡议概念文件》列出的中国与世界各国和国际、地区组织的双多边安全合作"清单",其中列举了20个重点合作方向,上合组织安全合作覆盖了14个方面。[①]

(五)可持续安全是保障

以发展求安全、实现可持续安全是构建安全命运共同体的保障。"迈向命运共同体,必须坚持实现共同、综合、合作、可持续的安全","要坚持发展和安

---

① 全球安全倡议概念文件[N].人民日报,2023-02-22(15).

全并重,以可持续发展促进可持续安全"。① 2015 年,上合组织政府首脑理事会就国际和地区经济发展的广泛议题交换了意见,讨论了深化上合组织经济合作和人文合作的前景与措施。② 这是上合组织以发展促安全理念得到确立和认可的标志。根据上合组织乌法峰会成果,上合组织要进一步扩大在经贸、金融、投资、交通、电信、海关、农业、能源领域的合作,提高投资和贸易便利化水平,以创新驱动促进经济发展、以共建高新技术产业推进工业部门现代化,保障上合组织成员国经济社会可持续发展,改善成员国人民生活水平。③ 2018 年,《上海合作组织成员国元首理事会青岛宣言》明确提出可持续安全,"上合组织致力于以平等、共同、综合、合作、可持续安全为基础构建更加公正、平衡的国际秩序,根据国际法准则和原则维护所有国家和每个国家的利益"④。可持续安全成为上合组织安全共识的重要内容。2019 年,比什凯克宣言指出,上合组织在维护平等、共同、综合、合作、可持续安全,落实 2030 年可持续发展议程,保障全体及每个国家的利益方面发挥着重要作用。⑤ 新冠疫情加剧了社会的不平等现象,使得极端贫困人数较大幅度增长,催化了极端主义与恐怖主义的滋生,进一步凸显发展促安全、实现可持续安全的重要性。后疫情时代,上合组织促进各国经济恢复发展,推动共建"一带一路",以可持续发展促进可持续安全,是推动构建安全命运共同体的切实行动。可持续安全从时间上讲是指和平与安全状态的可持续性,从理念上讲是强调以较低的安全成本保障较高水平的安全状态,从内容上讲具有预防性和综合性,从范围上讲谋求和维护地区安全的整体性。⑥ 这完全吻合上合组织成员国对安全的需求,契合上合组织对安全的追求,符合构建安全共同体的要求。

---

① 迈向命运共同体 开创亚洲新未来[N].人民日报,2015-03-09(2).

② 上海合作组织成员国政府首脑(总理)理事会第十四次会议联合公报[N].人民日报,2015-12-16(3).

③ 上海合作组织成员国政府首脑(总理)理事会第十四次会议联合公报[N].人民日报,2015-12-16(3).

④ 上海合作组织成员国元首理事会青岛宣言[N].人民日报,2018-06-11(3).

⑤ 上海合作组织成员国元首理事会比什凯克宣言[N].人民日报,2019-06-15(5).

⑥ 刘江永.可持续安全论[M].北京:清华大学出版社,2016:190-191.

二、构建上海合作组织安全共同体的风险挑战

相对于利益共同体、发展共同体,安全共同体是更高层级的命运共同体,并非短期可以实现,上合组织安全共同体建设是一个长期努力的过程。上合组织成员国构成和力量对比复杂,所处的区域国际环境以及文化、认知差异不容乐观,扩员后的上合组织还面临新旧成员之间的相互适应和问题叠加的风险,加之新冠疫情、俄乌冲突、大国博弈等种种不确定因素给构建上合组织安全共同体带来了新的考验。

(一)内部分歧降低安全共同体协作程度

信任是安全感最可靠的来源,互信是构建安全共同体的基石。互信要求成员国之间摒弃冷战思维和强权政治、超越意识形态和制度差异,互不猜疑、互不敌视、相互沟通、相互协商,这是上合组织生存发展的立身之本。随着形势发展和组织扩员,成员国之间关系趋于复杂、利益诉求多元、文化多样等因素增加了内部分歧,从而使得成员国互信和共同身份构建的难度加大。[①]

一是部分成员国之间时有冲突发生,历史遗留的边界争端是引发冲突的关键所在。中亚国家是上合组织的核心组成部分,它们之间的矛盾对上合组织安全共同体的构建带来了一定挑战。如吉尔吉斯斯坦与塔吉克斯坦双方边界冲突频发,2010至2019年间多达150起;2021年4月和2022年9月,两国又因水源纠纷爆发军事冲突。[②] 吉塔近1000公里的边境线上有超三分之一存在争议;塔吉克斯坦与乌兹别克斯坦有250多公里未勘定边界;吉尔吉斯斯坦与乌兹别克斯坦近四分之一的边境地区未明确划分;哈萨克斯坦与乌兹别克斯坦、吉尔吉斯斯坦也有多处边界纠纷。

---

① 曾向红,陈亚州.上海合作组织命运共同体:一项研究议题[J].世界经济与政治,2020(1):105.

② GUPTA P K. Kyrgyzstan-Tajikistan border clash: an analysis[EB/OL].(2022-09-23)[2023-06-17]. https://vifindia. org/2022/september/23/kyrgyzstan-tajikistan-border-clash-an-analysis.

二是部分成员国关系多变,大国关系紧张也是隐患。中印关系跌宕起伏是对上合安全共同体建设的一大考验。2017 年 6 月,中印发生持续两个多月的"洞朗对峙事件"。2020 年 5 月,印度在边境拉达克地区加勒万河谷挑起事端,并造成人员伤亡。2022 年 12 月,印军再次在中国藏南地区动手,中印军队发生冲突。2023 年,中印依然未能在边境问题上达成共识。印度对"一带一路"的抗拒及其"去中国化"的经济战略也使中印关系无法改善。中方希望同印方一道,坚守"互不构成威胁、互为发展机遇"的战略共识,坚持增进互信,但要真正践行王毅外长所说的"彼此作相互成就的伙伴,不当相互消耗的对手"①,还有相当难度。

(二)外部力量破坏安全共同体团结一致

首先,美国的"新中亚战略"为上合组织安全共同体构建带来地缘政治冲击。美国将中俄视为主要竞争对手,北约东扩以及美国对中亚地区进行政治渗透和民主输出等,对中俄造成严重安全威胁。继特朗普政府出台《美国中亚战略(2019—2025):促进主权和经济繁荣》后,拜登政府的中亚外交议程动作不断,试图通过打造中亚版"小阵营""小圈子"对抗中俄,从内部撕裂上合组织核心成员国的向心力和凝聚力。美国政府参与投入 3400 多万美元的中亚五国与美国"C5+1"机制正在加紧实施。② 2023 年 3 月,美国国务卿布林肯突访中亚,并与中亚五国外长举行了"C5+1"部长级会议。2023 年 9 月,美国总统拜登与中亚五国领导人在联合国大会期间举行会谈,将美国与中亚五国建立"C5+1"对话机制进一步提升到元首层级,并提出支持和扩大美国—中亚伙伴关系。③ 这一系列动作将在安全、经济互联互通和环境等领域与上合组织形成竞争之势。对此,中亚各国难免在大国之间徘徊以争取最大利益,这将在一定程度上增加成员国之间达成共识的难度。2023 年的中国—中亚峰会

---

① 王毅在十三届全国人大五次会议举行的视频记者会上就中国外交政策和对外关系回答中外记者提问[N].人民日报,2022-03-08(2).

② U.S. Department of State. United States strategy for Central Asia 2019-2025: advancing sovereignty and economic prosperity (overview)[EB/OL].(2020-02-05)[2023-06-17]. https://www. state. gov/united-states-strategy-for-central-asia-2019-2025-advancing-sovereignty-and-economic-prosperity/.

③ 美国将首次与中亚五国进行"总统级"对话,向中国传递某种信号?[EB/OL].(2023-09-18)[2023-11-18].https://m.huanqiu.com/article/4EaH7gYylpH.

以及 5 月中旬的中亚五国访华,深化加强了中国与中亚地区的关系,拉紧了共建"一带一路"的互联互通纽带,后续美国会有什么动作还有待观察。

其次,美国的"印太战略"阻碍上合组织安全共同体以合作谋安全的进程。"印太战略"基于所谓的"自由、民主、人权、良治和基于规则的秩序",以经济、安全为两大支点打压中国,削弱中国影响力,同时又极力拉拢、抬高印度。美国还与日本、澳大利亚、印度一起构建"四方安全对话"机制,并推出"印太经济框架"欲让印度取代中国在亚太产业链、供应链中的位置。2022 年年底,在中印双方边界发生小规模摩擦后,美国又借机挑唆中印边界问题,称中方"咄咄逼人",不断炒作和激化中印之间的矛盾。2023 年 6 月,印度总理莫迪访问美国,受到华盛顿的高规格接待,双方在会后发表了一份涉及 58 项内容的联合声明,宣布将在科技、防务、清洁能源转型、公共卫生等方面加强合作。美国高调宣称美印关系"将定义下一个世纪",还表示将协助印度发展下一代的 6G 网络,并进一步呼吁印度摒弃掉"存在安全隐患"国家的技术,含沙射影之意昭然若揭。美国在亚太的搅局对上合组织以合作谋安全的思路及中国着力构建安全共同体的理念形成冲击。

再次,多年来美国一直在想方设法分化中俄合作关系。2019 年,中俄两国关系提升为新时代全面战略协作伙伴关系,成为上合组织的双引擎,这让美国更为担忧。从"中国威胁论""普京大帝论",到俄乌冲突后"俄罗斯战败论""中国抛弃论",其实质是一石两鸟离间中俄,分化上合组织。"有目共睹,北约正试图将其活动扩大到全球范围,着眼于渗透亚太地区,有些势力谋划将泛欧亚共同空间分裂成排他性小圈子和军事集团,旨在遏制我们两国的发展,侵犯我们两国的利益。"[①]俄乌冲突后美国挑拨中俄关系不成,又想利用中亚挑起事端。布林肯试图利用中亚之旅扩大美国在该地区的影响,搅黄上合组织的意图极为明显。

(三)彼此认同不足阻碍安全共同体行稳致远

成员国对上合组织的认同不足是妨碍安全共同体行稳致远的关键。首先,上合组织是一个语言多样、文化多元、宗教矛盾复杂的区域组织,有儒家文化、斯拉夫文化和伊斯兰文化等。印巴的加入使上合组织内部的异质性、冲突

---

① 弗拉基米尔·普京.俄罗斯和中国:面向未来的伙伴关系[N].人民日报,2023-03-20(3).

性更加明显，增大了成员国达成共识的难度。其次，上合组织基于共同利益的安全合作难以上升到共同的价值观念，从而阻碍上合组织凝聚构建安全共同体的共识。当前，上合组织成员国之间的合作大多数基于共同安全利益，在制度规范、价值取向、发展理念等领域的认同还有待提升。最后，民心相通建设滞后阻碍成员国对上合组织的认同。上合组织是采取自上而下的制度化方式，大多数政策和制度都是由国家元首、各部门领导以及专业顾问制定，而民众对上合组织的认知度、认同度总体不高，民心相通尚不充分。① 民心相通的内涵主要包括理念认同、利益契合、感情友好三个层面。在理念认同方面，上合组织扩员之后成员国价值观多元化、利益多元化难以形成共同的理念认同。② 在利益契合方面，上合组织区域经济发展水平较低，合作动力不足，制度平台不够完善，严重制约其经济利益契合与合作空间拓展。在感情友好方面，新冠疫情防控的这几年成员国开展民间交流活动较少，不利于上合组织文化、理念、价值的传播。上合组织成员国已经意识到了这些问题。2023 年 2 月，中伊发表联合声明强调，"双方欢迎在包括上海合作组织在内的国际和地区框架内深化合作，重申伊朗加入上合组织将有助于地区和国际和平、安全、稳定和发展"③。2023 年 3 月，中俄两国元首签署联合声明指出："双方将继续密切协作，推动上海合作组织在维护所在地区和平、安全与稳定方面发挥更大作用和影响。双方将同其他成员国一道完善上海合作组织现阶段工作，有效应对新挑战和新威胁，深化亚欧地区经贸、人文领域多边互利合作。"④2023 年 5 月，中国—中亚峰会也强调要深化中国—中亚关系，加强各方在包括上合组织在内的多边机制内的对话与合作，携手构建更加紧密的中国—中亚命运共同体，在双边层面构建中国与中亚各国命运共同体。实现命运共同体在中亚的全覆盖，必将进一步推动中国与上合组织核心区之间的彼此认同，为上合组织安全共同体建设添砖加瓦。2023 年 10 月，习近平会见来华出席第三届"一带一路"国际合作高峰论坛的巴基斯坦总理卡卡尔时指出，"同巴方弘扬传统

---

① MACHAFFIE J. Mutual trust without a strong collective identity? examining the Shanghai Cooperation Organization as a nascent security community[J]. Asian security, 2021,17(3):349-365.

② SONG W. Interests, power and China's difficult game in the Shanghai Cooperation Organization (SCO)[J].Journal of contemporary China,2014,23(85):85-101.

③ 中华人民共和国和伊朗伊斯兰共和国联合声明[N].人民日报,2023-02-17(2).

④ 中华人民共和国和俄罗斯联邦关于深化新时代全面战略协作伙伴关系的联合声明[N].人民日报,2023-03-22(2).

友谊,深化互利合作,加快构建新时代更加紧密的中巴命运共同体","同巴方加强在联合国、上海合作组织框架内协作,促进地区团结合作,维护发展中国家正当利益"。① 巴基斯坦总理卡卡尔也积极回应道:"巴将是中国永远可信可靠的朋友,永远不会允许任何势力破坏巴中友谊,将继续致力于深化巴中全天候战略合作伙伴关系。"②

(四)突发事件冲击安全共同体稳定局面

新冠疫情和俄乌军事冲突两大突发事件对上合组织成员国公共卫生安全、经济社会安全、政治外交安全造成了严重冲击。新冠疫情从民众生命安全、公共卫生安全、民生就业、经济秩序各个方面对上合组织安全共同体建设造成负面影响。在公共卫生安全方面,新冠疫情严重危及成员国公共卫生安全和广大民众健康安全。在经济安全领域,一是疫情冲击成员国贸易、旅游、交通等领域,导致失业率大幅增长,通货膨胀加剧,物价上涨,波及各国民生,严重影响上合组织成员国民生稳定。二是疫情冲击国际经济秩序,阻碍商品、人员、资金、服务流通,冲击区域经济合作框架。三是上合组织成员国的经济博弈、相互拆台行为最终也会影响到上合组织地区的民心民意。上合组织成员国虽然总体上保持经济往来与相互合作,但仍存在以邻为壑的现象。如一些成员国对中国采取经济屏蔽、贸易禁运政策,印度出台限制中国投资的法令,欧亚经济联盟禁止粮食和部分蔬菜向联盟以外国家出售等。在政治外交方面,疫情诱使极端主义思想加速传播,各种极端势力蠢蠢欲动,伺机作乱,将疫情政治化、工具化,通过网络向各地民众散播极端思想,也影响了民心稳定。

2022年2月爆发的俄乌军事冲突加剧了成员国之间的矛盾与分歧。一方面,俄乌冲突给美国介入更多中亚事务可乘之机,诱发上合组织成员国之间的信任危机。美国渲染"俄罗斯威胁",离间中亚国家与俄关系的意图明显。③ 2022年3月,中亚五国与美国的"C5+1"外长会谈以网络视频形式举行,美国国务卿布林肯提出美国军事基地或中转基地返回中亚地区的可能性。9月下旬,布林肯利用"C5+1"机制与中亚国家外长在纽约举行会谈,他或明或暗地

---

① 许可,陈旭.习近平会见巴基斯坦总理卡卡尔[N].人民日报,2023-10-20(1).

② 许可,陈旭.习近平会见巴基斯坦总理卡卡尔[N].人民日报,2023-10-20(2).

③ 曾向红,韩彦雄.中亚五国外交政策调整新动向及其影响[J].新疆社会科学,2023(2):74.

鼓动中亚国家与俄罗斯"脱钩"。另一方面,俄乌冲突严重冲击中亚经济发展,破坏上合组织经济合作,进而激化矛盾和分歧。俄乌战事导致高度依赖俄罗斯经济体的中亚五国深受影响,在疫情和战争的双重影响下,价值链、产业链、供应链受到猛烈冲击。再加上美国及其盟友大幅升级对俄金融制裁措施,中亚国家金融市场剧烈动荡,货币汇率普遍下跌,货币贬值,通胀率大幅上升。俄罗斯学者认为,因为担心遭到二级制裁,中亚国家被迫疏远俄罗斯,有的拒绝与俄开展金融合作,例如俄所开发的支付系统 Mir 目前无法在该地区国家使用。[①] 这些都不可避免地侵蚀着上合组织的团结合作。

三、构建上海合作组织安全共同体的实践路径

当今世界团结与分裂、和平与冲突、合作与对抗的矛盾日益突出,传统和非传统安全威胁交织叠加,乌克兰危机负面影响不断溢出。作为保障欧亚地区和平、稳定、发展的负责任和有影响力的国际参与者,上合组织重申,"将在相互尊重、睦邻友好原则基础上坚持和平、共同发展和平等关系,继续开展建设性互信对话,深化高效、多领域合作,全力保障上合组织地区的安全、稳定和可持续发展"[②]。面对不断加剧的安全风险和危机挑战,构建安全共同体,守望相助维护地区和平,齐心协力共筑安全保障,就成为上合组织成员国的现实选择,也顺应了地区国家的共同意愿。

(一)团结合作稳定社会安全

社会安全是整个安全共同体大厦的根基,防范化解重大疫情和突发公共卫生风险,事关社会安全稳定大局。在新冠疫情暴发前,上合组织就非常重视公共卫生安全问题,呼吁各国完善各项多边合作机制并采取综合性措施预防传染性疾病的传播,并于 2018 年 6 月 10 日通过了《上合组织成员国元首关于在上合组织地区共同应对流行病威胁的联合声明》,旨在利用多边和双边平台相互合作统筹协调应对公共卫生安全威胁,制定降低传染性疾病发病率的管

---

① 韩显阳.美西方欲将中亚变成对俄博弈"新战场"[N].光明日报,2022-11-27(8).
② 上海合作组织成员国元首理事会撒马尔罕宣言[N].人民日报,2022-09-17(3).

理决策。新冠疫情暴发后，上合组织成员国加强公共卫生领域合作，统筹协调应对卫生防疫领域突发情况，并在 2020 年 11 月 10 日通过了《上合组织成员国应对地区流行病威胁联合行动综合计划》，强调应进一步加强国际抗疫合作，共同应对疫情对经济社会稳定发展的冲击。在新冠疫情后期，上合组织重视经济复苏和社会稳定问题。2021 年 9 月 17 日，《上合组织成员国消除新冠肺炎疫情对经济社会不利影响共同建议措施计划》把实现疫情后经济稳定增长放在重要位置，助力成员国摆脱经济衰退危机。中国领导人在上合组织元首理事会第二十次会议上首次在上合组织框架内提出构建卫生健康共同体倡议。这一后疫情时代促进上合"更合"的中国方案，丰富了人类命运共同体的内涵和外延，完善了上合组织安全共同体的社会安全内容和维度。进入后疫情时代，上合组织一方面要克服疫情造成的许多不利的影响，及时采取举措应对一些成员国出现的经济停滞、失业率高企、极端主义思想加速传播等现象，筑牢社会安全网；另一方面要化危为机，利用疫情期间人们对数字化、公共卫生、健康医疗、社会结构等问题的深刻体悟和认识，加强在数字化转型和创新、提高危机管理能力方面的合作，同时趁机提高公共卫生和健康服务水平，缩小社会不平等和不公正的差距，通过打造更加公正、平等、健康、繁荣的社会，为上合组织安全共同体建设奠定良好基础。

（二）安危共担保护地区安全

维护地区安全稳定是上合组织的重要职责，也是上合组织成员国合作的优先方向。首先，因为反恐合作是上合组织安全合作的主旋律，所以完善地区反恐机制与职能，提升上合组织的反恐能力十分重要。2022 年撒马尔罕宣言提出，要将塔什干上合组织地区反恐怖机构升级为上合组织应对安全威胁和挑战综合中心（俄罗斯联邦），在上合组织地区反恐怖机构的基础上设立上合组织信息安全中心（哈萨克斯坦共和国）和上合组织打击跨国有组织犯罪中心（吉尔吉斯共和国）。① 这些举措将进一步提升反恐机制化水平。其次，热点问题是影响地区安全、牵动大国利益的关键因素，提升斡旋调解能力是上合组织维护地区安全的重要表现。阿富汗问题已经外溢到周边地区，为上合组织成员国带来了新挑战。军事干预解决不是出路，上合组织在完善"上合组织—阿富汗联络组"运行机制的同时，促进有关各方扩大政治对话、加大对阿富汗

---

① 上海合作组织成员国元首理事会撒马尔罕宣言［N］.人民日报，2022-09-17(3).

经济重建的支持力度,帮助阿富汗问题解决从军事解决方式向政治经济解决方式过渡,促进阿富汗和平与重建进程。最后,在网络安全、数据安全、能源安全、粮食安全等新安全领域,上合组织正在加快合作进程,制订新的合作计划。2022年6月8日,"中国+中亚五国"外长第三次会晤在努尔苏丹举行。会晤通过《"中国+中亚五国"数据安全合作倡议》,同意就防范信息安全威胁、保障数据安全开展协调行动与合作,强调加强沟通交流与对话合作,共同构建和平、安全、开放、合作、有序的网络空间命运共同体。对于不断凸显的能源安全,2022年9月16日,7个上合组织成员国在撒马尔罕发表声明,表示支持加强开放的能源科技创新合作,鼓励减少技术壁垒,加强能源政策协调,推动建设公平公正、均衡普惠的全球能源治理体系。针对极为重要的粮食安全,2022年9月17日,《上海合作组织成员国元首理事会关于维护国际粮食安全的声明》指出,"支持深化粮食供应国际合作,履行世界贸易组织《贸易便利化协定》,畅通国际粮食产业链供应链,促进全球范围内粮食资源合理高效配置,稳定国际粮食市场"①。总的来说,20多年来上合组织地区安全治理取得的重大成效,为提升应对地区重大安全事件的综合能力、推动安全问题解决的行动能力、将上合组织安全协定落到实处的执行能力打下良好基础。构建上合组织安全共同体是提升地区安全治理能力、确保新形势下地区安全稳定的新倡议、新方案,必将释放新的合作动力,催生新的合作机制。

(三)开放融通巩固发展安全

发展是安全的基础,安全是发展的前提。上合组织以开放合作为导向,以相互成就为目标,以开放融通为手段巩固发展安全。第一,通过基础设施联合项目提升经济一体化水平,促进成员国之间经济融通,扩大上合组织共同利益,奠定各国共同发展繁荣的稳定之基。20多年来建成了一批大型能源和基础设施项目,除了中俄原油管道、中俄东线天然气管道、中俄亚马尔液化天然气项目、中哈原油管道、中国—中亚天然气管道外,还有吉尔吉斯斯坦"北—南"公路和"达特卡—克明"输变电线、乌兹别克斯坦"安格连—帕普"铁路隧道和PVC生产综合体、塔吉克斯坦杜尚别电站、哈萨克斯坦奇姆肯特炼油厂、巴基斯坦"白沙瓦—卡拉奇"高速公路和印度鼓达超超临界燃煤电站等项目,这

---

① 上海合作组织成员国元首理事会关于维护国际粮食安全的声明[N].人民日报,2022-09-17(5).

些项目极大地改善了成员国和区域经济发展条件,为保障能源物资供应稳定安全奠定了设施基础。第二,推动贸易自由化和投资便利化,维护产业链、供应链安全,保障上合组织内资金、人力、货物、数据有序且安全流动。2022 年 9 月 16 日,上合组织有关成员国通过的《关于维护供应链安全稳定多元化的声明》指出,国际供应链的安全、稳定、多元化对保障成员国经济发展具有重大意义,上合组织在后疫情时期要维护供应链安全,保持开放与合作,促进成员国合作和贸易增长。[①] 第三,充分发挥上合组织连接中国与中亚、南亚的"一带一路"纽带作用,使上合组织发展融入"一带一路"合作共建之中。"一带一路"能够为上合组织提供发展的契机,上合组织也能够为"一带一路"建设提供制度保障。[②] 上合组织区域涵盖"一带一路"六大经济走廊,已初步形成陆海内外联运、东西双向互济的跨境运输网络,贯穿上合组织多个成员国的中欧班列成为促进共建国家地区经济发展的"钢铁长龙"。第四,注重培育新的合作增长点,着力打造人工智能、大数据、数字金融、电子商务、绿色能源等领域合作新亮点,形成一批高标准、可持续、惠民生的优质项目,凝聚上合组织发展活力。中国企业投资建设的哈萨克斯坦札纳塔斯 100 兆瓦风电项目,为中亚地区装机容量最大的风电项目。截至 2022 年年底,该项目发电量已达 7.5 亿千瓦时,与同容量燃煤电厂相比,相当于节约标煤 25.5 万吨,减少二氧化碳排放约 67.3 万吨。[③] 第五,积极践行全球发展倡议,为构建安全共同体提供发展保障。扩大上合组织减贫扶贫合作,让互利合作更多更好地惠及人民,共创普惠平衡、协调包容、合作共赢、共同繁荣的发展格局,是上合组织打造发展合作带、安全稳定带的应有之义。

(四)互学互鉴达成安全共识

通过互学互鉴达成安全共识,通过民心相通构筑安全共同体意识,是构建上合组织安全共同体的有效路径。"上海合作组织发展最牢固的基础在于文明互鉴,最深厚的力量在于民心相通。我们要倡导不同文明交流对话、和谐共

---

① 上海合作组织成员国元首理事会关于维护供应链安全稳定多元化的声明[N].人民日报,2022-09-17(5).

② 严双伍,毛鉴明.人类命运共同体语境下的上海合作组织发展问题研究[J].学术探索,2022(7):34.

③ 刘乐艺,周好雨.清洁能源合作,照亮"一带一路"[N].人民日报(海外版),2023-07-05(5).

生。要在科技、教育、文化、卫生、扶贫等领域打造更多接地气、聚人心项目,用好青年交流营、妇女论坛、媒体论坛、民间友好论坛等平台,发挥好上海合作组织睦邻友好合作委员会等社会团体作用,搭建各国人民相知相亲的桥梁。"①一方面,推动系列人文交流项目深入人心,加强沟通交流力度和频次,提升民众认知度和好感度。目前,文化年、语言年、旅游年、艺术节、媒体论坛、青年交流营、中小学生夏令营等一系列创新交流项目陆续推出,"丝路一家亲"行动框架内 30 个合作项目蓬勃展开。成员国之间情感纽带不断拉紧,区域内友好合作的民意基础也不断夯实。2023 年 11 月,上合组织 2023 旅游年论坛在新疆乌鲁木齐开幕,上百位上合组织国家、国际组织代表共话旅游潜力及旅游合作,分享旅游经验及有益做法,积极推进上合组织国家人文交流,增进各国人民相互了解。② 2023 年 6 月 25—30 日,"相聚七彩云南"上合组织国家青年文化交流周在云南省成功举办。来自上合组织成员国以及观察员国、对话伙伴国的 50 位青年参加了此次文化交流周活动。另一方面,众多互学互鉴平台日益凝聚人心,助力上合组织区域内民心相通机制化建设。根据上合组织成员国长期睦邻友好合作条约、成员国文化合作协定等法律文件,持续推动民间外交发展,建立民间交流网络,定期举办各类活动,实施一系列机制化项目,如孔子学院、上海合作组织大学、传统医学中心、中国文化中心、鲁班工坊等平台日趋成熟,上合组织睦邻友好合作委员会、比什凯克文化一体化中心、杜尚别友好合作中心、塔什干上合组织民间外交中心、上合组织国家和丝绸之路文化一体化中心等机构纷纷建立,上合文化交流和民间外交活动方兴未艾,越来越成为提升成员国对上合组织的认同、凝聚成员国之间彼此共识、增进安全共同体意识的坚实支撑。中方在上合组织框架下举办了文化和旅游融合发展研修班、美术作品展、青年联欢周等活动,牵头成立上合组织博物馆联盟,出版发行《上合组织世界遗产全集》图册,并积极与各方开展联合考古、文化遗产保护修复等方面工作。随着"全球文明倡议"的深入贯彻,中方同各方将继续完善上合组织机制性建设,努力为成员国文化艺术机构和专业人士搭建长效合作平台,鼓励成员国文化交流合作不断向地方、民间扩展,推动同舟共济、安危与共"上合大家庭"理念和安全共同体意识深入人心。

① 习近平谈治国理政:第 4 卷[M].北京:外文出版社,2022:433.
② 以旅游合作促交流 凝民心 共发展:上海合作组织 2023 旅游年论坛观察[EB/OL].(2023-11-28)[2023-12-01].http://world.people.com.cn/n1/2023/1128/c1002-40127111.html.

（五）公平正义维护全球安全

"大道之行也,天下为公。"公平正义是世界各国人民在国际关系领域追求的崇高目标。中国致力于推动上合组织发展,推动构建上合组织命运共同体、上合组织安全共同体是恪守公平正义的中国倡议、中国智慧。冷战结束后,以联合国宪章宗旨和原则为核心的国际秩序和国际体系受到单边主义和强权政治的挑战,以多边合作应对共同挑战、以公平正义摒弃冷战思维成为时代要求。在这种背景下,中国与俄罗斯等伙伴一起成立了上合组织,共同致力于推动国际关系民主化,抵制霸权主义和强权政治,为建立相互尊重、公平正义、合作共赢的新型国际关系和新型安全合作模式进行探索。在国际热点问题上,上合组织不选边站队,不激化矛盾,支持一切有利于和平解决危机的努力,鼓励冲突各方对话和谈,以对话促互信,以和谈解纷争,以合作促安全,反对任何势力借机煽风拱火制造对抗和分裂。"支持国际社会在不干涉内政前提下,以劝和促谈为主要方式,以公平务实为主要态度,以标本兼治为主要思路,建设性参与热点问题政治解决。支持通过对话谈判政治解决乌克兰危机等热点问题。"[①]在安全治理问题上,上合组织坚持以公平正义推动全球治理机制变革,主张提升新兴市场国家和发展中国家的代表性与发言权,推动全球安全治理体系朝着更加公平、更加合理、更加有效的方向发展。习近平提出"全球安全倡议"并多次呼吁"国际社会要摒弃零和博弈,共同反对霸权主义和强权政治,构建相互尊重、公平正义、合作共赢的新型国际关系,树立休戚相关、安危与共的共同体意识,让和平的阳光照亮世界"。[②]全球安全倡议旨在践行真正的多边主义,秉持开放包容原则,既重视以联合国为核心的全球安全治理框架为全球安全提供的公共产品,又强调地区组织及合作平台在提供区域安全公共产品方面的积极作用,为突破全球安全困境提出了新思路,将对既有国际安全架构中的多边和区域合作机制构成重要补充。[③]上合组织安全共同体建设践行共商共建共享的全球治理观,通过互补互促优化和完善全球安全治理体系,为

---

① 全球安全倡议概念文件[N].人民日报,2023-02-22(15).

② 习近平.把握时代潮流 缔造光明未来:在金砖国家工商论坛开幕式上的主旨演讲[N].人民日报,2022-06-23(2).

③ 张群."全球安全倡议"的意义和前景[EB/OL].(2023-03-16)[2023-05-17].https://www.cssn.cn/gjgc/mhgj/202303/t20230316_5608049.shtml.

落实全球安全倡议提供了上合组织案例，为推动国际安全合作树立了标杆典范。

习近平在总结上合组织成立 20 年来为构建新型国际关系和人类命运共同体作出重要理论和实践探索的经验时说，上合组织"开创'对话不对抗、结伴不结盟'全新模式"，"构筑起守护地区和平安宁的铜墙铁壁"，"推动区域务实合作向纵深发展"，"奏响了国际社会同呼吸、共命运的时代乐章"。① 在上合组织第二十二次元首峰会上，他进一步提炼了这一新型国际组织成长壮大的五点成功经验——政治互信、互利合作、平等相待、开放包容、公平正义，提出构建更加紧密的上合组织命运共同体的五大主张。这些主张与全球安全倡议和共同、综合、合作、可持续的安全观相得益彰，共同推动构建均衡、有效、可持续的安全架构，彰显了中国在弥补和平赤字、破解安全困境、促进全球稳定中的智慧和贡献。从这个意义上看，构建上合组织安全共同体既是打造地区安全架构的示范田，也是推进构建全球安全共同体的试金石。

---

① 习近平谈治国理政：第 4 卷[M].北京：外文出版社,2022:430-431.

第九章　构建金砖发展共同体的
理念与实践[*]

　　建设金砖国家发展共同体顺应了当前各国经济复苏对新发展理念与机制的需求,符合金砖各国对发展利益的追求,是新形势下共建人类命运共同体的动力来源。金砖国家发展共同体坚持共同发展观、公平发展观、正确义利观三大基本理念,旨在解决当下发展问题、创造发展条件、提升长远发展能力。当前,多向度的"金砖国家+"合作模式、多层次的战略对接架构、良好的经贸合作根基、灵活的发展合作机制为金砖国家发展共同体的建设提供了现实基础。立足于金砖国家的发展现实与需要,今后可从减贫发展、数字经济、投融资合作、绿色低碳四个方面入手,推动建设金砖国家发展共同体走深走实、行稳致远。

　　2021 年 9 月,习近平提出"全球发展倡议",坚持发展优先,推动实现更加强劲、绿色、健康的全球发展,构建全球发展共同体。"全球发展倡议"和"一带一路"倡议作为中国为全球提供的双发展方案,把促进共同发展置于突出位置,抓住了当今世界发展的焦点和全球治理的关键点。金砖国家是推动双边倡议落地的重要支点,构建金砖发展共同体是推进"一带一路"高质量发展的发力点和结合点,是人类命运共同体理念在发展领域的自然延伸,契合和平发展的时代主题。作为新兴发展中大国的代表,金砖国家是引领"一带一路"发展的引擎,也是构建全球发展共同体的关键。^① 在全球格局深度调整,地区局

---

　　*　本章部分内容发表于李丹、陈菊霞的《建设金砖国家发展共同体:理念、内容、基础与路径》,载《楚雄师范学院学报》2023 年第 1 期。

　　①　2022 年 6 月 24 日,全球发展高层对话会在金砖国家领导人第十四次会晤期间举行。与会者主要包括 5 个金砖国家成员,同时受邀与会的还有阿尔及利亚、阿根廷、埃及、印度尼西亚、伊朗、哈萨克斯坦、塞内加尔、乌兹别克斯坦、柬埔寨、埃塞俄比亚、斐济、马来西亚、泰国等 13 个国家的领导人。

程亦是新兴国家创新发展合作实践的探索历程,树立了新时期发展中国家推动全球发展体系改革的良好典范。

(一)坚持共同发展观

"共同发展是持续发展的重要基础,符合各国人民长远利益和根本利益。"①当前,各国之间的发展息息相关,互相依存度不断加深,一国的发展离不开国际发展的大环境以及与其他国家的发展合作。"世界长期发展不可能建立在一批国家越来越富裕而另一批国家却长期贫穷落后的基础之上。只有各国共同发展了,世界才能更好发展。那种以邻为壑、转嫁危机、损人利己的做法既不道德,也难以持久。"②"共同发展"也是金砖国家的共识,该理念多次被写入金砖国家联合宣言。"我们重申致力于加强金砖国家伙伴关系,实现共同发展。"③"我们坚持互利合作,谋求共同发展,不断深化金砖务实合作,造福世界。"④共同发展也是构建发展共同体的基本理念。习近平在首次提出"构建发展共同体"时,就说"大家一起发展才是真发展,可持续发展才是好发展"⑤。中国领导人提出全球发展倡议,旨在推动落实联合国 2030 年可持续发展议程,推动构建全球发展共同体。"我提出全球发展倡议,就是着眼于解决发展不平衡问题。中国正同 100 多个国家和国际组织推进倡议落实,推动落实今年全球发展高层对话会成果。中国愿加大对全球发展合作的资源投入,同各方一道构建全球发展共同体。"⑥金砖国家推动发展共同体建设旨在围绕发展优先议程,建立发展伙伴关系,共同创造发展条件,实现发展联动合作,共享发展成果,共同推动全球发展更加均衡、高效、公平、合理。因此,共同发展是构建金砖国家发展共同体的出发点和落脚点。金砖国家发展阶段相似,所面临的机遇和挑战也有一定相通之处,金砖各国将本国的发展愿景、发

---

① 习近平.共同创造亚洲和世界的美好未来:在博鳌亚洲论坛 2013 年年会上的主旨演讲[M].北京:人民出版社,2013:4.

② 习近平谈治国理政:第 1 卷[M].2 版.北京:外文出版社,2018:273.

③ 金砖国家领导人第八次会晤果阿宣言[N].人民日报,2016-10-17(3).

④ 金砖国家领导人厦门宣言[N].人民日报,2017-09-05(3).

⑤ 习近平.弘扬"上海精神"深化团结协作 构建更加紧密的命运共同体:在上海合作组织成员国元首理事会第二十次会议上的讲话[N].人民日报,2020-11-11(2).

⑥ 习近平.坚守初心 共促发展 开启亚太合作新篇章:在亚太经合组织工商领导人峰会上的书面演讲[N].人民日报,2022-11-18(2).

展政策、发展实践融入金砖发展"朋友圈"中,通过相互促进、协同发展,实现优势互补、机遇共享,形成内外联动的融合发展效应,结成互促共进的发展有机整体。只有坚持共同发展观,在促进自身发展的进程中兼顾他国合理关切,在谋求自身利益过程中不损害他国合法利益,各国发展才不会妨碍别国发展,各国才能和平相处,才能把各自的发展机遇转化成世界的共同机遇。金砖各国发展优势突出:巴西被称为"世界原料基地",俄罗斯被称为"世界加油站",印度被称为"世界办公室",中国被称为"世界工厂",南非被称为"世界矿山";金砖新成员沙特被称为"石油王国",埃及被称为"棉花之国",伊朗被称为"东西方空中走廊",埃塞俄比亚被称为"东非水塔",阿联酋将自身定位为"贸易中转站",互补优势十分明显,发展机遇完全可以共享,并可转化为世界发展机遇。构建金砖国家发展共同体可满足金砖十一国发展规模效益的追求,促进金砖各国经济体利益交融、命运与共。习近平在金砖国家领导人第七次会晤中呼吁"构建促进共同发展的伙伴关系","金砖国家合作事业要繁荣昌盛,就要强本固基,打造金砖国家利益共同体。我们要以建设利益共享的价值链和利益融合的大市场为目标,共同构建更紧密经济伙伴关系,发挥各成员国在资源禀赋、产业结构上的互补优势,合力拓展更大发展空间"。①

共同发展这一理念将金砖各国在发展道路、发展方式等方面的多样性和差异性转化为发展活力和动力,使金砖国家在秉承开放、包容、合作、共赢精神的基础上,共享发展资源,实现共同发展,继而推进区域间及跨区域合作,扩大和巩固金砖国家"朋友圈",为新兴市场国家和发展中国家创造稳定、开放、包容、普惠的发展环境,让更多发展中国家搭上发展的快车、便车。当前,共同发展不仅是金砖国家而且是全球共同面临的最重要议程。金砖各国坚持共同发展的理念,将对方发展视为自身发展的机遇,在合作中促进共同发展,又通过各自发展推动共同发展。打造金砖国家发展共同体的过程是让共同发展造福金砖国家的过程,也是造福更广大发展中国家、"一带一路"共建国家乃至世界发展的过程。实现共同发展是金砖国家合作的初衷和主线,也是金砖国家发展潜力最大、内容最丰富、成果最集中的领域。随着全球发展倡议的落地落实,构建全球发展共同体云程发轫,构建金砖国家发展共同体蹄疾步稳,二者一唱一和、一起发力,使共同发展理念成为新时代国际发展、全球发展的重要遵循。

---

① 习近平.共建伙伴关系 共创美好未来:在金砖国家领导人第七次会晤上的讲话[N].人民日报,2015-07-10(3).

（二）坚持公平发展观

公平发展观是构建金砖国家发展共同体的基本理念,对于在西方主导国际经济秩序中成长起来的新兴经济体,对于将强未强、将起未起的金砖十一国来说,它们对发展不公平的感受可能比发展速度规模较小的国家更深刻、更明显,也更有现场感。在西方多重危机交织叠加、世界贫富人口差距恶化、南北国家发展鸿沟扩大、可持续发展问题凸显的背景下,金砖国家倡导推进公平发展理念的重要性和迫切性也更加凸显。公正乃人之所欲、国之所求,也是金砖国家之所愿、新兴国家之所为。作为改革国际经济旧秩序、旧模式的一个重要诉求,公正是金砖国家一致认可的全球治理体系改革方向,尤其是在与它们息息相关的发展领域,金砖国家一方面"致力于通过加强互补和各自经济力量,探索实现更公平发展、更具包容性增长的新模式和新方式"①;另一方面,金砖国家继续"推动国际政治经济秩序朝着更具代表性、民主、平等、公平和公正的方向发展"②。金砖国家领导人会晤宣言中多次强调推动国际秩序朝着更加公平、公正、平等方向转变的立场,中国领导人也反复在重大国际场合和金砖会晤时呼吁,"让发展更加平衡,让发展机会更加均等、发展成果人人共享,就要完善发展理念和模式,提升发展公平性、有效性、协同性"③,"倡导国际公平正义,同其他新兴市场国家和发展中国家和衷共济,共同营造良好外部环境"④。公平发展观集中体现了金砖国家建设发展共同体的价值理念,也是金砖国家推动国际发展机制改革创新的原则遵循。2021年,金砖国家外长在《金砖国家关于加强和改革多边体系的联合声明》中指出,要加强和改革多边体系,特别是联合国及其主要机构,以及国际货币基金组织、世界银行、世界贸易组织、世界卫生组织等其他多边机构,推动多边机构聚焦行动和聚焦问题,基于国际法准则相互尊重、公平正义、合作共赢精神以及当代世界现实加强构建国际关系的合作。⑤ 坚持公平发展是改革现有发展机制、构建新型发展平

① 金砖国家领导人第五次会晤德班宣言[N].人民日报,2013-03-28(3).
② 金砖国家领导人第十次会晤约翰内斯堡宣言[N].人民日报,2018-07-25(6).
③ 习近平.习近平主席在出席世界经济论坛2017年年会和访问联合国日内瓦总部时的演讲[M].北京:人民出版社,2017:7.
④ 习近平.金砖国家领导人厦门会晤重要讲话[M].北京:人民出版社,2017:10.
⑤ 金砖国家关于加强和改革多边体系的联合声明[EB/OL].(2021-06-02)[2023-03-02].http://www.scio.gov.cn/31773/35507/htws35512/Document/1705574/1705574.htm.

台的指导思想，金砖国家新开发银行即彰显了金砖国家秉持的公平发展观。金砖开发银行在出资份额、运行机制、贷款条件上，都秉承了平衡、公正、开放、互利理念，旨在推动金砖国家与其他发展中国家在公平条件下实现共同发展。坚持公平发展理念、维护公平发展秩序在金砖国家领导人峰会宣言中被多次提及，已成为金砖国家的共识。

公平发展观是金砖国家发展共同体对资本与市场逻辑主导下新自由主义片面发展观、自我中心狭隘发展观的批判和摒弃，超越了意识形态和政治制度的藩篱。"在世界范围内以资本逻辑主导的现代文明中，发展是以一部分人或者国家的不发展为前提保证另一部分人或者国家的发展，导致了一系列发展性危机和悖论式难题频发。"①以资本与市场为主导的发展模式将自由经济作为所有国家发展的唯一途径，将民主政治视为经济发展的先决条件，将西方主导的国际经济机制变为毫无节制的投资、信贷和金融投机工具。在这种发展机制下，先发国家以国家制度与意识形态为围墙，搞"小圈子"，将资本、市场与国家制度捆绑在一起，利用资本和市场优势，收割后发国家的"羊毛"，导致财富分化、南北对立，发展秩序不公正、不合理，发展结果不公平、不均衡，从根本上制约新兴国家和广大发展中国家的进一步发展。2022 年 6 月 22 日至 24 日，金砖国家工商论坛、金砖国家领导人第十四次会晤、全球发展高层对话会接连召开。中国国家主席习近平站在共同发展、公平发展的高度，提出共创普惠平衡、协调包容、合作共赢、共同繁荣的发展格局，还宣布了落实全球发展倡议、推动南北公平发展的一系列配套举措，包括创设全球发展和南南合作基金、加大对中国—联合国和平与发展基金的投入、成立全球发展促进中心等，从而将公平发展理念落在实处，有助于为消除国际发展领域中的不公正痼疾、推动全球平衡发展提供新理念新方案。

(三)坚持正确义利观

经济全球化、商贸一体化使国家通过国际合作而非自给自足的方式实现国家发展成为普遍和主流趋势，各个国家自身利益越来越与他国利益融合在一起。通过国际分工、专业化生产和通达的贸易，各国逐渐成为全球利益链条中的一环，日益形成更加紧密的利益共同体。金砖国家在顺应经济全球化的

---

① 徐艳玲.大变局下的价值、利益、责任、发展：人类命运共同体理念丰富意蕴的立体化呈现[J].人民论坛,2020(22):52-55.

大潮中崛起,无论是进口替代战略还是出口导向,本质上都是开放合作,在互利共赢中激发自身潜能,提高生产力。如何在国际道义、公平正义与本国发展、民族利益之间作出取舍或平衡是金砖国家面临的现实课题和必修功课。七国集团式的机制化收割他国利益、集团化操纵西方话语既不可取也不可能。要正确处理自身利益与他国利益的关系,必须将自身发展融入国际合作之中,既要考虑自身利益,也要考虑他国收成;同时还要适当跳出利益范畴,站在更高的定位上去认识利弊得失,"只有合作共赢才能办大事、办好事、办长久之事","要摒弃零和游戏、你输我赢的旧思维,树立双赢、共赢的新理念,在追求自身利益时兼顾他方利益,在寻求自身发展时促进共同发展"①,要融利弘义,让利于人,做大共同利益蛋糕,进而找到各方利益最大公约数。半个多世纪以来,南南合作效果不明显,其中一个重要原因就是广泛的利益分化。金砖国家坚持多边主义,主张以公平正义理念引领全球治理体系变革,推动构建团结、平等、均衡、普惠的全球发展伙伴关系。② 金砖国家发展共同体以发展为优先议程,形成你中有我、我中有你的发展共同体,把经济的互补性转化为发展的互助力,不断扩大利益交汇点,实现互惠共存、互利共赢,产生"一加一大于二"的叠加效应,甚至是"二乘二大于四"的乘数效应。金砖国家还多次强调增进非洲等发展中国家的利益,"应使全球治理更具包容性、代表性和参与性,以促进发展中国家和最不发达国家,特别是非洲国家,更深入和更有意义地参与全球决策进程和架构","应以包容的协商与合作为基础,符合所有人利益,尊重主权独立、平等、彼此正当利益和关切"。③ 这有利于从根本上纠正零和利益观,消除国际合作中各国对共享利益的顾虑。坚持正确义利观的理念,顺应金砖国家发展的历史潮流,对金砖国家发展共同体的建设具有实质性意义。

正确义利观倡导的核心理念是互利共赢。互利共赢是金砖国家发展共同体弥合分歧、增强互信、行稳致远的必要前提。只有尊重金砖各国自主选择发展道路的权利,尊重彼此利益关切,凝聚发展共识,开创合作共赢新局面,才能实现即使十一国相距遥远,依旧能够建设"同声相应、同气相求、志之所趋、穷山距海不能限"的金砖国家发展共同体。《金砖国家领导人厦门宣言》指出,

---

① 习近平.迈向命运共同体 开创亚洲新未来:在博鳌亚洲论坛 2015 年年会上的主旨演讲[N].人民日报,2015-03-29(2).

② 习近平.迈向命运共同体 开创亚洲新未来:在博鳌亚洲论坛 2015 年年会上的主旨演讲[N].人民日报,2015-03-29(2).

③ 金砖国家领导人第十四次会晤北京宣言[N].人民日报,2022-06-24(2).

"始于 2006 年的合作进程已经培育出互尊互谅、平等相待、团结互助、开放包容、互惠互利的金砖精神,这是我们的宝贵财富和金砖国家合作不竭的力量源泉。我们尊重各自选择的发展道路,理解和支持彼此利益。我们一直坚持平等团结,坚持开放包容,建设开放型世界经济,深化同新兴市场和发展中国家的合作。我们坚持互利合作,谋求共同发展,不断深化金砖务实合作,造福世界"①。坚持主权、相互尊重、平等原则,共同致力于建设一个和平、稳定和繁荣的世界,这些理念、价值观和目标为金砖国家发展共同体的建设奠定了坚实基础,提供了明确指南。金砖国家发展共同体的建设需要"不断推动不同社会制度互容、不同文化文明互鉴、不同发展模式互惠,在追求本国利益的同时兼顾别国利益,做到惠本国、利天下,推动走出一条大国合作共赢、良性互动的路子"②,最终形成发展利益共享、发展责任共担、发展价值共认、发展命运与共的发展命运共同体。

二、建设金砖国家发展共同体的基本内容

金砖国家发展共同体致力于解决金砖各国乃至新兴发展中国家的发展难题与挑战,涵盖了经济增长、消除贫困、可持续发展等广泛的议题。当前,建设金砖国家发展共同体的主要内容可以归纳为三个方面:一是积极应对减贫扶贫、复苏经济等当下突出的发展问题;二是推进发展筹资、新型互联互通建设以创造发展条件;三是促进第四次工业革命与发展数字经济以提升长远发展能力。

(一) 以减贫扶贫、重振经济为首要内容

减贫扶贫、重振经济是金砖国家应对当前发展挑战、建设发展共同体的当务之急和首要内容。联合国国际开发署 2023 年《全球多维贫困指数》报告指出,在 110 个发展中国家的 61 亿人口中,有 11 亿人口生活在严重的多维贫困

① 金砖国家领导人厦门宣言[N].人民日报,2017-09-05(3).

② 习近平.新起点 新愿景 新动力:在金砖国家领导人第六次会晤上的讲话[N].人民日报,2014-07-17(3).

中,大约 80% 的贫困人口生活在撒哈拉以南的非洲或南亚,其中 14 个撒哈拉以南的非洲国家人口增长速度超过了减贫速度。① 金砖国家的减贫事业任重道远,贫困问题成为其发展中关注的焦点。如表 9-1 所示,2018—2021 年,金砖国家一半国家具有相当比例民众处于贫困状态,尤其是埃塞俄比亚、印度、南非,有接近半数民众处于贫困状态,减贫扶贫任务依然面临严峻形势。金砖各国旧新贫困问题叠加,使得各国不得不将减贫扶贫置于发展的优先次级。因此,金砖国家发展共同体的建设要立足于惠及各国民众,推动"开展包容、透明和普遍参与的政府间进程,以建立以减贫为中心的整体目标、广泛和综合的发展议程"②,将发展成果惠及各国民众。

表 9-1　2018—2021 年金砖各国贫困率

国家	2018 年/%	2019 年/%	2020 年/%	2021 年/%
中国	5.0	3.0	3.0	3.0
俄罗斯	0.4	0.3	0.3	0.3
印度	46.8	45.9	49.7	46.5
巴西	10.9	10.8	5.3	11.3
南非	40.0	40.0	—	—
沙特	—	—	—	—
埃及	22.0	22.0	22.0	22.0
阿联酋	0.0	—	—	—
伊朗	4.6	5.7	6.2	6.2
埃塞俄比亚	65.0	65.0	65.0	—

数据来源:根据世界银行贫困与不平等平台(Poverty and Inequality Platform)、我们的数据世界(Our World in Data)等网站相关数据制作,其中贫困率数据是以世界银行公布的国际贫困线标准每人每天 3.65 美元计算获得,其中"—"表示相关网站暂未公布有关数据。

另外,面对世界经济发展乏力、增长动能不足的大环境,复苏经济成为当前国家行为体促进发展最为迫切的需要,金砖国家也不例外。但如果没有多边和区域层面的集中和协调努力,单靠一己之力,各国特别是发展中国家很难推动经济又快又好地复苏,只有各国家携手同行,制定并有效执行应对政策,

① UNDP. Global Multidimensional Poverty Index 2023[R/OL]. (2023-07-11)[2023-11-29].https://hdr.undp.org/ system/files/documents/hdp-document/2023mpireportenpdf.pdf.

② 金砖国家领导人第六次会晤福塔莱萨宣言[N].人民日报,2014-07-17(3).

才能行稳致远。金砖国家是其所在地区的关键经济体,因此对推动经济复苏有着不可推卸的责任。金砖国家作为重要的世界新兴市场和发展中大国,建设金砖国家发展共同体要以推动经济复苏为第一要务,要"汇聚经济复苏的合力,推动可持续发展,共同为推动金砖合作高质量发展贡献智慧,为世界注入积极、稳定、建设性力量"①。

(二)以发展筹资、新型互联互通建设为核心内容

以发展筹资、新型互联互通建设为主要内容,创造发展条件是金砖国家发展共同体行稳致远的保障。一方面,发展筹资是建设金砖国家发展共同体的关键。联合国发布的《2022年可持续发展融资报告》指出,融资能力成为各国实现经济复苏的关键性因素之一。② 当前,在各种因素交织下,供应链不稳定导致供给减少,金砖国家消费者物价指数大幅攀升,高位通货膨胀已经成为影响经济稳定发展的恶性因素,为金砖各国的发展融资带来一定难度。同时,财政收入不足、内部发展乏力等多种因素,导致金砖各国政府债务攀升,在加剧债务风险的同时,推升偿债压力,降低财政统筹能力,严重影响疫情后经济复苏的持续性。

另一方面,推动互联互通建设是推动金砖国家发展共同体建设的基本路径和主要抓手。③ 当前,金砖国家通过铺路、架桥、开设航线等基础设施的互联互通,为其投资、贸易、人文等领域的互融互通打下了坚实基础。面对第四次工业革命的历史机遇,加强新型基础设施互联互通是金砖国家发展共同体高质量发展的关键之举。新兴数字基础设施建设领域的合作,为金砖国家引领全球新兴数字技术基础设施建设奠定良好基础。"金砖国家承接着'南北'及'南南'两个生产要素的经济环流。"④这种环流新特征为金砖国家发展共同体的新型基础设施建设创造良好条件,形成以金砖国家为纽带,连接起发达国家与发展中国家的发展要素环流,使得金砖国家新型基础设施的辐射范围得以拓宽。

---

① 习近平.构建高质量伙伴关系 开启金砖合作新征程:在金砖国家领导人第十四次会晤上的讲话[N].人民日报,2022-06-24(2).

② United Nations. Financing for sustainable development report 2022 [R/OL]. (2022-04-12)[2023-02-26].https://developmentfinance.un.org/f sdr2022.

③ 赵明昊.以"互联互通"为导向的中国周边外交战略[J].中国周边外交学刊,2017(2):21-36.

④ 刘勇,沈继奔,王伟,等.金砖国家可持续发展的机遇、挑战及建议[J].当代世界,2017(10):33-37.

(三)以促进第四次工业革命与发展数字经济为关键内容

以促进第四次工业革命与发展数字经济为关键内容,提升长远发展能力,这是金砖国家发展共同体增效提质的动力。当前,全球发展形势出现重大变化,在以 5G 等新兴数字技术在各领域深度融合、多样化发展为特征的第四次工业革命中,创造和使用新兴技术的能力成为信息时代国家综合实力的增长源泉。数字经济成为新一轮科技革命和产业变革的战略新高地,是高质量发展的重要动力。

目前,数字基础设施建设成为金砖国家发展的重点和热点。以 5G 推广为例,俄罗斯从 2020 年开始推进 5G 商用部署,预计到 2025 年,5G 基站总数达到 4600 万个,占连接基站总数的 20%,预计覆盖 60%的人群。① 印度政府 2022 年成功进行 5G 频谱拍卖之后,印度电信运营商宣布,2022 年 8 月起提供 5G 商用服务。这标志着印度开始进入 5G 服务时代。到 2035 年,5G 对印度经济的贡献预计将达到 4500 亿美元。② 2021 年,巴西将 5G 频谱拍卖作为互联网的优先事项,升级 5G 网络。巴西固定宽带速度同比增长 69.2%。③ 2021 年,南非全面推出 5G 网络。2022 年年底,5G 网络覆盖其人口的 25%,2025 年覆盖其人口的 60%。④ 沙特作为海湾地区公认的 5G 先驱,2021 年 5G 网络覆盖其人口的 78%。沙特阿拉伯通信和信息技术委员会预计,到 2030 年,5G 和 Wi-Fi 6E 对沙特 GDP 的贡献将从 2021 年的 47 亿美元增加到 180 亿美元以上。⑤

---

① GSMA. 5G in Russia: a local and global view on the way forward[EB/OL].(2019-06-06)[2022-06-17]. https://www.gsma.com/gsmaeurope/resources/5g-in-russia-a-local-and-global-view-on-the-way-frward/.

② Tech in Brazil. State of 5G in Brazil[EB/OL].(2018-03-08)[2022-06-17]. https://techinbrazil.com/state-of-5g-in-brazil.

③ Global Business Outlook. 5G is changing Brazil's telecom sector[EB/OL].(2021-10-27)[2022-06-17]. https://www.globalbusinessoutlook.com/5g-is-changing-brazils-telecom-sector/.

④ MCLEOD D. MTN promises 60% 5G coverage in South Africa by 2025[EB/OL].(2022-03-18)[2022-06-17].https://techcentral.co.za/mtn-promises-60-5g-coverage-in-south-africa-by-2025/209024/.

⑤ BUTCHER M. State of 5G in Saudi Arabia: expectations and current reality[EB/OL].(2022-04-13)[2023-12-01]. https://www.cio.com/article/308484/state-of-5g-in-saudi-arabia-expectations-and-current-reality.html.

阿联酋早在 2019 年就开始建设 5G 网络,是中东和北非地区首个部署 5G 网络的国家,目前 5G 网络覆盖其人口的 93%。[①] 2022 年 5 月 9 日,埃塞俄比亚宣布在其首都启动首个 5G 移动网络的实验。[②] 2022 年 2 月,埃及移动运营商 Orange 从埃及政府获得了频谱,并已开始测试 5G 网络和服务,其余 Vodafone Egypt、Egypt Telecom（WE) and Etisalat Egypt 三大移动运营商也已进行测试。[③] 2022 年,伊朗有 3% 的移动用户使用 5G 网络,随着伊朗政府大力发展电信基础设施和加强 5G 建设,预计到 2030 年将有 67% 的移动用户使用 5G 网络。[④] 另外,目前虽然金砖国家的经济开始复苏,但由于受其经济结构依然未摆脱对资源出口与消费经济的依赖,制造业发展不足,工业化进程缓慢等内在因素的影响,金砖国家依然出现经济增长缩水、消费价格指数波动明显、失业率保持高位等现象(如表 9-2)。第四次工业革命与发展数字经济为金砖国家转变经济发展方式,提升发展质量带来了新契机。

表 9-2　2022—2024 年金砖国家主要经济指标

国家	GDP			消费价格指数			经常账户赤字占 GDP 比例			失业率		
年份	2022 年	2023 年	2024 年	2022 年	2023 年	2024 年	2022 年	2023 年	2024 年	2022 年	2023 年	2024 年
俄罗斯	−2.1	0.7	1.3	13.8	7.0	4.6	10.3	3.6	3.2	3.9	3.6	4.3
中国	3.0	5.2	4.5	1.9	2.0	2.2	2.3	1.4	1.1	4.2	4.1	3.9
印度	6.8	5.9	6.3	6.7	4.9	4.4	−2.6	−2.2	−2.2	—	—	—
巴西	2.9	0.9	1.5	9.3	4.6	4.8	−2.9	−2.7	−2.7	7.9	8.2	8.1
南非	2.0	0.1	1.8	6.9	5.8	4.8	−0.5	−2.3	−2.6	33.5	34.7	34.7

---

① TDRA 技术开发事务执行主任:阿联酋 5G 已覆盖 93%人口,助力实现国家愿景 [EB/OL]. （2023-10-12）［2023-12-01］. https://www. c114. com. cn/wireless/2935/a1245169.html.

② The East African. Ethiopia joins Kenya in rolling out 5G network in Eastern Africa[EB/OL]. (2022-05-11)［2023-12-01］. https://www.theeastafrican.co.ke/tea/business/ethiopia-launches-5g-3811462.

③ Connecting Africa. Orange gets 5G spectrum in Egypt［EB/OL］. （2022-02-08)［2023-12-01］. https://www.connectingafrica.com/author.asp? section_id＝761&doc_id＝775142.

④ GSMA. The mobile economy Middle East & North Africa 2023［R/OL].［2023-12-01］. https://www.gsma.com/mobileeconomy/wp-content/uploads/2023/12/051223-Mobile-Economy-Middle-East-and-North-Africa-2023.pdf.

续表

国家	GDP			消费价格指数			经常账户赤字占 GDP 比例			失业率		
沙特阿拉伯	8.7	3.1	3.1	2.5	2.8	2.3	13.8	6.2	3.6	—	—	—
阿拉伯联合酋长国	7.4	3.5	3.9	4.8	3.4	2.0	11.7	7.1	7.0	—	—	—
埃及	6.6	3.7	5.0	8.5	21.6	18.0	−3.5	−2.8	−3.1	7.3	7.6	7.7
埃塞俄比亚	6.4	6.1	6.4	33.9	31.4	23.5	−4.3	−3.4	−2.6	—	—	—
伊朗	2.5	2.0	2.0	49.0	42.5	30.0	4.7	1.8	1.9	9.5	9.8	10.1

注:根据 IMF 世界经济展望 2023 年 4 月报告数据自制,其中 2022 年为实际值,2023 与 2024 年为预测值,其中标注"—"表示报告中暂未公布相关数据。

三、建设金砖国家发展共同体的现实基础

　　"金砖国家作为一个内部异质性突出的新兴大国合作群体,其长期合作的基础是共识。"[①]金砖国家发展共同体的建设要立足于现有的合作基础和机制,将解决当下的发展问题与创造新发展机遇结合在一起。多向度的"金砖国家＋"合作模式,联通南北合作,扩大了"朋友圈",是金砖国家发展共同体开放包容的重要表现。多层次的战略对接架构,为金砖国家发展共同体建设提供了顶层设计,在与各国、地区、国际发展战略和倡议相互对接中,不断拓展金砖国家发展共同体建设的利益契合点和合作增长点。良好的经贸合作根基,是带动金砖国家发展共同体建设走深走实的火车头,为金砖国家推动经济复苏创造雄厚的物质基础。多元的发展合作制度,有利于协调各方分歧,提高合作质量,为金砖国家发展共同体的建设提供制度基础。

---

　　① 卢静,张蛟龙.共识行动与金砖国家合作动力研究:基于实践的视角[J].亚太经济,2017(3):40-46.

(一)多向度的"金砖国家＋"合作模式

"在全球化时代,合作日益成为参与主体共享发展、提升影响力的重要方案,合作机制建设也成为合作组织存在与发展的关键因素。"[①]"金砖国家＋"创新合作模式是金砖国家发展共同体开放包容的重要表现,"密切了新兴市场国家与发展中国家的合作,夯实了金砖国家作为新兴市场国家的集体身份认同"[②]。同时,"金砖国家＋",打通南南、南北合作,成为推动金砖国家发展共同体惠及各国、走向全球的内核支撑,有利于扩大金砖国家发展共同体建设的规模和示范效应,带动五个地区的其他发展中国家共同参与发展共同体的建设,将遍布在亚非拉的广大发展中国家带动起来,在参与主体上实现更多国家携手建设发展共同体。

"金砖国家＋"合作模式不仅使得金砖国家发展共同体建设在共同发展之中,形成一批推动全球发展事业的发展伙伴,塑造新的、更平衡的全球发展秩序,又可以凭借金砖国家联系发达国家和其他发展中国家的特殊优势,在推动南北合作的进程中发挥桥梁作用,将金砖国家发展共同体打造成为南南合作与南北融合合作的重要平台。"金砖国家＋"区域一体化平台,如南方共同市场、南非关税同盟、欧洲经济组织、南盟以及中国—东盟自由贸易协定,打造了金砖国家与跨区域合作的新平台。金砖国家发展共同体通过"金砖国家＋"的机制不仅为成员国政治经济利益服务,而且关注国际发展事业、为发展中国家利益服务。总之,"金砖国家＋"创新合作模式,从多向度建立金砖国家的发展伙伴网络,使得金砖国家发展共同体建设有了更多的参与者和支持者,打造更加紧密的金砖国家发展共同体。

(二)多层次的战略对接架构

"战略对接是实现中国与其他国家互利共赢、协同发展的重要手段。"[③]以对接为核心的协调架构,体现了建设金砖国家发展共同体互利共赢的原则。

---

① 林跃勤.合作机制理论与完善金砖国家合作机制研究[J].亚太经济,2017(3):24-32.

② 王明国."金砖＋"合作模式与中国对全球治理机制的创新[J].当代世界,2019(12):19-25.

③ 岳鹏.论战略对接[J].国际观察,2017(5):44-59.

要以落实各级高层会晤中通过的声明、方案等为引领，瞄准金砖国家发展合作需求，精准对接各国发展战略。当前金砖国家多层次的战略对接架构主要体现在国家、组织、全球三个层面。

首先，在国家层面，金砖国家瞄准其内部合作发展需要，以金砖各国内部发展战略对接为核心。中国的《中华人民共和国国民经济和社会发展第十四个五年规划和2035年远景目标纲要》，俄罗斯的《关于2030年前俄罗斯联邦国家发展目标》，印度的《三年行动议程》《七年战略》《十五年长期愿景》，沙特阿拉伯的《沙特阿拉伯2030愿景》，阿联酋的《面向未来50年国家发展战略》，埃及的《可持续发展战略：埃及2030年愿景》，伊朗的《伊朗2025愿景》《第七个五年发展计划》，埃塞俄比亚的《2021—2030十年发展规划》《内生经济改革计划》，南非的《2030国家发展规划》等国家近期与中长期发展战略及巴西在发展领域的具体规划表明，金砖国家在发展合作方面存在着契合点，国家战略发展层面的对接将拓展金砖各国在发展领域的合作空间，为金砖国家发展共同体的落地生根提供强大动力基础。

其次，在组织层面，金砖国家结合新兴国家共同的发展需求，协调新兴国家推动区域发展的步伐，在多个领域制定了发展合作路线图。《金砖国家建章立制文件》《金砖国家关于加强和改革多边体系的联合声明》《金砖国家网络安全务实合作路线图》《金砖国家经济伙伴战略2025行动计划》《金砖国家确保信息通信技术安全使用务实合作路线图》《金砖国家服务贸易合作路线图》《金砖国家专业服务合作框架》《金砖国家加强多边贸易体制和世贸组织改革声明》《金砖国家农业合作行动计划(2021—2024)》《金砖国家创新合作行动计划(2021—2024)》等声明、合作方案为构建金砖国家发展共同体的落地生根提供了良好的土壤。

最后，金砖国家把握区域、全球发展机遇，积极加强与全球发展倡议、2030年可持续发展议程等全球性发展战略对接，为建设金砖国家发展共同体提供顶层设计。在金砖国家发展共同体的国际和地区发展议程的对接方面，金砖国家以全面落实联合国2030年可持续发展议程为指引，推动合作机制转型升级，发挥新开发银行在实现可持续发展目标方面的潜能，不断提高自身在全球发展治理合作中的协调性，增强金砖国家落实可持续发展目标的能力。如表9-3，习近平在金砖国家领导人会晤的发言中，多次指出金砖国家要一致加强国际发展合作，在落实联合国2030年可持续发展议程中发挥引领和示范作用。金砖国家协调实施2030年可持续发展议程行动，在行动中不断寻求金砖国家发展利益的交汇点，增强金砖国家合作发展的动力，提升金砖国家在全球发展治理中的影响力。同时,2021 年 9 月,习近平提出的"全球发展倡议",其核心理念包括发展优先、以人民为中心、不让任何一个国家掉队,契合当前人类发展面临的核心问题,为建设金砖国家发展共同体提供了新契机和行动指南。

表 9-3　习近平在金砖国家领导人峰会上对落实 2030 年可持续发展议程的有关论述

时间	场合	论述
2016	金砖国家领导人第八次会晤大范围会议	要继续高举发展旗帜,结合落实 2030 年可持续发展议程和二十国集团领导人杭州峰会成果,加强南北对话和南南合作,用新思路、新理念、新举措为国际发展合作注入新动力、开辟新空间,推动全球经济实现强劲、可持续、平衡、包容增长。
2017	金砖国家领导人第九次会晤	以落实 2030 年可持续发展议程为契机,谋求经济、社会、环境效益协调统一,实现联动包容发展。
2019	金砖国家领导人第十一次会晤公开会议	推动将发展问题置于全球宏观政策框架核心位置,坚定落实联合国 2030 年可持续发展议程和应对气候变化《巴黎协定》,实现经济、社会、环境各领域协同发展。
2020	金砖国家领导人第十二次会晤	推动国际社会将落实联合国 2030 年可持续发展议程置于国际发展合作核心,将消除贫困作为首要目标,让资源更多向减贫、教育、卫生、基础设施建设等领域倾斜。
2021	金砖国家领导人第十三次会晤	要推动共同发展,坚持以人民为中心的发展思想,全面落实 2030 年可持续发展议程。
2022	金砖国家领导人第十四次会晤	提出全球发展倡议,旨在推动联合国 2030 年可持续发展议程再出发,推动构建全球发展共同体。
2023	金砖国家领导人第十五次会晤	愿同各方共建"金砖国家可持续产业交流合作机制",为落实联合国 2030 年可持续发展议程提供产业对接和项目合作平台。

来源:根据人民日报、新华网等网站信息自制。

(三)良好的经贸合作根基

经贸合作是金砖国家合作的压舱石和推进器,也是构筑金砖国家发展共同体的先导引擎。在当前国际环境复杂多变、风险挑战显著增多的情况下,金砖各国应共同努力,持续拓展经贸领域务实合作。金砖国家坚实的经贸合作基础,是带动金砖国家发展共同体建设走深走实的火车头,为金砖国家推动经济复苏创造了雄厚的物质基础。金砖国家以经贸合作为主的推进路径机制，立足于经贸合作的黏合性，在促进共同发展的经济伙伴关系基础上，以建设利益共享的价值链和利益融合的大市场为目标，发挥各成员国在资源禀赋、产业结构上的互补优势，合力拓展更大发展空间，进而促使金砖国家发展共同体走深走实。

目前，金砖各成员国之间的合作重点集中在财贸上，并且经贸合作逐渐走向机制化。金砖国家相继通过《金砖国家经济伙伴关系战略》《金砖国家经贸合作行动纲领》《金砖国家投资便利化合作纲要》《金砖国家服务贸易合作路线图》等，创设金砖国家新开发银行、应急储备安排等重要机制，并在 2020 年着眼新形势达成《金砖国家经济伙伴战略 2025》，明确贸易投资和金融、数字经济、可持续发展三大重点合作领域。面对新一轮科技革命与产业变革带来的历史性机遇，金砖国家深入推动科技创新合作，共同构建金砖国家新工业革命伙伴关系，推动金砖国家新工业革命伙伴关系创新基地（厦门）建设，达成数字经济伙伴关系框架，发布制造业数字化转型合作倡议，为金砖国家把握时代机遇、实现高质量发展注入新动力。金砖五国在经济发展模式和产业结构上各具优势与不足，有着很强的互补性，因此金砖各国对彼此有着强烈的利益诉求，各国之间的经贸合作也具有较大的发展空间。2022 年，中国与金砖国家双边贸易额超 5500 亿美元，同比增长 12.9%，长期保持俄罗斯、巴西和南非的最大贸易伙伴地位，为相关国家经济持续注入发展动力。[①] 金砖各国之间的经贸合作日渐深化，利益交汇点也逐渐增多，其本质是互利共赢，给金砖国家带来了巨大收益。因此，当前良好的经贸合作根基为构建金砖国家发展共同体提供了坚实的物质基础。

（四）多元的发展合作制度

多元的发展合作制度，有利于协调各方分歧，提高合作质量，为金砖国家发展共同体的建设提供制度基础。国家之间的合作一般分为机制化和非机制化两种形式。金砖国家发展共同体的建设不仅需要机制化与非机制化的制度支撑，更需要提升制度的有效性。"金砖合作采取的是非机制化的方式，各成

---

① 王曼.金砖国家经贸合作机制：在全球事务共治共享和多极化发展中壮大[N].中国贸易报，2023-08-10(1).

员国的政策灵活性比较高,这有利于协调各方的利益矛盾,降低各国的行动成本。"①一方面,以倡导发展伙伴关系、新工业革命伙伴关系为引领的非机制化良好合作关系的构建,有利于发挥各成员国在资源禀赋、产业结构上的互补优势,合力拓展更大发展空间,加强在贸易、投资、数字经济、互联互通等领域的合作,助力金砖国家实现高质量发展,为促进共同发展打造紧密的行动共同体。以金砖国家间经贸合作领域的制度建构为例,自 2011 年举办首届金砖国家经贸部长会议以来,已举行 13 次,签署共计 30 多项与经贸合作相关的文件与声明(如表 9-4),凝聚了经贸合作的利益交汇点,确立了金砖国家经贸合作的焦点与发力点,为金砖国家之间开展的经贸合作确立了制度和机制保障。

表 9-4   2013—2023 金砖国家经贸部长会议通过的相关文件

时间/次数	文件
第三次(2013)	《金砖国家贸易投资合作框架》
第四次(2014)	《金砖国家贸易投资便利化行动计划》
第五次(2015)	通过经贸部长会议联合公报,并就《金砖国家电子商务合作框架》等多项合作倡议达成共识。
第六次(2016)	通过经贸部长会议联合公报,并就服务贸易、知识产权、单一窗口、中小企业、贸易促进、标准化等达成了一系列重要协议。
第七次(2017)	批准建立金砖国家示范电子口岸网络,批准《金砖国家服务贸易合作路线图》《金砖国家电子商务合作倡议》《金砖国家知识产权合作指导原则》《金砖国家投资便利化合作纲要》《金砖国家经济技术合作框架》等文件。
第八次(2018)	通过经贸部长会议联合公报以及有关支持多边贸易体制、反对单边主义和保护主义的单独声明。
第九次(2019)	金砖五国贸易和投资促进机构代表共同签署了合作谅解备忘录。
第十次(2020)	达成经贸部长会议联合公报和《金砖国家关于多边贸易体制和世贸组织改革的联合声明》,批准《投资便利化谅解》和《促进中小微企业有效参与国际贸易指南》。
第十一次(2021)	达成《金砖国家多边贸易体制合作声明》《电子商务消费者保护框架》《知识产权合作下开展遗传资源、传统知识和传统文化保护合作》《专业服务合作框架》《〈金砖国家经济伙伴战略 2025〉贸易投资领域实施路线图》。

---

①   臧秀玲,王跃.金砖国家崛起与合作对国际体系转型的影响[J].理论学刊,2018(5):78-88.

续表

时间/次数	文件
第十二次（2022）	批准经贸部长会议联合公报，达成《金砖国家加强多边贸易体制和世贸组织改革声明》《金砖国家数字经济伙伴关系框架》《金砖国家贸易投资与可持续发展倡议》《金砖国家加强供应链合作倡议》等。
第十三次（2023）	达成经贸部长会议联合公报和《金砖国家关于加强韧性和可持续发展的供应链合作框架》《金砖国家中小微企业合作框架》，批准《金砖国家数字经济工作组工作职责》及《金砖国家数字经济工作组工作计划》，发表《金砖国家加强多边贸易体制和世贸组织改革声明》等。

来源：根据新华网、中国商务部等网站信息自制。

　　另一方面，金砖国家创新基地建设、金砖国家疫苗研发中心、金砖国家信息共享与交流平台、金砖国家农业研究平台、金砖国家数字公共产品平台、金砖国家绿色旅游联盟、金砖国家职业教育联盟等一系列新的合作实体和合作平台的成立和建设，是金砖国家顺应形势变化、完善合作制度的主要体现，并产生了实际效果。此外，"强制度性合作是保障金砖国家可持续合作的一条重要经验"①。强制度性合作有利于加强整体的凝聚力与向心力，发挥合力作用。金砖国家发展共同体在制度化建设方面已经发展成为一个以领导人定期正式会晤为引领的，包括部长级会谈、不定期非正式会谈、工商论坛和智库论坛等在内，涵盖经贸、金融、农业、教育、科技、文化等多个领域的合作机制。

四、建设金砖国家发展共同体的实践路径

　　发展是金钥匙，也是金砖国家共同的心愿。当前世界经济复苏正处于关键时期，面对日益增多的全球性问题和不稳定性因素，金砖国家作为新兴国家的重要力量，共同致力于解决发展方面的世纪难题。立足于当下金砖国家面临的发展问题与需求，需要从可持续发展、数字经济、投融资合作、低碳绿色四个方面入手，推动金砖国家发展共同体建设走深走实，行稳致远。

---

　　①　卢静.金砖合作与高质量伙伴关系构建[J].当代世界，2022(7)：40-44.

(一)以推动可持续发展为根本要务

金砖国家人口占世界人口的 45.4%[①],是引领全球可持续发展、推动发展合作不可或缺的重要力量。构建金砖国家发展共同体需要压实惠民合作项目,拓宽发展合作受益主体,为金砖各国人民带来更多实实在在的福祉,得到金砖国家民众的更多认可和支持,筑牢金砖国家发展共同体构建的物质根基。消除贫困是实现可持续发展的先决条件和核心目标,减贫扶贫领域是构建金砖国家发展共同体共享发展成果的重要体现。2017 年 9 月,金砖国家领导人第九次会晤通过《金砖国家技能脱贫减贫行动计划》,为金砖国家集体减贫制定了指南。近几年来,新冠疫情和地缘冲突使全球发展进程遭受严重冲击,南北发展差距进一步扩大,世界上近 70 个国家的 12 亿人口面临疫情、粮食、能源、债务危机,全球过去数十年减贫成果可能付诸东流。习近平在 2022 年金砖国家工商论坛开幕式上强调"发展是破解各种难题、实现人民幸福的关键",呼吁在全球发展面临困境之际,作为务实合作主力军的金砖工商界"要积极参与金砖国家新工业革命伙伴关系建设,加强数字经济、智能制造、清洁能源、低碳技术合作,助力各国产业结构转型升级。要深入推动能源、粮食、基础设施、技能培训合作,履行社会责任,让发展成果更多更公平惠及全体人民"[②]。2022 年 6 月,第十二届金砖国家农业部长会议线上召开期间,金砖国家农村发展和减贫研讨会同时举办,各方代表围绕农村发展和减贫两项议题,交流经验,凝聚共识,共商应对危机挑战、实现联合国 2030 年可持续发展议程的对策建议。金砖国家全部出席的全球发展高层对话会将"坚持聚焦发展"写入"主席声明",与会领导人围绕"构建新时代全球发展伙伴关系,携手落实 2030 年可持续发展议程"的会议主题,讨论共同关心的全球发展问题,并达成共识——"将发展问题置于国际合作议程的核心位置,致力于落实 2030 年可持续发展议程,推动构建团结、平等、均衡、普惠的全球发展伙伴关系,携手开创普惠平衡、协调包容、合作共赢、共同繁荣的全球发展新时代"[③]。这一共识反

---

① 该数据根据世界银行人口数据计算得出。参见 The World Bank.Population,total [R/OL].[2023-11-16].https://data.worldbank.org/indicators/SP.POP.TOTL? end=.

② 习近平.把握时代潮流 缔造光明未来:在金砖国家工商论坛开幕式上的主旨演讲[N].人民日报,2022-06-23(2).

③ 全球发展高层对话会主席声明[N].人民日报,2022-06-25(6).

映了金砖国家引领全球发展新时代的决心。中国是金砖国家和发展中大国，中国领导人在对话会上提出将加大对全球发展合作的资源投入，把南南合作援助基金整合升级为"全球发展和南南合作基金"，并在 30 亿美元基础上增资10 亿美元；还提出将同各方携手推进重点领域合作，动员发展资源，深化全球减贫脱贫合作，提升粮食生产和供应能力，推进清洁能源伙伴关系；中国还将搭建国际发展知识经验交流平台，成立全球发展促进中心，建立全球发展知识网络，开展治国理政经验交流。[①] 全球发展高层对话会体现了金砖国家为推动可持续发展汇聚最广泛力量的努力。

（二）以发展数字经济为关键动力

数字经济是新一轮技术革命的核心，是全球经济复苏和增长的重要引擎。前几次工业革命均发生在发达国家，发达国家以工业革命为契机率先实现现代化，从此占据世界经济政治舞台中央，而广大南方国家作为边缘者跟跑至今。但是在新一轮数字技术革命中，发展中国家开始迎头赶上，中国的数字技术和"中国制造 2025"、印度的软件业、巴西的独角兽公司令人刮目相看，埃及启动"数字埃及"计划、埃塞俄比亚推出《数字埃塞俄比亚 2025 战略》、阿联酋通过《阿联酋数字经济战略》、沙特批准"数字经济发展规划"，积极推动国家数字经济发展。当前，数字经济是金砖国家发展事业的一大重要方向，也是新型基建互联互通发展的重要内容。金砖国家在数字经济相关领域的行动也有利于世界经济增长，也可催生新的合作模式，对就业、生产等领域产生积极溢出效应，有助于弥合数字鸿沟，为包括金砖国家在内的世界经济注入增长动能。

一方面，发展数字经济不仅是实现经济复苏，共同应对发展挑战，解决发展不平衡问题，维护金砖国家共同利益的关键之举，也是构建金砖国家发展共同体的题中之义。金砖国家发展共同体的建设要抓住新一轮科技革命和产业变革的历史机遇，加强互联网、大数据、5G、人工智能等数字经济领域的合作，挖掘疫后经济复苏新动能，加快金砖国家发展进程，推动以金砖国家为代表的新兴国家实现跨越式发展。另一方面，数字经济也是新型基建互联互通发展的重要方向，金砖国家发展共同体建设要从新型基建互联互通入手，通过新型基础设施建设供需两端发力，大规模、大范围带动数字链供应、智能工厂、共享

---

① 习近平.构建高质量伙伴关系　共创全球发展新时代：在全球发展高层对话会上的讲话[N].人民日报,2022-06-25(2).

制造等数字化供给,构建强大的消费市场带动消费结构升级,促进新兴产业链高度联动,形成经济复苏的"乘数效应"。

(三)以投融资合作为强大后盾

2008 年金融危机后,金砖各国面临着普遍且严峻的发展资金赤字。因此,通过资金充足的多边开发银行和区域开发银行向基础设施建设提供融资、投资,对金砖国家获得稳定、充足、长期融资具有重要意义。为此,金砖国家建立金砖国家新开发银行,构筑共同的发展资金保障。面对金砖国家及其他新兴国家在建设基础设施、推进可持续发展方面面临的融资约束,新开发银行致力于提供发展资金促进发展。截至 2023 年 4 月,新开发银行累计批准成员国 98 个项目,投资总额约 332 亿美元,重点领域涵盖清洁能源和能效、交通基础设施、水和卫生设施、环境保护、社会基础设施和数字基础设施。[①] 新冠疫情暴发伊始,新开发银行快速响应成员国的紧急需求,设立了总额为 100 亿美元的抗疫紧急援助贷款机制,其中 50 亿美元用于支持成员国最紧急的健康与社会保障相关支出,另外 50 亿美元用于支持成员国经济恢复。[②] 2021 年,新开发银行接纳孟加拉国、埃及、阿联酋和乌拉圭为其首批新成员,使 2.8 亿多人受益于该银行的发展融资方案。[③] 此外,金砖国家为共同应对经济危机,进一步加强金融稳定,建立金砖国家应急储备安排来建设金融安全网,拓展金砖国家的融资渠道、构建金砖国家经济金融安全网,提高应对金融危机的能力。

在当前的经济复苏阶段,金砖国家及其他新兴国家面临的发展资本赤字问题愈加凸显。因此,一方面,金砖国家发展共同体的建设需要以新开发银行为龙头,联动其他发展银行,深化投融资合作,通过撬动金砖国家基础设施建设、实现产能合作构筑共同发展的资金保障为金砖国家发展共同体的建设提供财力后盾。另一方面,金砖国家发展共同体的建设要发挥金砖国家应急储

---

① 新开发银行累计批准 24 个中国项目投资总额约 90 亿美元[EB/OL].(2023-04-14)［2024-01-31］. https://news. cctv. com/2023/04/14/ARTIJVENum6CLWm04cIkrmkQ230414.shtml.

② 新开发银行助力全球发展继往开来[EB/OL].(2023-04-16)［2023-12-02］.http://world.people.com.cn/n1/2023/0416/c1002-32665484.html.

③ New Development Bank. NDB annual report 2021 online version[R/OL].(2022-09-19)［2022-10-20］. https://ndbwebhkwin. azurewebsites. net/annual-report-2021/pdf/SmartPDF/.

备安排机制在促进金融稳定方面的作用,结合当前金砖国家出现国际收支困难的具体情况,给予相应的支持,化解各种外部冲击对各国金融稳定的影响,筑牢金砖金融安全网络。

(四)以绿色低碳为发展方向

绿色低碳发展在金砖国家发展共同体形成与稳步发展的整体思路之中占有重要地位,是新时期金砖国家发展共同体深化合作议题与推动可持续发展的必由之路,也是高质量建设美丽金砖国家发展共同体的必不可缺的一部分。"'绿色发展'是在生态环境容量和资源承载能力的制约下,通过保护生态环境实现可持续发展的新型发展模式。"[1]绿色低碳是最可持续的发展动能,良好的生态环境是最普惠的民生福祉,走绿色低碳发展道路也逐步成为金砖各国的共识。金砖国家作为发展中国家,工业及经济处于快速发展阶段,由此产生大量温室气体(见表 9-5)。金砖各国在发展经济的同时,主动承担"碳减排"责任。近年来,金砖各国就加快低碳和气候韧性转型、推进气候多边进程、强化应对气候变化领域团结协作等内容达成了广泛共识,审议并通过了《金砖国家应对气候变化高级别会议联合声明》,为金砖国家合作沿着绿色低碳方向发展作出了指引。

根据全球绿色增长研究所发布的最新报告《绿色发展指数 2022》,除巴西绿色增长指数超过 60,处于较高水平外,中国、俄罗斯、印度、阿联酋、埃及、埃塞俄比亚、南非绿色增长指数均小于 60,处于中等水平,沙特阿拉伯与伊朗甚至低于 40,处于较低水平。[2] 由此可见,金砖国家在实现可持续发展目标上的表现仍有较大提升空间,绿色增长相对落后的国家需要进一步加快绿色转型发展。因此,建设金砖国家发展共同体必须以绿色低碳为方向,践行绿色低碳的发展方式,要增进金砖国家间的环境合作,增加交流对话,对接需求,分享应对全球环境问题的最佳实践,着力推进城市可持续发展,推动开展务实合作,通过绿色发展的"先行者"带动"赶路者",实现互利共赢,推进美丽金砖国家发展共同体建设。

---

① 王玲玲,张艳国."绿色发展"内涵探微[J].社会主义研究,2012(5):143-146.

② GGGI. Green growth index 2022[R/OL].[2023-12-03]. https://greengrowthindex. gggi.org/wp-content/uploads/2023/02/2022-Green-Growth-Index-1.pdf.

表 9-5　2010—2020 年金砖国家二氧化碳排放量(人均公吨数)

国家	时间										
	2010 年	2011 年	2012 年	2013 年	2014 年	2015 年	2016 年	2017 年	2018 年	2019 年	2020 年
中国	6.34	6.90	7.05	7.32	7.30	7.15	7.11	7.23	7.53	7.65	7.76
俄罗斯	11.33	11.88	11.70	11.38	11.21	11.05	10.89	11.04	11.50	11.80	11.23
印度	1.34	1.40	1.50	1.53	1.64	1.63	1.64	1.70	1.80	1.75	1.58
巴西	2.03	2.11	2.27	2.41	2.51	2.37	2.16	2.19	2.06	2.05	1.94
南非	8.22	7.81	8.03	8.12	8.19	7.61	7.54	7.68	7.67	7.69	6.69
沙特阿拉伯	15.17	15.38	15.98	15.98	16.83	17.26	16.80	16.08	15.07	14.70	14.27
阿联酋	19.19	19.43	20.28	21.13	21.12	21.91	22.28	21.17	19.06	20.15	20.25
伊朗	7.18	7.23	7.23	7.44	7.57	7.33	7.29	7.41	7.45	7.22	7.06
埃及	2.30	2.31	2.36	2.29	2.29	2.32	2.36	2.40	2.29	2.06	1.96
埃塞俄比亚	0.07	0.08	0.09	0.10	0.13	0.13	0.14	0.15	0.15	0.16	0.15

来源:根据世界银行数据自制,其中 2021—2023 年暂无数据。

　　总之,金砖国家发展共同体的建设本身得益于经济全球化的世界进程以及全球治理体系的积极成果。金砖国家发展共同体建设的实践过程是新兴国家与发展中国家创新发展合作实践、建设新型国际发展合作机制中的重要组成部分,为促进全球和区域新一轮的发展提供了智力和路径支撑,扩大了全球与区域发展治理的参与主体,进而从发展领域推动国际秩序的转型和全球治理体系的深度变革。

第十章　构建"一带一路"数字命运共同体的理念与实践

数字丝路建设是"一带一路"共建的重要内容，构建"一带一路"数字命运共同体是建设数字丝路的前进方向。"一带一路"数字命运共同体立足于共建国家数字化转型的现实需求，是中国与共建国家顺应时代发展趋势，应对数字化挑战，携手打造数字丝路、参与数字治理的理念与方案。在理念方面，构建"一带一路"数字命运共同体以数字多边主义为要义，数字联通为核心，公正平等为底线，同时兼顾安全与发展。在实践方面，擘画顶层设计、搭建平台机制、推进数字金融、培育数字人才，是"一带一路"数字命运共同体建设的战略支撑。中国推动构建"一带一路"数字命运共同体是贯彻习近平总书记"让数字文明造福各国人民，推动构建人类命运共同体"的具体行动，将为全球数字治理变革提供助力与经验。

构建"一带一路"数字命运共同体，习近平总书记指出，"让数字文明造福各国人民，推动构建人类命运共同体"。中国发起的《全球数据安全倡议》为制定全球数据安全规则提供了蓝本，呼吁各国携手努力、共同打造数字命运共同体。

"一带一路"共建十余年来，中国同共建国家在数字治理领域展开了全方位、多领域合作，切实朝着推进"一带一路"数字命运共同体的方向发展。历届"一带一路"国际合作高峰论坛都将发展数字经济、推动数字化合作作为"一带一路"建设的重要方面。第一届"一带一路"国际合作高峰论坛圆桌峰会联合公报指出，"通过培育新的贸易增长点、促进贸易平衡、推动电子商务和数字经济等方式扩大贸易"[①]，将数字经济与电子商务、人工智能、科技园区等领域连成一体。在第二届"一带一路"国际合作高峰论坛上，中国明确提出了"数字丝绸之路"概念，强调"数字丝绸之路建设已成为共建'一带一路'的重要组成部

---

① "一带一路"国际合作高峰论坛圆桌峰会联合公报[N].人民日报,2017-05-16(5).

分",并与 16 个国家签署了加强数字丝绸之路建设合作文件,"与各方加强在人工智能、纳米技术、量子计算机等前沿领域合作,推动大数据、云计算、智慧城市建设,连接成 21 世纪的数字丝绸之路"。① 第三届"一带一路"国际合作高峰论坛进一步提出了发展数字经济的《全球人工智能治理倡议》,该倡议重申,"各国应在人工智能治理中加强信息交流和技术合作,共同做好风险防范,形成具有广泛共识的人工智能治理框架和标准规范,不断提升人工智能技术的安全性、可靠性、可控性、公平性","促进人工智能技术造福于人类,推动构建人类命运共同体"。② "一带一路"数字命运共同体是在数字丝路合作框架下,推动共建国家在数字基建、数字经济、创新发展等领域互联互通、协同合作、共同发展,以携手应对全球数字化挑战,实现数字领域共商共建共享的深度融合。共建"一带一路"数字命运共同体是建设人类命运共同体的重要内容,也是中国与共建国家合作破解全球数字治理难题的有效方案。

一、"一带一路"数字命运共同体的建设背景

构建"一带一路"数字命运共同体有着深厚的时代背景与现实基础,既是"一带一路"共建国家顺应数字化发展潮流、应对数字化困境挑战的共同需要,同时也是中国引领开创数字丝路、参与全球数字治理的重要途径。

(一)立足共建国数字化发展的现实需求

第四次工业革命正汹涌而来,"数字经济作为打开第四次工业革命之门的'钥匙',正在以一种全新的经济模式席卷全球,给世界经济格局带来巨大变化"③。信息技术不断更新与运用推动了数据采集、处理、存储和传输方式的根本性改变,为全球信息数字的流动提供了可能,进而成为全球数字化的驱动

---

① 推进"一带一路"建设工作领导小组办公室.共建"一带一路"倡议:进展、贡献与展望[N].人民日报,2019-04-23(7).
② 全球人工智能治理倡议[J].中国信息安全,2023(10):12-13.
③ 杨佩卿.数字经济的价值、发展重点及政策供给[J].西安交通大学学报(社会科学版),2020,40(2):59.

力。然而,全球数字化面临数字经济发展水平参差不齐的现状。《全球数字经济发展指数报告》显示,"一带一路"共建地区中,东亚、东盟、中东欧是该区域内数字经济最为领先的地区,西亚和独联体地区的数字经济表现相当,中南亚地区和非洲国家则是"一带一路"沿线整体水平偏弱的区域。① 互联网普及率是数字化转型的关键指标,但根据世界银行的最新数据,截至 2022 年世界上约有 37% 的人从未使用过互联网,这一群体中的绝大多数人生活在非洲国家(非洲拥有占全球 17% 的人口,网民人数只占全球总数的 2%),非洲地区的互联网用户数量远远落后于欧洲和北美地区。② 在智能手机普及率方面,截至 2022 年年底美国和欧洲的智能手机普及率分别约为 86% 和 82%,而在撒哈拉以南的非洲这一比率只有 55%。③ 智能手机的拥有率即使是在欧洲内部也有很大的差异,像荷兰、法国等西欧国家地区,大约有 90% 或更多的人拥有智能手机;而在像波兰、俄罗斯和希腊等中东欧国家地区,这一比率接近 60%。在新兴经济体中,智能手机的拥有率也存在很大差异。从南非和巴西 60% 的高点,到印度尼西亚、肯尼亚和尼日利亚的 40% 左右。在被调查的国家中,智能手机拥有率最低的是印度,拥有量只有 24%。④ 在数字电商领域,亚太地区目前处于全球引领地位,增长速度最快的前十大电子商务国家中东南亚国家占据一半。⑤ 中国是全球电商的领头羊,北美电商发展紧随其后,英国、德国、法国等欧洲各国也在稳健增长,而非洲地区则是处于刚刚起步阶段。⑥ 总体上看,在几大关键指标上,除了几个新兴大国,发展中国家整体上均处于数字

---

① 全球数字经济发展指数报告(TIMG 2023)[R/OL].(2023-06-01)[2023-07-10]. http://ifb.cssn.cn/wap/xscg_128599/lwbg/202306/P020230601501807198861.pdf.

② Internet users by country 2023 [EB/OL].(2023-05-20)[2023-12-10]. https://worldpopulationreview.com/country-rankings/internet-users-by-country.

③ Smartphone penetration worldwide as share of global population 2016-2022 [EB/OL].(2023-09-28)[2023-12-20].https://www.statista.com/statistics/203734/global-smartphone-penetration-per-capita-since-2005/.

④ SILVER L. Smartphone ownership is growing rapidly around the world, but not always equally [EB/OL].(2019-02-05)[2023-12-18].https://www.pewresearch.org/global/2019/02/05/smartphone-ownership-is-growing-rapidly-around-the-world-but-not-always-equally/.

⑤ Summary of e-commerce status for 2022 and predictions for 2023[EB/OL].(2023-05-03)[2023-12-21].https://www.cello-square.com/eu-en/blog/view-728.do.

⑥ Ecommerce sales by country in 2023 [EB/OL].(2023-06-03)[2023-12-10]. https://www.oberlo.com/statistics/ecommerce-sales-by-country.

化后列。如何将中国的数字化优势转化为"一带一路"数字化发展潜力,是他国所需,也是我国所愿。中国推动构建"一带一路"数字命运共同体立足于满足共建国家数字化发展的现实诉求,有志于为推动全球数字化转型贡献大国之力。

(二)顺应"一带一路"数字化的发展大势

数字化转型是大势所趋,也是"一带一路"高质量发展的重要驱动力。"共建'一带一路'坚持创新驱动发展,把握数字化、网络化、智能化发展机遇,探索新业态、新技术、新模式,探寻新的增长动能和发展路径,助力各方实现跨越式发展。"[①]2023年,中共中央、国务院印发了《数字中国建设整体布局规划》,将建设"电商丝路""数字丝路"作为数字中国建设的重要一环。"一带一路"数字命运共同体是数字中国建设与共建国家数字发展战略相契合的产物,各国不约而同地将推动数字化发展、促进数字合作视为努力方向。中非通过《中非合作论坛—北京行动计划(2019—2021年)》实现了"数字非洲"与"数字中国"在"一带一路"框架下的战略对接。中国与东盟通过《中国—东盟信息港建设方案》与《中国—东盟信息港建设总体规划》,实现了双方的数字战略对接。

数字基建是"一带一路"互联互通的新疆域。数据是信息化时代最重要的生产要素,数据的顺畅流动依赖数字基础设施的便利程度。"一带一路"共建国家是数字基础设施建设的洼地。"一带一路"建设十年,逐渐从"大写意"到"工笔画"再到高质量共建,互联互通建设也逐渐从陆港、海港、空港等传统基建向以数字基建为核心的新基建转变。目前,数字基建成为西方国家与"一带一路"共建国家进行全球基建竞争的核心领域,加强与共建国家的数字基建合作,构建"一带一路"数字命运共同体是"一带一路"数字建设的目标和保障。

数字贸易是"一带一路"经贸合作的新引擎。随着生产力的发展,传统的以货物、服务贸易为主导的全球化逐渐向数字全球化时代发展。数字全球化包含两个方面内容:第一是以数字技术为媒介推动的全球化,通过实时的数据分析,企业可以更好地预测需求、控制库存,从而提高供应链的协调优化程度;第二是数字要素自身在全球范围内的流动,其中包含数据的全球流动、数字人才的全球流动与数字资本的流动等。后疫情时代"一带一路"数字贸易迎来新

---

① 中华人民共和国国务院新闻办公室.共建"一带一路":构建人类命运共同体的重大实践[J].人民日报,2023-10-11(10).

机遇,远程医疗、在线教育、共享平台、协同办公、跨境电商等服务得到更广泛应用,数字经济、数字贸易正成为"一带一路"建设的新引擎。构建"一带一路"数字命运共同体将助推数字贸易合作进一步强化与深化。

数字金融是"一带一路"资本跨境流动的新渠道。传统金融体系中,跨境资金往来常常受到地域、跨国法规和监管等因素的制约,导致资金流动效率低下。数字金融为跨境资本流动提供了更加便捷的通道,如区块链技术的应用、电子支付系统的发展使资金可以在不同国家之间实现快速、安全转移,从而为"一带一路"共建企业和项目提供更多融资渠道。另外,数字金融降低了跨境投资的成本和风险。传统金融交易往往需要借助大量的中介机构和复杂的结算系统,导致交易成本高昂。而数字金融的普及使跨境资本流动成本大幅降低,同时通过智能合约等技术手段,也能够大大降低交易风险。

数字服务是促进"一带一路"民心相通的新助力。数字丝路有助于为共建国家和地区提供成本更低廉的互联网服务,从而解决共建国家的社会民生需求。中国通过帮助非洲地区普及数字技术、建设数字基础设施,让当地的百姓享受到廉价的数字服务,包括"电子钱包""在线教育""在线医疗""卫星电视"等数字产品。同时,"一带一路"数字合作为"智慧非洲"建设添砖加瓦,如数字马里项目、智慧布基纳法索项目、援毛里塔尼亚城市安全与监控系统项目等,为非洲多地的政府、企业和机构提供了国际互联网接入、网络安全系统和办公管理系统等一揽子解决方案,让当地群众和管理者享受到智慧政务的便捷。

因此,从"一带一路"五通的各个维度来看,构建"一带一路"数字命运共同体顺应了数字化发展大势,将有力推动数字技术普及和数字要素流动,为"一带一路"合作插上腾飞翅膀。

(三)参与领导全球数字治理的实践窗口

数字技术的迅速发展将人类前途命运更加紧密地联系在一起,迫切需要国家间紧密合作。联合国秘书长数字合作高级别小组在题为《数字相互依存的时代》报告中指出,数字技术改善人们生活的前提是政府、公司和社会意识到全球数字相互依存,全球互联互通的收益和风险需要人们联合应对。联合国等多边制度虽然不完美,但对促进数字合作、利用数字技术、减少数字风险

依然具有重要意义。① 现代数字技术起源于西方，一直被西方国家视为霸权持护的重要工具。以美国为首的西方国家逆全球化而动，将保护主义、孤立主义、霸权主义、集团政治和文明对抗等政策工具错误地移植到数字化治理领域，不顾全球数字治理的多边主义要义，热衷于控制全球数字权力，试图阻挡发展中国家在新一轮数字化浪潮中获得与西方国家一样的权力和机遇。拜登政府延续了特朗普政府的科技打压和脱钩政策，联合盟友对俄科技界进行前所未有的制裁，迫使谷歌、英特尔、苹果、脸书等大型 IT 公司撤离俄罗斯，在 IT 领域进行"谁也不需要俄罗斯人"的人才封杀。美国将中国一些数字实体列入实体清单，组建"芯片联盟"，签署限制美国资本对中国半导体、人工智能和量子计算机领域进行投资的行政命令，极力打击中国数字科技产业。随着大国博弈不断加剧，全球数字鸿沟继续扩大，数字安全形势恶化，数字治理赤字加剧。全球范围内尚未形成统一的数字经济治理规则体系。数字治理涉及的数据资源开发利用、隐私保护、跨境数据流动、域外管辖权、网络安全、平台责任与平台治理等众多难题尚需解决。中国是数字经济大国，也是数字贸易大国，正崛起成为推动全球数字治理变革的关键力量，抓住数字治理规则空窗期，推进数字治理中国方案迫在眉睫。推进构建"一带一路"数字命运共同体，构建适合"一带一路"数字经济发展的规则框架，有助于提升全球各方在数字治理领域的代表性和发言权，促进各国在数字治理中共商共建共享。中国不仅具备良好产业基础和巨大市场空间，更具有推动南北共治、东西协同的能力与意愿，在全球数字治理的窗口期实现参与引领恰逢其时，也势在必行。

二、"一带一路"数字命运共同体的建设理念

构建"一带一路"数字命运共同体基于数字多边主义与数字互联互通，坚守公正平等底线，兼顾安全与发展，旨在为共建国家搭建更加开放、包容、安全的数字化平台，共同推动数字化转型和数字经济发展。

---

① UN. The age of digital interdependence［R/OL］.（2019-06-10）［2023-12-10］. https://www.un.org/en/pdfs/DigitalCooperation-report-for％20web.pdf.

（一）以多边主义为要义

世界需要真正的多边主义,数字治理尤其需要。每个人、每个国家都是数据的产生者和贡献者,也理应成为享用者、受益者。但部分西方国家秉持"数字霸权"的思维模式,推行"数字单边主义""数字保护主义",人为地加剧了数字领域的冲突与争端。在立法层面上,美国先后通过数条关于数字经济的法案剑指中国。2020年3月,《5G安全保障法》出台,要求联邦政府在3个月内制定《保护5G安全国家战略》实施方案,以确保美国以及盟国拥有共同防控5G安全风险的能力。[①] 美国还出台《无尽前沿法案》《战略竞争法案》《迎接中国挑战法案》《2021年美国创新与竞争法案》,用来切断中美之间的数字供应链。[②] 在行动层面上,美国以国家安全之名加大对其域外科技公司的安全审查力度,限制境外公司进入美国科技市场。2019年4月,美国将37家中国企业及科研院所、学校等机构列入"未经验证实体清单",5月将华为及其68家子公司整体列入"实体清单"。2021年6月,美国将包括华为、中国航天科技、中国移动通信等在内的59家中国企业列入禁止美国人投资的"黑名单"。[③] 美国还封禁了"TikTok"和"WeChat"的使用。在这种情况下,基于多边主义、倡导构建"一带一路"数字命运共同体的现实意义十分突出。

首先,"一带一路"数字命运共同体坚持共商共建共享的多边主义合作理念。全球数据爆发式增长,海量集聚,成为实现创新发展的重要力量,理应成为各国人民重塑美好生活的共同机遇。"世界各国要坚持真正的多边主义,坚持拆墙而不筑墙、开放而不隔绝、融合而不脱钩,推动构建开放型世界经济。……在充分协商基础上,为人工智能、数字经济等打造各方普遍接受、行之有效的规则,为科技创新营造开放、公正、非歧视的有利环境,推动经济全球化朝着更加开放、包容、普惠、平衡、共赢的方向发展,让世界经济活力充分迸发出来。"[④] 数字单边主义、保护主义试图垄断数字和数字技术,与数字全球

---

① United States Congress.Secure 5G and beyond act of 2020[R/OL].(2020-03-23)[2023-07-12].https://www.congress.gov/bill/116th-congress/senate-bill1893.

② 江鸿,贺俊.中美数字经济竞争与我的战略选择和政策安排[J].财经智库,2022,7(2):75-92,145-146.

③ 郭永虎,于艳文.美国对华科技遏制:演进、影响与中国应对[J].统一战线学研究,2023,7(3):154-165.

④ 习近平谈治国理政:第4卷[M].北京:外文出版社,2022:485.

化、全球数字化趋势背道而驰。"一带一路"数字命运共同体秉持多边主义理念,主张共商共建共享,坚持互学互鉴、开放包容、合作共赢,让数字造福人类共同利益。"完善数字治理必须坚持多边主义,合力营造开放、包容、公平、公正、非歧视的数字经济发展环境。搞所谓'小院高墙'、人为限制和阻碍科技合作,损人不利己,不符合国际社会共同利益。"① 其次,"一带一路"数字命运共同体致力推动制定全球性的数字标准和规范。网络、数据、信息技术、产品和服务都是取之于人、用之于人的公共物品,"各方应在相互尊重基础上,加强沟通交流,深化对话与合作,共同构建和平、安全、开放、合作、有序的网络空间命运共同体"。② 为此,中国提出了《全球数据安全倡议》,倡导建立一个真正共享的、符合广大发展中国家需要的数字治理框架,提高各国在数字领域的协同性和相互信任度。"我们可以共同探讨制定反映各方意愿、尊重各方利益的数字治理国际规则,积极营造开放、公平、公正、非歧视的数字发展环境。"③再次,要设立多边数字协调机制解决数字领域的跨国争端。各国应通过对话和协商解决分歧,确保数字治理机制的公正性和透明性。金砖国家数字经济伙伴交流机制、上合组织数据和信息安全领域合作机制等新兴国家之间的数字协调机制为"一带一路"数字命运共同体建设提供了先行样板。"一带一路"数字命运共同体可以为"一带一路"共建国家提供一个共享信息、合作创新的空间,促进数字技术跨国合作,推动数字多边主义发展。

(二)以数字联通为核心

构建"一带一路"数字命运共同体,旨在通过数字基础设施连接、数字技术联合研发、数字治理规则共建、数字经济合作、数字安全保障,实现数字联通,共享数字发展新红利。其中,数字基建联通、技术联通、规则联通是最为基础的互联互通。首先,"一带一路"数字命运共同体注重数字基础设施互联互通。"网络的本质在于互联,信息的价值在于互通。只有加强信息基础设施建设,铺就信息畅通之路,不断缩小不同国家、地区、人群间的信息鸿沟,才能让信息

① 2022年11月17日外交部发言人毛宁主持例行记者会[EB/OL].(2022-11-17)[2023-12-20].http://russiaembassy.fmprc.gov.cn/fyrbt_673021/202211/t20221117_10977137.shtml.

② 全球数据安全倡议[N].人民日报,2020-09-09(16).

③ 习近平谈治国理政:第4卷[M].北京:外文出版社,2022:481.

资源充分涌流。"①各国通过构建互联互通的数字网络,包括高速网络、云计算中心等,实现数字信息的跨国流通。共建数字基础设施,使各国在数字化时代更加紧密地连接在一起,在数字经济发展中相互依存,相互借重,这不仅有利于促进数字化技术的普及,而且有利于推动共建国更加紧密地开展数字协同合作,共同应对数字化时代的挑战,共同分享数字化带来的红利。其次,"一带一路"数字命运共同体重视数字技术共同研发和创新。新一轮科技革命产业变革与新冠疫情倒逼效应,促使数字技术强势崛起。数字技术发展速度快、辐射范围广、影响程度深,正在成为重组生产要素资源、重塑世界经济结构的关键力量。"一带一路"国家既面临数字鸿沟挑战,也存在弯道超车机遇,这次数字革命的机会不容错过。后疫情时代协同办公、在线教育、远程医疗、跨境电商、共享平台等技术服务广泛应用,中国走在了世界前列,积累了有益经验,为与"一带一路"共建国家开展新技术传播、应用、研发、合作提供了有利条件。中国正在与共建"一带一路"国家拓展人工智能、大数据、云计算等高新技术领域合作,推动地区数字化智能化转型升级;提出数字技术助力抗疫、推动旅游、共建智慧城市等多项合作倡议;还通过举办数字能力建设研讨会、国际贸易数字化与跨境电商创新发展论坛,推动丝路合作进入数字化一体化新时期。再次,"一带一路"数字命运共同体强调推动数字治理规则共建。在数字化时代,数字王国迫切需要建立统一的数字治理规则,以保证形成更加开放、透明、互利共赢的合作机制,促进数字化的安全发展。数字治理是全球治理的新疆域,西方发达国家正在将自身在国际机制中制定"游戏规则"的优势挪移到数字领域中来,一旦数字治理规则确立,发展中国家则再次面临被宰制的地位。为提升全球南方国家在数字治理中的话语权,中国与共建国家一同发起《"一带一路"数字治理国际合作倡议》,与金砖国家提出《金砖国家数字经济伙伴关系框架》《金砖国家制造业数字化转型合作倡议》,与上合组织国家发表《上合组织成员国数字化和信息通信技术领域合作构想》《上合组织成员国元首理事会关于数字经济领域合作的声明》,连续多年举办世界互联网大会乌镇峰会,在互联网治理论坛主办开放论坛等。这些机制基于发展中国家利益共商、数字治理规则共治,为形成全球数字共识、占据数字治理主动权打下基础。

---

① 习近平谈治国理政:第 2 卷[M].北京:外文出版社,2017:534.

（三）以公正平等为底线

在数字全球化波涛汹涌的浪潮下，数字技术发展和数据要素分配在地区、民族、阶层之间的失衡愈演愈烈，鸿沟日益扩大，数字基础设施落后、数字化水平较低、国民数字素养不高、国家数字治理能力低下，导致发展中国家难以享有数字化便利。与发达国家相比，不少发展中国家依然生活在"前数字化时代"：数字技术落后导致农产品销售不畅、没有电脑终端导致孩子上网课无从实现、网络不稳使现代化营商环境流于幻想。这些都是制约"一带一路"发展中国家经济社会发展的现实挑战，因此中国领导人提出"特别是要增加新兴市场国家和发展中国家的代表性和发言权，推动各国在国际经济合作中权利平等、机会平等、规则平等，推进全球治理规则民主化、法治化，努力使全球治理体制更加平衡地反映大多数国家意愿和利益"①。构建"一带一路"数字命运共同体就是要增强发展中国家在数字治理领域的代表性和发言权，让各国在数字经济发展中享有平等的机会和红利。公正平等是底线原则，没有相对的平等，数字跨境流动就无法正常进行，全球数字化就无法充分展开，全球数字治理也就失去了健康发展的秩序环境。因此，构建"一带一路"数字命运共同体不仅仅体现在数字经济发展的共建共享上，还体现在数字治理机制的公正合理上。中国作为倡导者、领航者，也是数字能力弱小国家的代言者，中国发布的《全球数字治理白皮书》（2023 年）强调，全球数字治理需要在推动数字技术全球化的同时，解决国际和国内的发展不平衡，实现数字经济发展红利的全球合理分配。②"一带一路"数字命运共同体强调数字治理对话，秉持多元化的理念，反对数字治理领域中的"一言堂"，尊重发展中国家的平等发展权、发言权，旨在避免数字鸿沟加剧，建立相互尊重、相互合作的数字治理机制，推动数字治理秩序朝着更加公正、平等的方向发展。

（四）兼顾安全与发展

兼顾安全与发展，是全球数字化、数字全球化发展的必然要求。一方面，

---

① 习近平.论坚持推动构建人类命运共同体[M].北京：中央文献出版社，2018：261.

② 全球数字治理白皮书（2023 年）[EB/OL].（2024-01-03）[2024-01-20].http://www.caict.ac.cn/kxyj/qwfb/bps/202401/P020240103389490640356.pdf.

全球数字经济健康发展需要数据安全保驾护航。数据安全风险对全球数字经济发展构成了严峻威胁,包括大规模数据泄露、网络攻击、国家间网络冲突等一系列挑战。Equifax(美国信用报告机构)在 2017 年遭受黑客攻击,导致涉及 1.43 亿美国公民的社会安全号码、信用卡信息等敏感信息泄露,这次泄露不仅对美国公民隐私和财产安全带来了重大隐患,也间接影响了英国和加拿大公民的个人信息安全。[①] Malwarebytes(反病毒软件公司)《2023 年勒索软件状况》报告显示,一年内仅在美国、法国、德国和英国就发生了 1900 起勒索攻击事件,其中美国几乎占了一半。[②] 这反映了全球数字系统安全亟待保障。俄乌冲突后,俄罗斯与乌克兰之间的网络攻击活动增加,涉及能源基础设施和政府机构。相互攻击不仅对两国构成了威胁,还可能在全球范围内引发网络安全的紧张局势。[③] 数据安全风险的全球性,导致一个国家的安全漏洞可能波及其他国家,进而影响到全球数字经济的稳定。因此,加强数字安全治理成为全球数字治理的重要内容。同时,反对"数字霸权"、维护"数字主权"是全球数字合作治理的应有之义。维护全球网络数据安全需要各国共同承诺采取措施防范、制止利用网络侵害个人信息的行为。中国是网络安全的坚定维护者,中国领导人提出"深化网络安全务实合作,有力打击网络违法犯罪行为,加强数据安全和个人信息保护。妥善应对科技发展带来的规则冲突、社会风险、伦理挑战"[④]。各国应尊重他国主权、司法管辖权和对数据的安全管理权,确保未经他国法律允许不得直接向企业或个人调取他国数据。跨境调取数据时,应通过司法协助渠道或其他相关多双边协议解决,以避免侵犯第三国司法主权和数据安全。"不论是网络商业窃密,还是对政府网络发起黑客攻击,都是

① KOVACS E. Apache Struts flaw reportedly exploited in Equifax hack[EB/OL]. (2017-09-11)[2023-12-20].https://www.securityweek.com/apache-struts-flaw-reportedly-exploited-equifax-hack/.

② KLECZYNSKI M. Ransomware reinfections on the rise from improper remediation [EB/OL].（2023-10-02）[2023-12-10]. https://www. malwarebytes. com/blog/business/2023/10/ransomware-reinfections-on-the-rise-from-improper-remediation＃：～：text＝A％20new％20report％20from％20the,the％20next％2022％20countries％20combined.

③ DUGUIN S, PAVLOVA P. The role of cyber in the Russian war against Ukraine：Its impact and the consequences for the future of armed conflict[EB/OL].(2023-09-04)[2023-12-12]. https://www. europarl. europa. eu/RegData/etudes/BRIE/2023/702594/EXPO _ BRI (2023)702594_EN.pdf.

④ 习近平向 2023 年世界互联网大会乌镇峰会开幕式发表视频致辞[N].人民日报,2023-11-09(1).

违法犯罪行为,都应该根据法律和相关国际公约予以打击。国际社会应该本着相互尊重和相互信任的原则,共同构建和平、安全、开放、合作的网络空间。"①另一方面,确保数据安全是为了促进数字化健康发展。发展和安全相辅相成,没有安全就不能发展,但维护数据安全最终是为了实现数字发展,不应因噎废食,不能为了安全而阻滞数字化发展,放弃沟通和分享。数字技术是分享技术,当大家都不使用数字、得不到数据时,数字就失去了意义。数字合作有助于建立互信关系,共同分享数字技术、共同促进数字发展,有利于在发展中创造更多、更好维护安全的手段,又在安全加持下实现更稳定有序的发展。这是构建"一带一路"数字命运共同体的立意所在。共建国家一道努力加强数字合作、共享安全经验、共促数字发展,才符合数字化和数字治理的真谛。

三、"一带一路"数字命运共同体的建设路径

构建"一带一路"数字命运共同体是通过共商、共建、共享方式共同应对数字化风险挑战、促进数字化协同发展的一个多边主义合作平台,是中国推动全球数字合作治理的丝路方案,是构建人类命运共同体的数字路径。构建人类命运共同体是仰望理想、基于现实,面向未来、行于当下,构建"一带一路"数字命运共同体是中国面向全球谋划数字治理之道的大国策和试金石。其建设非一朝一夕、一域一事所能完成,需要通过宏观政策引领,确保共建国家合作的明确方向;需要平台机制建设,保障合作制度化;需要数字金融助力,提供更便捷高效的数字服务;需要培育数字人才,夯实数字化基础,推动数字丝路向数字命运共同体迈进。

(一)通过顶层设计明确发展方向

政策引领是共建"一带一路"数字命运共同体的行动先导与重要保障,中国作为"一带一路"和"一带一路"数字命运共同体的倡导国,着重于顶层设计和战略对接,通过出台一系列文件推动共建国家数字合作的深化拓展。2015

---

① 习近平.在华盛顿州当地政府和美国友好团体联合欢迎宴会上的演讲[N].人民日报,2015-09-23(2).

年发布《愿景与行动》中提出,要"提高国际通信互联互通水平,畅通信息丝绸之路"①,由此开启了建设"一带一路"数字命运共同体的序幕。随后中国相继发布了一系列政策文件,将建设"数字中国"与"数字丝路"的倡议有效对接,并出台具体关于网络安全、数字人才、电子商务、数字空间等各领域的详细规划,在此基础上推动各国通过持续的接触、磨合、调整,不断升级深化数字经济合作。2017年,中国同多国共同发起《"一带一路"数字经济国际合作倡议》,促进电子商务、国际标准和数字经济政策等方面的合作。2019年,中央网信办发布《国家数字经济创新发展试验区实施方案》,将浙江省、河北省(雄安新区)、福建省、广东省、重庆市、四川省列为"国家数字经济创新发展试验区"。各个地方根据自身实际制定相应的政策,将"一带一路"数字合作落实到操作层面。例如,《福建省"数字丝路"建设实施方案》围绕加强与"一带一路"国家和地区在信息化领域的交流合作,从强化信息互联互通的枢纽功能、建设国际经贸合作信息化平台、建设人文交流信息化纽带等3个方面,制定了升级完善网络基础设施、建设国家离岸数据中心(平潭)、建设"海丝"空间信息港、建设华人华侨数字化公共服务平台等17项主要任务。② 福建省还提出利用建设厦门金砖国家新工业革命伙伴关系创新基地,推进"丝路海运"信息化平台建设。③ 2023年,国务院印发《数字中国建设整体布局规划》明确指出:"统筹谋划数字领域国际合作,建立多层面协同、多平台支撑、多主体参与的数字领域国际交流合作体系,高质量共建'数字丝绸之路',积极发展'丝路电商'。"④

　　针对"一带一路"数字合作,2017年中国发布了《数字丝路科学规划书》明确了建设数字丝路的目标是"利用地球大数据,促进'一带一路'地球科学、数据、技术和应用的科学合作,服务于联合国2030可持续发展目标"。⑤ 2020

---

① 国家发展改革委,外交部,商务部.推动共建丝绸之路经济带和21世纪海上丝绸之路的愿景与行动[M].北京:人民出版社,2015:25.

② 《福建省"数字丝路"建设实施方案》出台[EB/OL].(2019-12-25)[2023-12-12].https://www.gov.cn/xinwen/2019-12/25/content_5463842.htm.

③ 《福建省人民政府关于印发国家数字经济创新发展试验区(福建)工作方案的通知》[EB/OL].(2021-03-12)[2023-12-10].http://www.fujian.gov.cn/zwgk/zfxxgk/szfwj/jgzz/fzggwjzc/202103/t20210312_5547855.htm.

④ 中共中央　国务院印发《数字中国建设整体布局规划》[N].人民日报,2023-02-28(2).

⑤ 《数字丝路科学规划(V1.0)》发布[EB/OL].(2016-12-08)[2023-11-23].http://www.scio.gov.cn/ztk/wh/slxy/31200/Document/1534924/1534924.htm.

年,中国在世界互联网大会上发布了《携手构建网络空间命运共同体行动倡议》,提出了国际社会应采取更加积极、包容、协调、普惠的政策,加快全球信息基础设施建设,促进互联互通,推动数字经济创新发展。2023年,第三届"一带一路"国际合作高峰论坛发布《"一带一路"数字经济国际合作北京倡议》,提出了20项措施,包括推动工业数字化转型,提升公共服务数字化水平,促进数字化转型和绿色转型协同发展,支持数字创新创业等内容,落实数字丝路的具体方案。《全球人工智能治理倡议》与《全球数据安全倡议》则分别提出"构建开放、公正、有效的治理机制,促进人工智能技术造福于人类,推动构建人类命运共同体"[1],"共同构建和平、安全、开放、合作、有序的网络空间命运共同体"[2]的目标。这些政策文件(表10-1所示)绘制出了"一带一路"数字命运共同体的总体蓝图,为共建国家进行数字合作、开展数字治理明确了方向和进路。

表10-1　关于"一带一路"数字合作方面的政策文件

相关政策文件	出台时间	主要内容
《推动共建丝绸之路经济带和21世纪海上丝绸之路的愿景与行动》	2015年3月28日	开启"数字丝路"建设,谋划数字合作的大框架
《国家数字经济创新发展试验区实施方案》	2019年10月20日	开展"数字丝路"试验区建设
《中共中央关于制定国民经济和社会发展第十四个五年规划和二〇三五年远景目标的建议》	2020年10月29日	同共建"一带一路"国家开展跨境光缆建设合作,保障网络基础设施互联互通
《"十四五"电子商务发展规划》	2021年10月29日	拓展"丝路电商"行动,促进全球电商供应链发展
《"十四五"大数据产业发展规划》	2021年11月30日	推进大数据国际标准化合作
《"十四五"数字经济发展规划》	2021年12月12日	推动中国—东盟智慧城市合作、中国—中东欧数字经济合作,拓展与东盟、欧盟的数字经济合作伙伴关系,与非洲国家研究开展数字经济领域合作

---

① 全球人工智能治理倡议[EB/OL].(2023-10-20)[2023-12-11].https://www.fmprc.gov.cn/web/ziliao_674904/1179_674909/202310/t20231020_11164831.shtml.

② 全球数据安全倡议[N].人民日报,2020-09-09(16).

续表

相关政策文件	出台时间	主要内容
《数字中国建设整体布局规划》	2023 年 2 月 27 日	建立多层面协同、多平台支撑、多主体参与的数字领域国际交流合作体系
《"一带一路"数字经济国际合作倡议》	2017 年 12 月 3 日	加强与共建国家数字基建、人才培养、技术交流、政策法规等方面的合作
《数字丝路科学规划书》	2017 年 12 月 6 日	推动地球大数据服务"一带一路"区域可持续发展
《全球数据安全倡议》	2020 年 9 月 8 日	构建和平、开放、安全、合作、有序的网络空间
《携手构建网络空间命运共同体行动倡议》	2020 年 11 月 18 日	构建更加公正合理的全球互联网治理体系
《"一带一路"数字经济国际合作北京倡议》	2023 年 10 月 18 日	进一步拓宽数字合作领域包括农业、工业的数字化转型，加强数字金融、数字政府等领域合作
《全球人工智能治理倡议》	2023 年 10 月 18 日	提出安全可控、隐私保护、公平和非歧视的人工智能治理观

资料来源："一带一路"网、国务院网、国家发展改革委官网，截至 2024 年 1 月 31 日。

（二）签署合作协议强化制度保证

近年来，中国与"一带一路"共建国家和相关国际组织签署了一系列数字合作协议，达成了构建"一带一路"数字命运共同体的多领域、多层次合作机制（如表 10-2 所示）。从合作领域来看，这些协议包括电子商务、数字基建、数据安全、数字人才等多个方面。在电子商务领域，中国与 30 个"一带一路"共建国签署电子商务备忘录，建立起中国—中东欧国家、中国—中亚国家的电子商务合作机制。在数字基建领域，推动中国—东盟信息港、非洲数据中心等基建项目顺利落地。在数据安全领域，《信息安全国际行为准则》确立了一系列旨在维护信息和网络安全的原则，涵盖政治、军事、经济、社会、文化、技术等各个方面，其中的和平准则、主权准则、普惠准则与共治准则得到了国际社会的广泛认同。中国与阿盟签订《数据安全合作倡议》为促进数字经济健康发展，推动全球共建网络空间命运共同体贡献了双方智慧。在数字人才方面，中国与有关国家签署的“数字丝绸之路”备忘录，将数字经济发展与共建“一带一路”倡议有机结合，推动普及数字教育，引导发展中国家加大数字教育投入，有利于弥补发展中国家与发达国家之间的数字鸿沟，为数字丝路合作提供长远人才保障。从合作层次来看，这些数字合作机制既有国家层面上的官方合作机制，也有像中国—拉美和加勒比工商界达成的民间合作机制；既有金砖国家数字经济伙伴关系框架、APEC 贸易和投资委员会数字经济指导组等多边平台合作机制，也有中国同东盟、欧亚经济联盟等相关组织达成的合作机制，还有同共建国家之间达成的一对一双边合作机制，如中泰数字经济合作对话机制、中新数字政策对话机制等。越来越多的数字合作协议构建了一套日趋完整的“一带一路”数字合作机制和治理体系，有利于推动双方数字合作顺利开展，为促进数字经济健康发展提供制度化保障。当前，在全球数字治理体系亟待完善、治理规则建章立制的关键阶段，中国和共建国家强调“各方应在相互尊重基础上，加强沟通交流，深化对话与合作，共同构建和平、安全、开放、合作、有序的网络空间命运共同体”[1]，代表了发展中国家的立场，有利于打破由发达国家主导的规则体系。推动共建“一带一路”数字命运共同体意义重大，影响深远。

表 10-2 “一带一路”数字合作协议

时间	签署场合	合作协议	签署国家	主要内容
2015 年 1 月 9 日	联合国大会	信息安全国际行为准则	中国、俄罗斯、乌兹别克斯坦、吉尔吉斯斯坦、塔吉克斯坦、哈萨克斯坦	确立维护信息和网络安全的原则，确保信息通信技术的和平、安全和合法使用
2016 年 9 月 29 日	G20 杭州峰会	G20 数字经济发展与合作倡议	G20 国家	数字经济合作的原则和优先领域
2017 年 12 月 3 日	第四届世界互联网大会	“一带一路”数字经济国际合作倡议	中国与老挝、沙特、塞尔维亚、泰国、土耳其、阿联酋	明确“一带一路”数字经济国际合作的关键领域

---

① 中阿数据安全合作倡议[EB/OL].（2021-03-29）[2023-11-20].https://www.mfa.gov.cn/web/wjb_673085/zzjg_673183/jks_674633/fywj_674643/202103/t20210329_9176279.shtml.

续表

时间	签署场合	合作协议	签署国家	主要内容
2018 年 5 月 17 日	哈萨克斯坦阿斯塔纳经济论坛	中国与欧亚经济联盟经贸合作协定	中国与欧亚经济联盟国家	提升数字贸易便利化水平
2018 年 9 月 4 日	中非合作论坛北京峰会	中非合作论坛—北京行动计划（2019—2021 年）	中国与非盟	增加双方在数字基建、电子商务、电子政务、人才培养等领域的合作
2020 年 11 月 12 日	第 23 次中国—东盟（10＋1）领导人会议	中国—东盟关于建立数字经济合作伙伴关系的倡议	中国与东盟	打造互信、互利、包容、创新、共赢的数字经济合作伙伴关系
2021 年 3 月 29 日	中阿数据安全会议	中阿数据安全合作倡议	中国与阿盟	共同应对数据安全风险挑战
2022 年 6 月 27 日	金砖国家领导人第十四次会晤	金砖国家数字经济伙伴关系框架	金砖国家	明确数字经济的合作方向和重点领域，提出 17 条合作举措
2023 年 11 月 2 日	第十六届中国—拉美企业家高峰会	中国—拉美和加勒比工商界合作北京倡议	中国与拉共体	推进双方在跨境电商、跨境物流等领域的合作
2023 年 11 月 17 日	2023 年 APEC 旧金山峰会	亚太经合组织互联网和数字经济路线图	APEC 国家（地区）	营造良好、包容、开放、公平、非歧视的数字生态系统

资料来源："一带一路"网、国务院官网、国家发展改革委官网。

（三）发展数字金融加快资金融通

数字金融是指将互联网和信息技术与传统金融服务结合起来的新一代金融形式，主要涵盖互联网支付、移动支付、网上银行以及网上基金等金融服务。资金融通旨在通过促进融资并建立长期稳定、风险可控的融资体系，支持"一带一路"重大项目建设，推动"一带一路"共建国家实现高质量发展。发展"一带一路"数字金融首先就需要解决跨境支付的难题。原有的全球跨境支付主要依赖于"代理行＋SWIFT"的模式。该模式下存在费用高、速度慢、透明度差等弊病。为了改革这一模式,由中国人民银行、香港金融管理局、国际清算银行(香港)创新中心、"一带一路"沿线的泰国中央银行及阿联酋中央银行发起的多边央行数字货币桥(m-CBDC Bridge)项目于2021年建立。货币桥支付流程分四步:首先是上桥数字人民币,其次是发起跨境支付,再次是外汇兑换同步交收,最后是数字迪拉姆下桥。这一多边项目的成功实施标志着数字货币在跨境支付方面的应用。共建国家的20家商业银行通过该平台进行了真实的交易测试,取得了超过8000万元人民币的数字货币交易总额,促成了超过160笔跨境支付和外汇兑换业务。该平台不仅提高了跨境支付的速度和效率,还降低了支付风险,而且促进了与"一带一路"沿线多国在技术、政策、标准等层面进行对接,为后续深化和推广数字人民币在"一带一路"区域应用合作打下良好基础。

建立"一带一路"移动支付网络是打造数字命运共同体的重要举措。为促使"一带一路"共建国家支付网络互联互通,中国银联在数字化能力建设方面加快步伐,大力满足"一带一路"沿线国家和地区的支付基础设施建设、普惠金融、政府服务等方面的需求。目前,银联卡已获得全球181个国家和地区的支持,银联在线支付也赢得了200多个国家和地区超过2200万商户的支持。[①]中国的企业也在助力"一带一路"移动支付。从2015年开始,支付宝与韩国、菲律宾、泰国、马来西亚、印度尼西亚、孟加拉国、印度、巴基斯坦以及中国香港等9个"一带一路"国家和地区的本地钱包,以"1＋9"模式服务全球超过10亿用户。微信支付也紧跟步伐,其跨境业务也已经覆盖了"一带一路"沿线19个境外国家和地区,支持超过13个币种交易。华为的"移动钱包"平台于2021年开始在10多个非洲国家上线,成为该地区最知名的移动支付平台之一。

(四)培育数字人才提升数字素养

数字人才是指具备信息通信技术专业技能和补充技能的人才。"根据国际经济合作组织对于数字经济发展涵盖的ICT(信息通信技术)技能分类,数字人才既包括具备数据分析、计算机编程等专业数字技能,从事数字产品服务开发或技术研发工作的人才,也包括拥有数据化思维,能够利用特定数字工具

---

① 葛孟超.去年银联线下受理网络覆盖181个国家和地区[N].人民日报,2023-07-07(8).

或借助新技术辅助传统工作,与专业数字人才协同互补的复合型跨界人才。"[1]"一带一路"相关国家面临数字研发人才和具有基本数字素养人才的双重缺失。因此,培育数字人才提升"一带一路"共建国家地区人员的数字素养势在必行。一方面,深化与共建国家间的数字人才交流合作机制。目前我国已经与58个国家和地区签署了学历学位互认协议,通过吸引相关国家学生、专业人士来华留学、培训,将数字化人才不断输送至需要的地区。同时,在共建国家中开展本土化数字经济应用型人才培养项目,搭建与各国数字经济交流学习的桥梁,有助于提升人才数字化技术和素养,厚植"一带一路"数字化发展人才优势。此外,推动人才资格认证标准联通,加强"一带一路"共建国家高质量人才流动。"中国—东盟职业教育联合会""未来非洲—中非职业教育合作计划"等跨境合作机制,正在为共建国家提供大量的数字人才。另一方面,引导跨境企业开展数字人才产学研培育合作,丰富人才培育的模式。以当地数字经济劳动力市场需求为导向,鼓励中国企业和大学与各地区相关机构联合设立数字产业培训和实习基地,有针对性地制订"数字人才培养计划",培养当地国家紧缺的数字产业人才,实现数字合作重点地区人才发展与数字产业培育匹配与融合。例如,华为发起的"未来种子"数字人才发展项目截至2023年10月已经覆盖150多个国家,受益人数超过220万人。该项目聚焦物联网、5G技术、云计算以及人工智能等数字主题,依托自身成熟的数字化人才培养系统,通过提供前沿信息通信技术培训、打造多文化交流学习平台、鼓励建立数字化社区等方式,为众多共建国家培养了大批具备数字化专业技能和素养的优质本土人才,为推动"一带一路"数字经济蓬勃发展注入了不竭新生动力。[2]

　　总之,作为在数字领域推动实现人类命运共同体的具体实践,构建"一带一路"数字命运共同体具有重要的现实意义,有利于促进共建国家抓住数字发展机遇,共商共建数字基础设施和规则标准,共创"一带一路"数字经济合作新模式,共享数字技术应用红利,为全球数字化发展提供中国方案、贡献丝路力量。

---

①　薛新龙,岳云嵩.世界各国如何构建数字人才体系[J].理论导报,2022(10):61-63.
②　"未来种子"孕育全球数字人才"森林"[EB/OL].(2023-10-18)[2023-11-20].https://www.yidaiyilu.gov.cn/p/0UACUV92.html.

参考文献

一、著作

[1] 阿查亚.建构安全共同体:东盟与地区秩序[M].王正毅,译.上海:上海人民出版社,2004.

[2] 彼得·弗兰科潘.丝绸之路:一部全新的世界史[M].邵旭东,孙芳,译.杭州:浙江大学出版社,2016.

[3] 彼得·辛格.如何看待全球化[M].沈沉,译.北京:北京联合出版公司,2017.

[4] 陈岳,蒲聘.构建人类命运共同体[M].北京:中国人民大学出版社,2017.

[5] 崔文星,黄梅波编.国际发展学概论[M].上海:复旦大学出版社,2021.

[6] 戴维·赫尔德,安东尼·麦克格鲁,戴维·戈尔德布莱特,等.全球大变革:全球化时代的政治、经济与文化[M].杨雪冬,周红云,陈家刚,等译.北京:社会科学文献出版社,2001.

[7] 邓小平文选:第2卷[M].2版.北京:人民出版社,1994.

[8] 邓小平文选:第3卷[M].北京:人民出版社,1993.

[9] 丰子义,杨学功,仰海峰.全球化的理论与实践:一种马克思主义的视角[M].南京:江苏人民出版社,2017.

[10] 何亚非.全球治理的中国方案[M].北京:五洲传播出版社,2019.

[11] 何亚非.选择:中国与全球治理[M].北京:中国人民大学出版社,2015.

[12] 何英.大国外交:"人类命运共同体"解读[M].上海:上海大学出版社,2019.

[13] 靳诺,庞中英,金灿荣,等.全球治理的中国担当[M].北京:中国人民大学出版社,2017.

[14] 李丹.构建和谐世界:中国与全球化的良性互动[M].北京:中国社会科学出版社,2013.

[15] 李君如.人类命运共同体:中国人的世界梦[M].北京:人民日报出版社,2020.

[16] 李立民.中国与东盟的互联互通建设研究[M].北京:对外经贸大学出版社,2021.

[17] 马俊峰,马乔恩.构建人类命运共同体的历史性研究[M].北京:人民出版社,2019.

[18] 马克思恩格斯全集:第2卷[M].2版.北京:人民出版社,2005.

[19] 马克思恩格斯全集:第3卷[M].2版.北京:人民出版社,2002.

[20] 马克思恩格斯选集:第1卷[M].3版.北京:人民出版社,2012.

[21] 马克思恩格斯选集:第4卷[M].3版.北京:人民出版社,2012.

[22] 毛泽东文集:第7卷[M].北京:人民出版社,1999.

[23] 入江昭.全球共同体:国际组织在当代世界形成中的角色[M].刘青,颜子龙,李静阁,译.北京:社会科学文献出版社,2009.

[24] 十八大以来重要文献选编(上)[M].北京:中央文献出版社,2014.

[25] 王义桅.时代之问中国之答:构建人类命运共同体[M].长沙:湖南人民出版社,2021.

[26] 王义桅.人类命运共同体:新型全球化的价值观[M].北京:外文出版社,2021.

[27] 乌尔利希·贝克,等.全球政治与全球治理:政治领域的全球化[M].张世鹏,等编译.北京:中国国际广播出版社,2004.

[28] 习近平.论坚持推动构建人类命运共同体[M].北京:中央文献出版社,2018.

[29] 习近平关于社会主义政治建设论述摘编[M].北京:中央文献出版社,2017.

[30] 习近平关于实现中华民族伟大复兴的中国梦论述摘编[M].北京:中央文献出版社,2013.

[31] 习近平关于总体国家安全观论述摘编[M].北京:中央文献出版社,2018.

[32] 习近平谈"一带一路"[M].北京:中央文献出版社,2018.

[33] 习近平谈治国理政:第1卷[M].2版.北京:外文出版社,2018.

[34] 习近平谈治国理政:第2卷[M].北京:外文出版社,2017.

[35] 习近平谈治国理政:第3卷[M].北京:外文出版社,2020.

[36] 习近平谈治国理政:第4卷[M].北京:外文出版社,2022.

[37] 习近平著作选读:第1卷[M].北京:人民出版社,2023.

[38] 习近平著作选读：第 2 卷[M].北京：人民出版社，2023.

[39] 习近平总书记系列重要讲话读本[M].北京：人民出版社，2016.

[40] 向宏主.从“一带一路”走向人类命运共同体[M].成都：西南交通大学出版社，2017.

[41] 许宁宁.中国—东盟历史性互为大贸易伙伴[M].北京：中国商务出版社，2021.

[42] 伊曼纽尔·阿德勒，迈克尔·巴涅特.安全共同体[M].孙红，译.北京：世界知识出版社，2015.

[43] 约瑟夫·斯蒂格利茨.全球化逆潮[M].李杨，唐克，章添香，译.北京：机械工业出版社，2019.

[44] 张战.构建人类命运共同体思想研究[M].北京：时事出版社，2019.

[45] 朱云汉.全球化的裂解与再融合[M].北京：中信出版集团，2021.

[46] DEUTSCH K W, BURRELL S A, KANN R A, et al. Political community and the North Atlantic areas：international organization in the light of historical experience[M]. Princeton：Princeton University Press，1957.

[47] TAGGART P. The new populism and new politics[M]. London：London Macmillan，1996.

二、期刊

[1] 安宇宏.人类命运共同体[J].宏观经济管理，2017(2)：87.

[2] 蔡亮.共生国际体系的优化：从和平共处到命运共同体[J].社会科学，2014(9)：22-31.

[3] 蔡拓，陈志敏，吴志成，等.人类命运共同体视角下的全球治理与国家治理[J].中国社会科学，2016(6)：4,204-205.

[4] 蔡拓.世界主义与人类命运共同体的比较分析[J].国际政治研究，2018,39(6)：9-24.

[5] 曹峰旗.宽容：人类命运共同体的价值底蕴[J].理论与改革，2017(2)：65-71.

[6] 曹绿.以马克思世界历史理论审视人类命运共同体[J].思想理论教育，2017(3)：39-45.

[7] 曹帅，许开轶.逆全球化浪潮下“全球风险社会”的治理困境与中国方案[J].理论探索，2018(6)：69-74.

［8］常健.构建人类命运共同体与全球治理新格局［J］.人民论坛•学术前沿，2017(12):35-41.

［9］陈臣.习近平关于构建人类命运共同体重要论述的方法论研究［J］.北京交通大学学报(社会科学版),2020,19(4):29-34.

［10］陈强."人类命运共同体"的文化构建与"精神丝绸之路"［J］.西北民族大学学报(哲学社会科学版),2016(4):104-109.

［11］陈曙光.人类命运共同体与"真正的共同体"关系再辨［J］.马克思主义与现实,2022(1):33-40,203.

［12］陈文玲."一带一路"将为人类带来更加美好的明天［J］.全球化,2019(12):16-40,134-135.

［13］陈锡喜."人类命运共同体"视域下中国道路世界意义的再审视［J］.毛泽东邓小平理论研究,2017(2):87-92,109.

［14］陈霞.和合文化:人类命运共同体的思想溯源［J］.新疆大学学报(哲学•人文社会科学版),2020,48(3):62-70.

［15］陈向阳.以"人类命运共同体"引领世界秩序重塑［J］.当代世界,2016(5):18-21.

［16］陈鑫.习近平"人类命运共同体"思想的理论渊源:以中华传统"和"文化为视角［J］.乐山师范学院学报,2018,33(6):133-138.

［17］成中英.文明对话、文化合作与对"一带一路"倡议的哲学反思［J］.深圳大学学报(人文社会科学版),2017,34(5):17-19,105.

［18］丛日云.从精英民主、大众民主到民粹化民主:论西方民主的民粹化趋向［J］.探索与争鸣,2017(9):4-17.

［19］丛占修.人类命运共同体:历史、现实与意蕴［J］.理论与改革,2016(3):1-5.

［20］丁工."人类命运共同体"的实践路径和中国角色论析［J］.当代世界与社会主义,2017(4):181-187.

［21］杜香玉,周琼.生态命运共同体视野下中国本土生态智慧的理念表达与实践路径［J］.云南社会科学,2020(4):100-107.

［22］方兴东,钟祥铭.欧洲在全球网络治理制度建设的角色、作用和意义［J］.全球传媒学刊,2020,7(1):116-129.

［23］傅守祥.人类命运共同体的中国智慧与文明自觉［J］.求索,2017(3):14-19.

［24］甘锋,叶江.试论有关"全球治理"理念的学术争论:兼谈国际非政府组织与全球治理之间的关系［J］.上海交通大学学报(哲学社会科学版),2007(2):37-45,52.

[25] 干春松."各美其美、美美与共"与人类命运共同体[J].人民论坛·学术前沿,2017(12):28-34.

[26] 高奇琦.全球治理、人的流动与人类命运共同体[J].世界经济与政治,2017(1):30-45,156-157.

[27] 郭树勇.人类命运共同体面向的新型国际合作理论[J].世界经济与政治,2020(5):23-50,155-156.

[28] 韩笑.全球发展治理视域下的"一带一路"建设[J].国际观察,2018(3):114-127.

[29] 韩雪晴.全球公域治理:全球治理的范式革命?[J].太平洋学报,2018,26(4):1-14.

[30] 何苗.共同价值观的三维审视:兼论对西方普世价值论的批判[J].临沂大学学报,2022,44(1):127-134.

[31] 胡键.新型国际关系对传统国际关系的历史性超越[J].欧洲研究,2018,36(2):1-18,165.

[32] 黄超.全球发展治理转型与中国的战略选择[J].国际展望,2018,10(3):29-49,153-154.

[33] 季思.让人类命运共同体的火炬点亮"至暗时刻"[J].当代世界,2020(4):1.

[34] 贾文山,江灏锋,赵立敏.跨文明交流、对话式文明与人类命运共同体的构建[J].中国人民大学学报,2017,31(5):100-111.

[35] 贾秀飞,王芳.人类命运共同体的特色实践进路:治理、生态与文化的三重互嵌[J].广西民族研究,2020(5):40-47.

[36] 姜彦杨.南亚地缘因素与"一带一路"关系研究述评[J].四川行政学院学报,2019(6):38-47.

[37] 康渝生,陈奕诺."人类命运共同体":马克思"真正的共同体"思想在当代中国的实践[J].学术交流,2016(11):11-15.

[38] 李栗燕.人类命运共同体思想的中华法文化意蕴[J].法律科学(西北政法大学学报),2021,39(3):16-23.

[39] 李文溥,王麒麟.从中国—东盟经贸关系发展看"一带一路"建设[J].经济研究参考,2022(1):50-66.

[40] 李向阳."一带一路"的高质量发展与机制化建设[J].世界经济与政治,2020(5):51-70,157.

[41] 刘建飞.构建人类命运共同体中的文明交流互鉴[J].当代世界与社会主义,2021(3):152-158.

［42］刘志云.价值共识、国际法与"一带一路"倡议的推进方略［J］.厦门大学学报（哲学社会科学版），2022,72(3):154-163.

［43］赵可金.通向人类命运共同体的"一带一路"［J］.当代世界，2016(6):9-13.

［44］赵立庆."一带一路"战略下文化交流的实现路径研究［J］.学术论坛，2016,39(5):144-148.

［45］ASIF M，YANG B L. Belt and Road Initiative：a spirit of Chinese cultural thought［J］. International journal of business and management，2018,13(12):9-17.

［46］FARRELL H，NEWMAN A L. Chained to globalization：why it's too late to decouple［J］. Foreign affairs，2020,99(1):70-80.

［47］FARWA U. Belt and Road Initiative and China's strategic culture ［J］. Strategic studies，2018,38(3):40-56.

［48］GUO H D. Steps to the Digital Silk Road［J］. Nature，2018,554(7690):25-27.

［49］MOHSIN A K M，LEI H Z，TUSHAR H，et al. Cultural and institutional distance of China's outward foreign direct investment toward the "Belt and Road" countries［J］. Chinese economy，2020,53(7):176-194.

［50］STERLING D P. A new era in cultural diplomacy：promoting the image of China's "Belt and Road" Initiative in Asia［J］. Open journal of social sciences，2018,6:102-116.

［51］WEND A. Collective identity formation and the international state［J］. American political science review，1994,88(2):384-396.

［52］WEYLAND K. Clarifying a contested concept：populism in the study of Latin American politics［J］. Comparative politics，2001,34(1):1-22.

［53］WINTER T. One Belt，One Road，one heritage：cultural diplomacy and the Silk Road［J］. The diplomat，2016(29).

后　记

　　构建人类命运共同体理念与"一带一路"倡议提出十年来，不仅成为中国特色大国外交的旗帜与方向，也成为学者研究的热点。近几年来，结合所做的教育部重大课题攻关项目"习近平总书记构建人类命运共同体思想研究"（17JZD002），我们对人类命运共同体思想与"一带一路"实践及二者关系进行了认真学习、思考和调研，形成了系列论文，有些内容已经发表或部分发表，有些章节与学生合作完成。其中总论由本人独立完成，其他章均为与博士生共同完成，第一章和第六章的合作者为李龙龙，第四章和第十章的合作者为姚祥翔，第二章、第三章、第五章、第七章、第八章、第九章的合作者分别为：李凌羽、杨之涵、敖杏林、王丽君、李欣、陈菊霞。

　　本书内容由我进行策划，章节结构由我设计，我的硕博研究生们结合自身兴趣和特长分别加入不同选题的研究中，他们或进行资料收集整理，或直接参与初稿写作，或进行文字校对整理，为本书完成贡献了力量。由于书中大部分内容写作于2018年至2022年，为全面系统反映构建人类命运共同体理念提出十周年来"一带一路"实践的整体情况，我们进行了资料数据更新，大致截止日期为2023年年底。为此，厦门大学一带一路研究院同事赵达为与我的硕士研究生程慧琳做了大量工作，他们在更新资料数据的同时也对书稿进行了文字校对和体例统一。赵达为同志还补充添加了关于"一带一路"数字命运共同体的相关见解。

　　特别感谢厦门大学一带一路研究院常务副院长陈武元教授，他对本书写作、出版的帮助指导与慷慨支持是本书能够面世的前提条件，也十分感谢厦门大学一带一路研究院的行政团队给予的支持和厦门大学出版社的编辑同志们付出的劳动！

李丹

2024 年 3 月 26 日